John Pattillo-Hess · Mario Smole (Hrsg.)

NATIONEN

John Pattillo-Hess - Mario Smole (Hrsg.)

NATIONEN

LÖCKER VERLAG

MIT FÖRDERUNG DER ABTEILUNG FÜR KULTUR DER STADT WIEN, MA 7
UND DES BUNDESMINISTERIUMS FÜR UNTERRICHT UND KUNST

Die Beiträge dieses Buches wurden als Referate auf dem 6. Internationalen kulturanthropologisch-philosophischen Canetti-Symposion gehalten, das – mit Unterstützung der Stadt Wien und des Bundesministeriums für Unterricht und Kunst – im Volksbildungshaus Wiener Urania in der Zeit vom 5. bis 9. Mai 1993 stattfand. Diese Tagung wurde von der Wiener Urania in Zusammenarbeit mit dem Kunstverein Wien veranstaltet.

Vertrieb: Löcker Verlag
Umschlaggestaltung: Patricio Handl
Datenkonvertierung: PCG, Wien
Druck: REMA*print*, Wien
ISBN 3-85409-235-0

Inhaltsverzeichnis

Vorwort 7

Die Nationen 9
Einführende Worte

Wenn Berge zur letzten Referenz werden 12
Alberto Godenzi

Im Lande der Pioniere: Pilger, Farmer und Cowboys in der Seelenlandschaft der USA 19
Dagmar C. G. Lorenz

Sie schauen ins Feuer, sagen kein Wort 28
Marta Simecková

Elemente transnationaler Staatlichkeit 34
Hanna Burger

Nation als Frage – Konfigurationen 44
Peter Demetz

Das Haus als Massensymbol der Albaner 51
Dardan Gashi

Nation als Opium des Volkes 57
Dušan Reljić

Die massenhafte Erzeugung von Grössenideen 63
Zarko Puhovski

Massensymbole und Massenmythen des spanischen Nationalismus 71
Jon Juaristi

Der Niederländer und seine Deiche 80
Sybe Terwee

Kontinuität und Widersprüche des italienischen Nationalsymbols 85
Luigi Materazzi

Die Vermehrungsmeute 96
Konrad Paul Liessmann

Von Mauer, Schild, Schirm und Spalt 104
Klaus Theweleit

Die Autoren 124

Vorwort

Eröffnungsrede des 7. Canetti-Symposions

Ein „ungeheuerliches Kompendium" von Wissen hat man Elias Canettis Werk *Masse und Macht* genannt. Und in der Tat ist diesem Buch, in das der Autor Jahre, ja Jahrzehnte investiert hat, so schnell nichts an die Seite zu stellen. Freilich, als das Buch 1960 erstmals erschien, war das Echo relativ gering und keineswegs enthusiastisch.

Die Zahl derer, die erkannten, welch ein Wurf und Entwurf hier gelungen war, blieb lange klein. Der spätere Nobelpreisträger für Literatur mußte so manch spöttische, ablehnende, negative Kritik erdulden. Rang und Bedeutung dieses epochalen Werkes wurden lange verkannt.

1962 gab Erich Fried in der bekannten Reihe des Stiasny-Verlages unter dem Titel „Welt im Kopf" einen, wie man heute sagen würde, Canetti-Reader heraus. In seiner Einführung geht Fried auch auf *Masse und Macht*, das für ihn von „fundamentaler Bedeutung" ist, ein. Fried schreibt:

„Im Interesse unserer Zivilisation ist dringend zu hoffen, daß die in diesem Werk erarbeiteten Gedanken und Beobachtungen in den kommenden Jahren und Jahrzehnten entscheidenden Einfluß gewinnen werden. Die beiden wesentlichen Probleme unserer Zeit, das der Masse und das der Macht, sind hier auf kühne und eigenwillige Weise angegangen worden."

Vier Jahre später veröffentlicht Ernst Fischer in der Zeitschrift „Literatur & Kritik" seine Bemerkungen zu Elias Canettis *Masse und Macht*. Fischer ist – was nicht überraschen wird – mit Canetti nicht immer einer Meinung, an den Schluß seiner umfangreichen Arbeit aber setzt Fischer die Sätze:

„In einer Gesellschaft der Löwen und der Wölfe wäre der Aufruf Canettis, die Herrschaft des Befehls zu erschüttern, ein Wunsch nach dem Unmöglichen.

Da sich jedoch mit der Gesellschaft nicht nur die sozialen Träger, sondern auch die Formen der Macht ändern (obwohl sehr langsam, mit beunruhigenden Rückschlägen und der hartnäckigen Tendenz zur Konzentration in wenigen Privilegierten), ist die Forderung durchaus realistisch.

Die Herrschaft des Befehls erschüttern! Hinter diesem Rufzeichen steht als Fragezeichen die Chance der Demokratie in einem Zeitalter der Machtkonzentration.

Es geht um Bewahrung all dessen, was es bisher an demokratischen Errungenschaften gibt, mehr noch um ihre Erweiterung durch neue Formen, Methoden, Institutionen der Mitbestimmung und Selbstverwaltung, durch neue Möglichkeiten, zwischen sachlich begründeten, mit ihrem pro und contra dargelegten Alternativen zu entscheiden. Die Herrschaft des Befehls ist nicht durch passiven Nonkonformismus oder individuelle Befehlsverweigerung zu erschüttern, sondern nur durch den Kampf organisierter Massen.

Wohl aber muß dieser Erschütterung das freie Denken vorangehen, der Ungehorsam des Geistes, der sich dem Ungeist des Gehorsams, der Flucht in Verantwortungslosigkeit, widersetzt. Ein solches Denken kann umhin, die Grenze alter Kategorien zu überschreiten, die Welt aufs neue zu interpretieren. Dazu ist das Buch ‚Masse und Macht' ein Beitrag."

Derartige Stimmen waren allerdings die Ausnahme. Die Sekundärliteratur über dieses Werk blieb schmal und überschaubar. Das Denkgebäude von *Masse und Macht* wurde als interessante Nebenarbeit eines bedeutenden Schriftstellers abgetan. Die Soziologie und Anthropologie gingen darüber lange Zeit hinweg. Es ist nicht zuletzt ein Verdienst der Initiatoren dieses Symposions, daß die längst fällige Diskussion über dieses zentrale Werk im Schaffen Canettis wieder aufgenommen, vertieft und intensiviert wurde.

Wir verdanken dieser Veranstaltung eine Fülle neuer Einsichten und Erkenntnisse. Diese erhoffe ich auch vom Symposion, das ich heute eröffnen darf. Das Thema „Die Nationen" ist – ich muß sagen leider – aktuell. Im – um auf Erich Fried zurückzukommen – „Interesse unserer Zivilisation" liegt es, die Gefahren des Nationalismus zu erkennen und dagegen aufzutreten.

Vor wenigen Wochen veröffentlichte Hans Mayer bei Suhrkamp sein Buch *Wendezeiten, über Deutsche und Deutschland*, in dem neben historisch-soziologischen Analysen literarischen Portraits eine wichtige Rolle zugedacht ist. Hans Mayer verweist in dem Band mehrmals auf Elias Canetti. Dem Buch *Masse und Macht*, das Mayer „zum wichtigsten Erkenntnismittel unserer Ära rechnet", ist ein eigener Abschnitt gewidmet, den der Autor mit folgenden Sätzen schließt:

„Wer heute Canettis Buch von neuem liest, am Ausgang eines Jahrhunderts der Restaurationen, der Repressionen, der zynischen oder pedantischen Entscheidungen, ephemerer Macht über Menschen und Natur, Arten und sogenannte Abarten, wird erkennen müssen, daß hier eines der großen Bücher menschlicher Erkenntnis geschrieben wurde. Freilich: es ist kein Buch der Erbaulichkeiten. Das Christentum beispielsweise ist für Canetti im wesentlichen eine besonders erfolgreiche Art der wohlbekannten Klagereligionen. Im Gegensatz außerdem zu den Elitetheorien und auch zu José Ortega y Gassets Buch über den Aufstand der Massen ist Canetti im Sinne der Französischen Revolution ein Plebejer, ein Volksfreund. Er hält fest am Prinzip Hoffnung."

Ich wünsche der Veranstaltung einen positiven und erkenntnisreichen Verlauf und danke allen, die daran mitgearbeitet haben und noch mitarbeiten werden.

Dr. Ursula Pasterk
Amtsführende Stadträtin für Kultur der Stadt Wien

Die Nationen

Einführende Worte

Die Geister der Vergangenheit, die man nach dem 2. Weltkrieg sowohl im Westen wie im Osten endgültig vertrieben zu haben glaubte, kehrten wieder mit dem plötzlichen Zusammenbruch des Ostblocks, dessen Zersplitterung in verschiedene Nationen die offensichtlichen Gefahren der Massenbildung um ein nationales Symbol in seiner abscheulichsten Form in sich trägt. Die Hoffnung von einem „Europa ohne Grenzen" können wir als endgültige Enttäuschung betrachten – oder als eine von westlichen Machthabern ausgedachte Täuschung.

Laut Canetti haben die Versuche mit „wissenschaftlichem" Anspruch, den Nationen auf den Grund zu kommen, einen wesentlichen Fehler begangen. Man versucht, allgemeine und leere Begriffe der Nation mit scheinbar objektiven Methoden zu bestimmen – Untersuchung der Literatur, der Geschichte, der Sprache, des sogenannten Nationalgefühls usw. Dabei berücksichtigt man nicht, daß Nationen, wie Canetti behauptet, vielleicht dasselbe *wollen*, aber nicht dasselbe *sind*. Eine allgemeine Definition oder ein allgültiger Begriff der Nation durch eine allgemeine Methode stößt unweigerlich auf den „Schönheitsfehler", daß die Ausnahmen immer wichtiger sind als die Regeln. „Immer", behauptet Canetti, „stellte sich heraus, daß man etwas Lebendes am losen Zipfel eines zufälligen Gewandes gepackt hatte; es entwand sich leicht, und man stand mit leeren Händen da." Dies liegt an der Tatsache, daß es kein methodologisches, „wissenschaftliches" Verfahren der Vortrefflichkeit gibt, schon gar nicht, um menschliche Phänomene des Zusammenlebens zu erfassen.

Die linken Intellektuellen Europas stürzten sich – nach dem endgültigen Zerfall ihrer langsamen Masse und wegen des allgemeinen Mißtrauens in ihre entfernten historischen Ziele – mit wissenschaftlichem Gestus und mit nunmehriger Vehemenz auf die Suche nach einer sogenannten „nationalen Identität". Sie bilden dazu in jedem europäischen Staat, besonders in Österreich und Deutschland, eine „Heimatsucherbande". Bei diesem Unterfangen kommen sie zu erstaunlichen, immer negativen, abwertenden Ergebnissen, z.B. zu der Erkenntnis, daß „Österreich eine Nation sei, aber keine Heimat". Oder, daß „die Menschen, die Massen, nur in einer demokratischen, zivilen Art und Weise leben können, wenn sie einen Begriff haben von etwas, was wir als Linke permanent den Rechten zugeordnet haben, nämlich das Bedürfnis nach Heimat. Ich glaube, daß es keine Menschen gibt, die kein Bedürfnis nach Heimat haben. Es kann eine politische sein, es kann eine geopolitische sein." Diese sinnlosen Behauptungen bezeugen nur die Aussichtslosigkeit derjenigen, die sich auf das hohe, jedoch leere Gerüst der reinen Begrifflichkeit begeben. „Heimatliebe", schreibt Karl Kraus, „unverschmiert von der Fibelreinheit eines Preßchristentums, ist eine schöne Empfindung, bei Gott schöner als Liebe zu einem Vaterland, das die Befriedigung der Heimatliebe durch so lange Jahre verhindert und in jenen Fällen, wo es den Heimatsüchtigen nicht mordete, nur das traurige Wiedersehen eines Krüppels mit einem Trümmerhaufen gewährt hat. Nessun maggiore dolore!"

Nationen führten in der Vergangenheit lange Kriege, sie taten es als Franzosen, als Deutsche, als Engländer etc., heute tun sie es als Serben, Kroaten, Armenier usw. Alle europäischen Nationen nahmen und nehmen in irgendeiner Weise aktiv an diesen Kriegen teil. Wofür sie kämpfen, davon ist oft die Rede, aber als *was* sie kämpfen, weiß, wie Canetti mit Recht bemerkt, niemand.

Europa zerfällt in Nationen, unter Beihilfe machtgieriger, phantasieloser, paranoischer Politiker. Dem Staatssozialismus und politischen Faschismus, die man als uneuropäische Auswüchse bezeichnet, setzt man den Begriff Europa entgegen, wobei man willkürlich gewichtige Bestandteile der europäischen Geschichte, die man ständig vor Augen haben sollte, wieder einmal negiert. Aus einem geographischen Begriff wird ein ideologischer: „Europa“ als Synonym für Aufklärung, Demokratie und Menschenrechte. Die Reichsten dieses Kontinents entscheiden, wer ein Europäer ist und wer nicht. Man nimmt dabei an, daß erstere die besseren Menschen sind. Die Geringeren – Rumänen, Bulgaren, Serben usw – hätten sich zu entscheiden, ob sie Europäer sein wollen, die Reichsten werden entscheiden, ob sie es sein dürfen.

Die Anlässe, von denen eine gegenseitige Erhitzung abhängt, treten insofern leicht ein, als man sich über ihre Gefahren nicht rechtzeitig gewahr wird. „Die Grenzen der Guten sind dann genau abgesteckt“, schreibt Canetti, „und wehe dem Schlechten, der sie überschreitet. Er hat bei den Guten nichts zu suchen und muß vernichtet werden.“

Es scheint auf diesem Kontinent über die scheinbar „objektive Methode“ eine naive, wie Canetti es nennt, überhandzunehmen. Eine Methode, die nur an der eigenen Nation interessiert ist. Sie besteht aus einem „unerschütterlichen Anspruch auf Überlegenheit; aus prophetischen Visionen über die eigene Größe; aus einem eigentümlichen Gemisch moralischer und animalischer Prätentionen“.

Nationen sind größere Einheiten, zu denen sich fast jeder in einer bestimmten Beziehung fühlt; sie haben immer Züge, die für die Masse und ihre Symbole gelten: Dichte, Wachstum, Offenheit ins Unendliche, gemeinsamer Rhythmus, plötzliche Entladung etc., d. h., eine Nation ist insofern ein gesellschaftliches Gebilde, als in ihr die ständige Bereitschaft zur Bildung einer Masse anhand eines bestimmten nationalen Massensymbols vorhanden ist.

„Man muß sich“, so Canetti, „die Mühe geben – ohne ihre Gier zu teilen –, das Eigentümliche im Falle jeder Nation zu bestimmen ... Man muß jede von ihnen geistig so in sich aufgehen lassen, als wäre man verurteilt, ihr für einen guten Teil seines Lebens wirklich anzugehören. Aber man darf keiner von ihnen so angehören, daß man ihr auf Kosten aller übrigen ausgeliefert ist.“

Canetti übernimmt die Aufgabe, einzelnen Nationen Massensymbole zuzuordnen. Einerseits Natursymbole wie Meer, Wald, Berg usw., andererseits Symbole, die aus der Geschichte der jeweiligen Nationen entstanden sind, wie z.B. die französische Revolution. Einige der Beiträge dieses Bandes setzen sich mit den Massensymbolen jener Nationen auseinander, die Canetti beschrieben hat. Andere wiederum versuchen, das Massensymbol der Nation, der sie angehören, im Sinne Canettis zu deuten. Und nicht zuletzt behandeln manche die Gemeinsamkeiten der Nationen.

Für die geistige und materielle Unterstützung bedanken wir uns bei: Frau Dr. Ursula

Pasterk, Amtsführende Stadträtin der Stadt Wien; Herrn MinRat Dr. Wolfgang Unger; Herrn Dr. Wilhelm Petrasch, Direktor der Wiener Urania und Frau Dr. Christine Pelousek, Geschäftsführerin des Kunstvereins Wien.

John Pattillo-Hess
Mario R. Smole
Frühjahr 1994

Wenn Berge zur letzten Referenz werden

Alberto Godenzi

„Es geht hier natürlich, wie nicht genug betont werden kann, um eine Reduktion auf ganz simple und allgemeine Züge, und über die individuellen Menschen selbst wird damit kaum etwas ausgesagt.“[1] Sie haben diesen Satz wahrscheinlich wiedererkannt, es ist der letzte aus der Einführung zu den Massensymbolen der Nationen. Canetti hat nach eigenen Angaben rund 34 Jahre an *Masse und Macht* gearbeitet. Wieviel Zeit er dabei dem Kapitel „Massensymbole der Nationen“ gewidmet hat, weiß ich nicht. Ich hätte ihn gerne gefragt, wohne ich doch in derselben Stadt wie er, doch eilt ihm wenigstens in Zürich, ob berechtigt oder unberechtigt, der Ruf voraus, auf neugierige Frager allergisch zu reagieren.

Seine jahrelange Beschäftigung mit der Thematik von *Masse und Macht* und die Stunden, die ich der Vorbereitung dieses Vortrags eingeräumt habe, stehen selbstredend in keinem Verhältnis zueinander. Erlauben Sie mir deshalb, meine Gedanken auf dem einigermaßen stabilen Grund von Selbstkonzepttheorien aufzubauen. Diese wurden in erster Linie für Einzelmasken entwickelt, aber Nationen, so wie sie Canetti gebraucht, scheinen mir von solchen Entitäten oft nicht weit entfernt.

Meine Kernfrage lautet: Wie konstituiert sich eine Nation, oder in Worten Canettis: Wie kommt es zum *bestimmten Nationalen*, das als *Glaube*, als *Religion* da ist, wenn ein Land *Krieg* führt?

Die Frage werde ich meiner Herkunft entsprechend anhand der Schweiz und des von Canetti ihr zugeordneten Massensymbols *Berge* zu behandeln versuchen. Darüber hinaus bin ich der Ansicht, die vorgestellten Thesen seien transnational brauchbar.

In einem ersten Schritt beschäftige ich mich demnach mit dem Entscheid Canettis für die Berge als bestimmtes Nationales der *Schweizer* (ich bleibe bei der von ihm gewählten männlichen Form), indem ich das Symbol Berge in einen Logikstrang des Entstehens nationaler Eigenheiten stelle.

In einem zweiten Schritt fokussiere ich eine zentrale Prämisse der Canettischen Analyse, nämlich die Bestimmung des Nationalen bzw. des Massensymbols auf der Grundlage von Kriegen. Diese Annahme mag bedeuten: Das Besondere, Heilige einer Nation entsteht erst im Kriegsfall, wenn es um die Existenz von Interessen geht; sie kann aber auch heißen, daß im Kriegsfall dieser Glaube nur am deutlichsten hervortritt.

Zuerst aber zum ersten Bereich: der Genealogie der internationalen Differenzierung.

Jede Nation hat Vorstellungen davon, wer sie ist. Wann diese begründet werden, ob pränatal, im Geburtskanal oder erst später, hängt sicherlich davon ab, welche äußeren Einflüsse dafür maßgebend sind, ob und mit welcher Legitimation eine Nation gegründet wird. Als Napoleon Bonaparte 1798 die helvetische Republik aufrichtete, war dies offensichtlich eine andere Entbindung als etwa im Vergleich zu einer per Volkswillen deklarierten Teilung in je eigene Nationen.

Wenn ich von Begründung von Vorstellungen über die eigene Nation spreche, dann meine ich damit nicht, Massensymbole seien quasi am runden Tisch aushandel- oder bestimmbar, obschon Versuche in diese Richtung immer wieder angestrengt werden (man denke z.B. an den erfolglosen Versuch mit Hammer und Sichel). Ich meine auch nicht, sie seien allzu leicht substituierbar, obschon sie sich durchaus wandeln können. Es wäre für diese Tagung schon viel erreicht, so glaube ich, wenn wir Einsichten in solche Begründungsprozesse gewinnen könnten. Vielleicht würde es dann zum Beispiel gelingen, destruktive Massensymbole abzulösen.

Canettis Analyse ist historisch und eternell zugleich. Er unterstreicht die Bedeutung von Kriegen, also Auseinandersetzungen um spezifische Gebietsvergrößerungen. Man stelle sich etwa vor, der Schweiz würde die Jungfrau streitig gemacht, oder die Schweizer hätten die Macht, den Montblanc zu annektieren. Gleichzeitig interpretiere ich Canetti mit Blick auf mein Herkunftsland dahingehend, daß nicht erst seit 1291, dem unterdessen etwas angekratzten Geburtsjahr der Eidgenossenschaft, sondern auch schon früher Menschen und Massen, die sich in dieser Weise um die Alpen-Gebirgskette scharten und niederließen, das Symbol der Berge als ihre Orientierung begriffen.

Aus dem obigen Satz, daß jede Nation eine Vorstellung davon hat, wer sie ist, *kann* funktional u.a. gefolgert werden, daß jede Nation ein solches Konzept zur Unterscheidung von andern Nationen braucht. Nationen sind in keiner Phase ihrer Existenz sich ihrer selbst unbewußt. Mit der Etablierung einer Nation hat diese Nation also gleich eine Vorstellung von sich selbst, sei diese „falsch" oder „wahr". Eine Nation weiß, wer sie ist, wer sie sein will, wer sie sein kann, wer sie sein soll, oder wer sie sein muß.

Wie aber kommen Nationen zu Massensymbolen? Meine hier nur an den äußeren Rändern zu entwickelnde Antwort heißt: durch Selbst- und Fremdwahrnehmung.

Selbstwahrnehmung ist eine Eigenschaft, die wir alle, Individuen und Nationen, sehr früh lernen. Wir betrachten uns und versuchen festzumachen, was an uns dran ist. Dabei können es nicht die mit andern gemeinsamen Attribute sein, welche unsere Spezifität ausmachen, sondern wir sind auf der Suche nach dem Besonderen. Logischerweise ist dieser Selbstbestimmungsprozeß von ausgewählten Vergleichsgruppen abhängig. Vergleichen wir uns mit Fischverbänden, reicht es zu sagen, daß das Saugen ein uns kennzeichnendes Element ist, vergleichen wir uns aber mit andern Nationen, brauchen wir differenziertere Anhaltspunkte. Spezifitäten können wir außerhalb oder innerhalb unseres Bezugssystems suchen.

Mit Blick auf außen: Wenn Canetti sagt, was nur bei optimaler Föhnlage zutrifft, daß der Schweizer von überall die Gipfel seiner Berge sieht[2], dann müßte dieser Schweizer ein Brett vor dem Kopf haben, um Berge nicht wenigstens in die engere Wahl seiner Symbol-Ausscheidungen aufzunehmen. Berge waren schon immer da, vor Kühen, Schokoladen und Banken. Sie sind den Schweizern fest eingeprägt im kollektiven Gedächtnis. Ihr archetypischer Charakter ist offensichtlich.

Warum aber fiel die Wahl der Schweizer auf die Berge (wenn wir einmal glauben wollen, was Canetti sagt; eine empirische Überprüfung wäre ganz interessant, wenn auch Canetti vom Positivismus wahrscheinlich wenig hält), warum entschieden sie sich nicht für andere äußere Wesenheiten. Gibt es da nichts vergleichbar Signifikantes?

Außen herum, von dem, was bereits da ist oder immer schon da war, haben wir Wälder, aber weniger als andere, z.B. als unsere nördlichen Nachbarn, die Deutschen. Wir haben Seen, die sind redlich sauber, aber auch nicht so imposant, vor allem sind sie kein

Meer. Wir haben keine Flotte, nur Segelboote. In der Ahnung, daß dem Meer keine andere Masse beikommen kann[3], griffen die Schweizer nach dem Nächstrangigen: den Bergen. Sie sind Erhebungen gegen den Himmel und hängen unten „wie ein einziger, riesiger Körper zusammen“[4]. Auf den höchsten Gipfeln spähen die Schweizer nach den Ozeanen, bewundernd stehen wir vor Wasserscheiden, die uns mit weit auseinanderliegenden Meeren verbinden.

Das, was wir mit eigenen oder gemieteten Händen schaffen oder verhindern, also unsere manifeste Kultur, trägt auch zur Identitätsbildung bei, doch die besterhaltenen Autobahnen, das dichteste Eisenbahnnetz, die höchste Telefonzellendichte und eine vergleichsweise immer noch niedrige Kriminalität (abgesehen vom Drogenmarkt und von der „Weißen-Kragen“-Kriminalität) sind eher Status- als Massensymbole.

Innerhalb unseres Bezugssystems finden wir Werte, Normen, Einstellungen und Haltungen. Dort finden wir etwa unseren Ethnozentrismus, unsere Intoleranz oder unsere Konsumfreude, aber nicht in einem Maße, daß sie sich von den Entsprechungen anderer Nationen unterscheiden. Vielleicht neigen wir etwas mehr zur Gründlichkeit, zur Sorgfalt, zur Vorsicht, zur Sturheit. Dies sind aber kaum Attribute, die sich zu Symbolen verdichten lassen. Symbole müssen, wenn sie uns durch Kriege führen sollen, wenigstens im Land drinnen positiv besetzt sein. Und auf die Berge trifft dies zweifellos zu.

Berge sind vielleicht das wertvollste Kapital, das Schweizer ihr eigen nennen. Bahnhofstraßen kommen und gehen, das Matterhorn bleibt. Und wir lassen es uns bei allem wirtschaftlichen Denken auch (noch) nicht von den Japanern instrumentalisieren, welche zu Werbezwecken ohne Rücksicht auf Massensymbole den heiligsten Schweizer Berg mit einem riesigen Stück Tuch drapieren wollten. Die Schweizer Wirtschaft klagt heute über Rezession, die Arbeitslosenquote erreicht internationale Höhen, doch die Banken melden Höchstgewinne und den Wintersportorten, so ihnen Schnee beschieden ist, geht es prächtig. Solange die weiße Beschichtung garantiert werden kann, notfalls auch artifiziell produziert, haben Berge nichts von ihrem Wert eingebüßt.

Die Bergwälder werden zwar – Mobilität hat Vorrang – etwas lichter, aber kurzfristig betrachtet erspart uns dies den Ärger um Abholzbewilligungen für mehrspurige Abfahrtspisten. Skifahren ist fast zum Substitut der Berge geworden. Könnten wir ohne Berge Ski fahren, würden wir sie vielleicht doch noch verhökern. Wann fiebern die meisten Schweizer vor der Mattscheibe? Bei Skirennen. Wer sind die Helden der Nation? Die Skifahrer. Im Vergleich mit einem halben Dutzend anderer Nationen zeigen bei diesen Gelegenheiten die Schweizer der Welt, wer dieses Geschäft am besten kann. Daß uns andere Nationen bei dieser friedlichen Demonstration immer häufiger stören, ist der nachbarschaftlichen Eintracht wenig förderlich.

Wer die Berge am besten bezwingen kann, hat Anrecht auf dieses einzigartige Massensymbol. Allein das Haben von Bergen reicht nicht – im Vergleich zum Himalaja sind unsere Alpen Hügelketten –, man muß sich auf ihnen auch am besten bewegen können. Der gemäß Umfragen beliebteste Schweizer Bundesrat (Mitglied der höchsten politischen Exekutive) führte vor rund zwanzig Jahren die Schweizer zu unvergleichlichen Höhenflügen bei den Olympischen Winterspielen in Sapporo. Später bestieg er, bereits in Amt und Würden, das Matterhorn vor den Fernsehaugen der Nation.

Canetti schrieb *Masse und Macht*, bevor wir uns zu Tode amüsierten. Er hielt sich an

Urtümliches, nicht am Hinabrasen, sondern am Hinaufklettern veranschaulichte er die Bedeutung der Berge für den Schweizer. Dabei bringt er die luzide Bemerkung an: „Die Bergsteiger der fernsten Nationen sind etwas wie gläubige Schweizer; ihre Armeen, in aller Welt zerstreut, nach kurzem und periodischem Dienst in den Bergen, erhalten das Ansehen der Schweiz am Leben."[5] Diejenigen Ausländer, die im Besteigen oder Herunterrasen, also im Dienst am Schweizer Massensymbol ihr Leben lassen, müßten im Grunde genommen die Schweizer Ehrenbürgerschaft zugesprochen erhalten. Die überlebenden Gäste lassen nicht ihr Dasein, aber mindestens eine ganze Menge Geld liegen.

Wenn Fremde unserem Massensymbol huldigen, dann drücken sie auch aus, was sie an unserer Nation schätzen, was uns positiv von anderen Nationen oder Regionen unterscheidet. Diese *Fremdwahrnehmung* verstärkt in großem Maße die Tradition der Berge als Massensymbol der Schweizer. Keine interagierende Nation, will sie überleben, kann sich allein auf ihre Selbstwahrnehmung verlassen. Alle sind auf die Definitionen der sozialen Umgebung, d.h. in diesem Falle anderer Nationen angewiesen. Was andere über uns denken, trägt entscheidend zu unserer Besonderheit bei. Selbstverständlich fühlen wir uns den Nationen eher verbunden, die unsere Berge als Wallfahrtsort auswählen, anstatt Berge anderer Nationen zu betrachten. Nicht zuletzt deshalb ist es für uns so wichtig zu erfahren, welche Länder prozentual die meisten Besucher stellen. Erstaunt, ja befremdet sind wir über Nationen, welche die Schweizer Berge vernachlässigen.

Die Identifikation mit dem Massensymbol „Berge" ist an unsere Überzeugung geknüpft, daß unsere Berge die schönsten sind. Andere mögen höher oder ausgefallener sein, aber insgesamt darf am Auserwähltsein des schweizerischen Teils der Alpen nicht gerüttelt werden. Der Vergleich muß positiv ausfallen, sonst fehlt die Basis für das Symbol. Der Patriotismus der Schweizer Bürger wird an diesem Standard gemessen. Wer lieber auf österreichische Berge kraxelt oder amerikanische Pisten vorzieht, ist reif für ein Expatriierungsverfahren.

Wir sind stolz darauf, wenn wir mit unseren Bergen identifiziert werden, obschon nur eine kleine Minderheit der Bevölkerung in den Bergregionen lebt. Wenn uns andere Nationen nicht mehr über die Zusammengehörigkeit mit Bergen definieren würden, das Massensymbol „Berge" müßte wohl bald ersetzt werden. „Das Selbstgefühl einer modernen Nation (...) ist in hohem Maße abhängig von der Anerkanntheit ihres nationalen Massensymbols."[6] Die Schweizer können sich ruhig zurücklehnen. Von außen droht ihrem Massensymbol kaum Gefahr. Die intime Affiliation mit den Bergen gehört unbestritten zum Fremdbild des Schweizers. Konkret führt dies etwa zur merkwürdigen Erwartung, daß jeder Schweizer selbstverständlich perfekt Ski fahren und schwindelfrei klettern kann.

Ein Massensymbol hält sich umso leichter, je weniger stark seine Position bestritten wird. Als Schweizer setze ich alles daran, Berge in ihrer mythischen Funktion bestehen zu lassen. Negativinformationen werden ausgefiltert oder umgedeutet. Unsere Berge sind intakt, wir verschönern sie: In der Schweiz werden private oder staatliche Gruppen, die sich um Natur und Kultur unserer Berggebiete kümmern, „Verschönerungsvereine" genannt. Daß unsere Bergwälder vor allem Schutzwälder sind, wird vielen erst bewußt, wenn Teile von Bergen auf Dörfer oder Straßen stürzen. Wissenschaftliche Prognosen deuten darauf hin, daß große Teile unseres Bergwaldes in wenigen Jahrzehnten durch künstliche Schutzvorrichtungen ersetzt werden müßten, *falls* weiterhin Menschen zu Füßen des Symbols leben wollen. Doch solche Voraussagen sind wie zu Kassandras Zeiten unpopulär. Der Glaube an technische Machbarkeit, Wachstum und Kaufwillen scheint ungebrochen. Kurzfristiger Hedonismus ist auch in der Schweiz allgegenwärtige Lebenspraxis.

Wahrscheinlich tragen die Berge ihren Teil zu diesem unerschütterlichen Beharren auf den Grundfesten der Modernisierung, d.h. für uns Schweizer des Wohlstands, bei. Die Berge stehen da, unbewegt, dicht, mächtig, zeigen in eine Richtung, trotzen Wetter und Menschen, verkörpern die Urkraft der Schöpfung schlechthin. Zwar werden auch bei uns Bergteile weggesprengt oder abgebaut, aber die Silhouette, die wir im Geist und Herz aufbewahren, ist unveränderlich, seit Jahrtausenden. Wir sind überzeugt, die Masse der Berge wird die letzten Menschen überleben, und damit überleben auch wir. Wenn sie nicht mehr sind, ist nichts mehr.

Die Berge als letzte Referenz erfüllen ihren Dienst vor allem auch dann, wenn die von Canetti beschriebene nationale Kohäsion, das patriotische Gefühl der Schweizer ins Wanken gerät.

Zum vielgepriesenen patriotischen Gefühl zunächst zwei Impressionen. 1979 veröffentlichte der italienische *cantautore* Francesco de Gregori ein Lied, das ganz Italien erfaßte: Viva l'Italia. Schlicht unvorstellbar, daß in der in vieler Hinsicht heterogenen und zersplitterten Schweiz ein solches emotionales Gefühl des Eins- und Verbundenseins jemals Wirklichkeit werden könnte. Beispiel zwei: Der deutsche Schriftsteller Wolfgang Hildesheimer wurde seiner Verdienste und vielleicht seiner Einkünfte wegen in meinem Heimattal Poschiavo zum Ehrenbürger ernannt. Darauf wurde ihm in unzähligen buchhalterischen Interviews die Legitimationsfrage gestellt: Ob er sich jetzt als Schweizer fühle? Seine Antwort lautete immer gleich. Er fühle sich diesem engen und wilden Tal verbunden, mit der Schweiz könne er sich nicht identifizieren. Diese von einem Zugewanderten geäußerte Ansicht entspricht vermutlich zu einem beträchtlichen Teil den Gefühlen vieler Bürgerinnen und Bürger mit dem roten Paß. Wir sind in erster Linie Zürcherinnen, Genfer, Tessinerinnen und Walliser. Uns für die Konstruktion Schweiz zu erwärmen, fällt vielen schwer. Man erinnere sich etwa an die halbherzig organisierte 700-Jahr-Feier der Eidgenossenschaft vor zwei Jahren oder an den Ausstellungsslogan der Schweiz bei der Weltausstellung in Sevilla: Suiza no existe.

Besonders deutlich traten die Gräben zwischen den Bevölkerungsgruppen hervor, als unlängst die französischsprachigen Kantone, die in besonderem Maße von der Rezession betroffen sind, dem Europäischen Wirtschaftsraum beitreten wollten, die deutschsprachige Mehrheit diesen Vertrag aber ablehnte. Da bezweifelten manche Schweizerinnen und Schweizer Integrativität und Funktionalität ihres Staatengebildes. Der Riß zwischen den Sprachgrenzen ist zwar vergleichsweise harmlos, es bleibt meist bei verbalen Gefechten, aber der Zusammenhalt war auch schon selbstverständlicher. Aber nicht nur die Sprache, auch das Militär, das Stadt-Land-Gefälle und in jüngster Zeit die Geschlechtszugehörigkeit polarisiert die Bevölkerung. Da hilft es, wenn verbindende Reden im Umfeld des Massensymbols inszeniert werden. Politiker/-innen lassen sich besonders gerne mit bergigem Hintergrund interviewen, die Schweizer in Wort und Bild daran erinnernd, welch und wessen Volk sie sein sollen. Nachhilfestunden im symbolischen Interaktionismus haben Konjunktur.

Wirklich bedrohend für den Zusammenhalt der Schweiz könnte es allerdings erst werden, wenn die nationale Identität, d.h. das nationale Besondere von außen bedroht würde. (Eine Erosion von innen ergäbe sich vermutlich, wenn Wohlstand und Wohlergehen massiv beeinträchtigt würden und der Staat und die Nation damit ihre Legitimation einbüßten.) Wenn die magnetische Kraft der Berge den Schweizern abhanden käme, würden sie in ihrem Innersten getroffen. Wer den oft zitierten *Riegel* Schweiz knacken will, muß zuerst und zuletzt die Magie der Berge zerstören.

Damit komme ich auf die angesprochene Prämisse vom Anfang meines Vortrags zurück, mithin zum zweiten Schritt meiner Betrachtungen. Wie schätze ich Canettis Verknüpfung von Symbol und Krieg ein? Werden primäre Affekte und Kognitionen, die sich im Symbol zentrieren, erst mobilisiert, wenn erobert oder verteidigt wird? Canetti setzt das Selbstgefühl einer modernen Nation explizit mit ihrem Verhalten im Krieg gleich.[7] Im Falle der Schweiz sei dies klar zum Ausdruck gekommen: „Alles fruchtbare Land, alle Städte, alle Stätten der Produktion hätten im Falle eines Angriffs geräumt werden sollen. Die Armee hätte sich auf die eigentliche Kette der Berge selbst zurückgezogen und dort erst gekämpft. Volk und Land wären geopfert worden. Aber die Armee auf den Bergen hätte weiter die Schweiz vorgestellt, und das Massensymbol der Nation wäre zum Lande selbst geworden."[8]

Anschaulicher könnte die androzentrische Perspektive Canettis nicht verdeutlicht werden. Wenn sich die Armee in die Berge zurückzieht, dann tun dies die wehrdienstpflichtigen Männer (und das sind in der Schweiz fast alle im Produktionsalter), und wenn das Volk dem Feind überlassen wird, dann heißt dies: Frauen, Kinder und Alte werden geopfert.

Canetti bewegt sich im Männer-Diskurs. Nicht weil er fast nur männliche Sprachformen gebraucht, das war zur Zeit der Niederschrift von *Masse und Macht* noch weitgehend die Norm. Vielmehr sind die erkenntnisleitenden Konzepte und Subjekte allesamt auf den Mann bezogen. Der Krieg ist Vater der Bewegung, des Schaffens und Zerstörens, die Symbole und ihre Adressaten sind auf den Krieg ausgerichtet. Besonders deutlich tritt dies z.B. bei der Charakterisierung des Massensymbols der Deutschen hervor: aus dem Heer wird ein marschierender Wald.

Canetti analysiert Kulturen und Strukturen, die von Männern geschaffen, beherrscht und geprägt sind. In diesem Sinne wäre es eigentlich abwegig, wäre seine Analyse als Mann nicht auf Männer bezogen. An der Seite der oder im Kampf mit den schöpferischen, verwaltenden und ernährenden Ur-Frauen suchten die Ur-Männer ihr Identitätsheil vor allem im Jagen und in Kriegen. Viel scheint sich daran bis heute nicht geändert zu haben.

In die patriarchalen Ordnungen fügen sich Canettis analytische Teile nahtlos ein. Männliche Selbstkonzepte werden in großem Maße über gewalttätige Auseinandersetzungen gesetzt, gefunden und tradiert. Die harten und schwer zugänglichen Berge sollen *innen* den Schweizer stärken, wenn Gefahr von *außen* droht. Die Berge will er retten, da er ohne sie seine nationale Identität, aber auch seine eigene Härte, seinen eigenen Panzer verliert. Von den Bergen – so Canetti – erwartet er Schutz und Sicherheit. Alle andern, die nicht zu den Wehrdienstfähigen gehören, sind vom Massensymbol ausgeschlossen.

Diese Logik deckt sich mit der modernen Entwicklung der Kriege, in denen die größte Zahl der Opfer nicht unter den Soldaten, sondern bei der Zivilbevölkerung, also bei Frauen, Kindern und Alten zu suchen ist. Nebenbei: Der Streit in den USA um den Ein- oder

Ausschluß der Homosexuellen, also der expliziten Nicht-Männer in die Armee scheint auch ein Kampf um symbolische Zugehörigkeit zu sein.

Die Identitätsfindung der von Männern erfundenen und von Männern bestimmten Nationen zeigt sich anhand der Beobachtung, daß oft erst im Krieg, also unter existentiellen Bedingungen, männliche Orientierungen und Präferenzen, also auch Massensymbole, deutlich werden.

Offen ist, ob Frauen auch Nationen erfinden würden. Zu fragen wäre auch, womit Frauen sich identifizieren. Wichtig ist hierbei, welche Bedingungen für Frauen existentiell sind. Weil viele Frauen in patriarchalen Verhältnissen den männlichen Blick internalisieren, wird auch vielen Schweizerinnen das Massensymbol Berge vertraut sein, aber – so vermute ich – aus einer andern Position und mit einem andern Gewicht. Vielleicht orientieren sie sich aber auch an Symbolen, die mehr mit ihren Tätigkeiten und ihrer Geschichte zu tun haben. Wir – vorab wir Männer – wissen es nicht. Die Geschichte der Frauen wird erst wiederentdeckt und erst neu geschrieben. Eine feministische Analyse von Masse und Macht, die vielleicht bei Hannah Arendts Nachdenken über Macht anknüpfen könnte, wäre jedenfalls von großem Gewinn.

Canettis *Masse und Macht* gehört in meine Denk-Bibel, obwohl es kein Buch eines Feindes ist. Es hat mich während meiner Studienzeit infiziert und seither – wie es sich für stachlige Bücher gehört – nicht mehr losgelassen. Als Schweizer sehe ich mich auf meinem Lieblingsberg, der Bernina, den ich nie besteigen könnte, mit sehnsüchtigem Blick nach dem Meer. Wenn keine Strände in Sicht sind, werden Berge zur letzten Referenz.

Anmerkungen

1 Elias Canetti, *Masse und Macht*, Frankfurt am Main 1981, S. 187

2 Ebd., S. 192

3 Siehe Elias Canetti, *Die Provinz des Menschen*, Fankfurt am Main 1987, S. 153

4 *Masse und Macht*, S. 192

5 Ebd., S. 193

6 Ebd., S. 194

7 Siehe ebd., S. 194

8 Ebd., S. 192 f.

Im Lande der Pioniere: Pilger, Farmer und Cowboys in der Seelenlandschaft der USA

Dagmar C. G. Lorenz

Richard Lawson schrieb 1991 über Elias Canettis Werke, daß sie im Gegensatz zu denen vieler seiner Zeitgenossen noch immer nicht veraltet seien. Im Gegenteil, erst jetzt habe die Welt den Autor gewissermaßen eingeholt.[1] Tatsächlich können Canettis Kategorien und Denkmodelle nicht nur zum Verständnis historischer Phänomene herangezogen werden, wie Iring Fetscher anführt, der *Masse und Macht* einen potentiellen Erklärungswert für das Verständnis des „Dritten Reiches" zuspricht,[2] Canettis Einsichten erweisen sich aufgrund ihrer Elastizität und Vielschichtigkeit auch bei der Betrachtung zeitgenössischer Prozesse und Gegebenheiten als fruchtbar. Ein aktuelles Beispiel aus dem nordamerikanischen Raum ist die gerade zu Ende gegangene Tragödie um David Koresh und die sogenannten *Davidianer*, an der sich das Phänomen des paranoischen Führers, des Überlebenden und der nach Erweiterung strebenden Masse deutlich nachweisen läßt. Auch Dagmar Barnow erkannte die Reichweite von Canettis theoretischen Erkenntnissen. So charakterisierte sie zum Beispiel *Masse und Macht* als „ein Werk, das so beharrlich und konkret wie wenige Texte unseres Jahrhunderts für die Notwendigkeit plädiert, die politischen und psychischen Probleme dieser Zeit wirklich konsequent als soziale zu sehen".[3] Auch Fetscher betonte die Relevanz von Canettis Hauptwerk für die Geschichte des zwanzigsten Jahrhunderts, wenn er *Masse und Macht* direkt auf das „Dritte Reich" bezog, obwohl Canetti, der vom Nationalsozialismus und den Judenverfolgungen direkt betroffen war, diese Themen in seiner monumentalen Studie nie unverstellt ansprach. Ebensowenig ließ er sich auf eine Analyse der USA ein, die nach 1945 in der westlichen Welt eine wirtschaftliche, ideologische und militärische Vormachtstellung eingenommen hatten, in dem Kulturkreis also, in dem der zwischen London und Wien hin- und herpendelnde Canetti lebte und arbeitete.

Die folgenden Ausführungen stellen einen Versuch dar, Canettis Kategorien auf die Vereinigten Staaten anzuwenden. Auf den ersten Blick will es scheinen, daß den Vereinigten Staaten von Amerika noch schwerer „auf den Grund zu kommen" ist[4] als den Juden, von denen Elias Canetti feststellt: „Kein Volk ist schwieriger zu begreifen als die Juden. Sie sind über die ganze bewohnte Erde verbreitet, ihr Stammland war ihnen verloren."[5]

Letzteres trifft auch, wenngleich in anderem Sinne, auf die Einwanderernationen der Vereinigten Staaten und ihre Stammländer in aller Welt zu. Die USA sind eine Nation, die aus dem Wunsch und der materiellen oder politischen Notwendigkeit, das Ursprungsland zu verlassen, hervorging. In der Tat fällt Amerikareisenden sogleich auf, daß eigentliche „Amerikaner" oder gar ein leicht zu definierender amerikanischer Nationaltyp nicht existieren. Ein jeder, den man nach seiner Nationalität fragt, ist sich seiner Abstammung nur allzu bewußt.[6] Die Frage nach ihrer nationalen Identität beantworten Amerikaner selten damit, daß sie Amerikaner seien, wie es europäische Frager erwarten. Typischer ist etwa folgende Antwort: „Ich bin ein Drittel deutsch, ein Drittel irisch und ein Drittel italienisch."

In dem sogenannten „Schmelztiegel“ der Nationen hat offenbar keine Fusion stattgefunden, hat sich keine homogene Volksmasse von Amerikanern gebildet. Man weiß genau, woher die Vorfahren kamen oder man selbst kam und lebt vielleicht sogar in einer „ethnischen Nachbarschaft“, in einem Stadtviertel, das vorwiegend von Menschen aus der alten Heimat bewohnt wird.[7]

Immer wieder wird durch den Zustrom von Menschen aus den verschiedensten und zu gegebenen Phasen immer wieder neuen Nationen wie auch durch die Mobilität von Gruppen und Individuen innerhalb des Landes die Bildung einer einheitlichen Bevölkerung unterbunden. Das Amerikanische an den Amerikanern scheint geradezu Uneinheitlichkeit und Multikulturalität zu sein. Es ist bekannt, daß das Zusammenleben der verschiedenen Gruppen dieses „Mischvolkes“ nicht ohne Spannungen und Kämpfe verlaufen ist und verläuft. Was jedoch angesichts der augenfälligen Verschiedenheit der Amerikaner, was Ethnizität, Religion, Bildung und Wohlstand betrifft, erstaunt, sind nicht die Konflikte, sondern das trotz derselben überraschend reibungslose Funktionieren ihres Landes.

Eine „Integration“ der unterschiedlichen Gruppen und Individuen in den sogenannten *mainstream* der amerikanischen Gesellschaft werden europäische Beobachter ebensowenig wahrnehmen wie eine dominante Kultur, denn sie verbinden aus historischen Gründen mit diesen Vorstellungen Homogenität. Obwohl es auch in Europa keine homogenen Gesellschaften mehr gibt, es sie vielleicht nie gab, wohnen dort Menschen, die ohne die vorgebliche Reinheit von Rasse oder Kultur nicht leben zu können vermeinen und ihre offensichtlich anachronistischen und unhaltbaren Ideale immer wieder lautstark und auch mit Gewalt durchzusetzen versuchen. Im Vergleich etwa mit dem Nationalsozialismus oder den gegenwärtigen Säuberungsaktionen auf dem Balkan sind der Ku-Klux-Klan bzw. *White Supremecists* im amerikanischen Kontext Randerscheinungen. Das Habsburgerreich war ein europäischer Sonderfall, der sich, die von den herrschenden deutschsprachigen Kreisen ausgehenden Germanisierungsversuche eingeschlossen, mit den Vereinigten Staaten am ehesten vergleichen läßt. Der Funktion der deutschen Sprache in der Donaumonarchie entspricht die der englischen Sprache in den USA. Noch wiedersteht man hier jedem Versuch, eine weitere offizielle Landessprache, etwa das Spanische, gelten zu lassen. Freilich war die multikulturelle Donaumonarchie zerbrechlich, wie das Auseinanderstreben ihrer Völkerschaften im neunzehnten Jahrhundert und die innere Konsistenz der verschiedenen ethnischen Gruppen gezeigt haben, während es in den USA seit dem amerikanischen Bürgerkrieg keine ernstzunehmenden separatistischen Bestrebungen mehr gegeben hat. Einwanderer aus aller Welt siedeln sich in den USA an. Sie bleiben dort und werden Amerikaner. Nicht sie, sondern die nicht einmal als Amerikaner, sondern „Indianer“ bezeichnete Urbevölkerung, sind die Fremden.

Integration im amerikanischen Sinne bedeutet nicht äußerliche Vereinheitlichung, sondern Partizipation an denselben sozialen Möglichkeiten und demselben Streben nach der Verbesserung der eigenen Person und damit der gesamten Gesellschaft durch Arbeit und produktiven Wettstreit im Sinne der in der Präambel der Verfassung garantierten Grundrechte: „Life, Liberty and the Pursuit of Happiness“ – Leben, Freiheit und das Streben nach Glück, was konkret Kapitalismus auf der Basis der durch den Protestantismus kultivierten Arbeitsethik bedeutet, wie bereits von Max Weber nachgewiesen wurde.

Die Frage, ob und auf welchen Massensymbolen die nationale Identität der Bürger in den Vereinigten Staaten begründet ist, läßt sich am ehesten beantworten, wenn man dem Ziel des Begehrens nachforscht, welches in dem Programm „Leben, Freiheit und Streben nach Glück“ enthalten ist, dem Programm einer Nation, die ihre Kinder in dem offenkundig unrealistischen Glauben an unbegrenzte Möglichkeiten aufwachsen läßt, so daß ein jeder vermeint, es hänge nur von seiner Willenskraft und seinem Durchsetzungsvermögen ab, alles, also auch Präsident, werden zu können.

Einen Aspekt dieses Programms reflektiert der einzige echt amerikanische, universal gefeierte Festtag der USA, *Thanksgiving*, was sich nur unvollkommen durch das Wort „Erntedankfest“ wiedergeben läßt. *Thanksgiving* ist ein einmaliges, historisch spezifisches Fest und damit amerikanischer als der 4. Juli, an dem mit Feuerwerk und Aufmärschen die Unabhängigkeit gefeiert wird – ein ähnliches Fest gibt es u.a. auch in Frankreich. Das nur die amerikanischen Christen betreffende Weihnachtsfest, auch wenn es mit dem ungefähr gleichzeitigen Hanukka zusammenfällt, kann ebensowenig wie Ostern/Pesach Anspruch auf universale Bedeutung erheben.

Was am *Thanksgiving*-Tag gefeiert oder mehr noch nachempfunden wird, sind das Überleben und der Beginn einer neuen Nation. *Thanksgiving* erinnert an die erste Ernte der Pilger-Väter, die auf ihrem Schiff *Mayflower* die Neue Welt erreicht und, unterstützt von den sogenannten Indianern,[8] die ersten Monate auf dem neuen Kontinent gemeistert hatten. Das *Thanksgiving*-Mahl stilisiert in einer sentimental verbrämten Mahlzeit, zubereitet aus Produkten der Neuen Welt – Truthahn, Kürbiskuchen, Bataten und Maisbrot –, die ersten europäischen, aber auch die neuesten Siedler zu frommen, in ihrer Heimat zu Unrecht verfolgten Menschen, die nun eine Zuflucht gefunden haben und in brüderlicher Harmonie mit ihren einer fremden Rasse und Kultur angehörenden Wohltätern ihrem Gott Dank sagen.

Dieses Bild liegt dem amerikanischen Selbstverständnis zugrunde. Die sich jährlich wiederholende *Thanksgiving*-Zeremonie symbolisiert die Überwindung der Vergangenheit, des alten Landes und seiner Symbole, die Canetti zu Recht der englischen Nation zuordnet.[9] Das Meer ist überwunden, das Schiff verlassen.[10] Der englische „Kapitän“[11] hat sich in den Pionier, fremdes Land in Acker- und Kulturland verwandelt. Noch bedarf man der Hilfe der „Eingeborenen“, von denen man sich in Tracht, Sprache und Wertvorstellungen nur allzu deutlich unterscheidet. Es hat nie eine Integration von „Indianern“ und *Pilgrim Fathers* gegeben. Das fremde Gegenüber für die Amerikaner waren nicht die immer neuen Einwanderer und auch nicht die als Sklaven importierten und später befreiten Afrikaner. Das Fremde und grundsätzlich Andere waren für sie die ansässigen, von ihnen so benannten und vereinnahmten „Indianer“. Der Eintritt in die Neue Welt war der Eintritt in ein in den ersten Siedlungsphasen unendlich erscheinendes Pionierland,dessen Grenzen es immer weiter auszudehnen galt.

Schon im Kern enthält dieses dynamische, für das Selbstverständnis der Oststaaten bezeichnende Bild der *Thanksgiving* feiernden Pilger-Väter die Verwandlungen, die über das Bild des Siedlers, des amerikanischen Farmers, zu dem Massensymbol des amerikanischen Westens, dem Cowboy, hinführen. In allen drei Fällen sind die Indianer das Gegenüber des „weißen Mannes“, aber aus der Freundschaft ist Antagonismus geworden, aus der Zusammenarbeit der blutige territoriale Kampf, aus dem Gastfreund der Gegner, der so brutal wie die Tiere der Steppen und Prärien, Büffel, Bären, Adler und Wölfe, die noch heute die

Staffage der „Wildwestfilme“ oder *Western* bilden, abgeschlachtet wird, um dann durch die Pioniere und seine Haustiere ersetzt zu werden. Nicht zufällig erinnern die Namen der amerikanischen Fußball-, Basketball- und Baseball-Teams an diese zum Cowboy-Heroismus hinaufstilisierten Kämpfe im Grenzland: Bulls, Indians, Hawkeyes, Bears, Reds usw. Im Sport und in den Produkten der Filmindustrie lebt weiter, was *realiter* ausgerottet wurde oder auf Reservaten oder in zoologischen Gärten ein kümmerliches Schattendasein fristet, denn trotz ökologischer Bemühungen sind die Tiere des Wilden Westens, einschließlich des amerikanischen Nationaladlers, vom Aussterben bedroht. Die Native Americans aber, die sogenannten „Indianer“, sind, soweit sie offiziell als solche leben, von der amerikanischen Staatsbürgerschaft ausgeschlossen. Es ist in diesem Zusammenhang nicht verwunderlich, daß in Sachen Sport und Geschäft in den USA das alte englische „fair play“ nur wenig gilt, denn in beiden Sphären ist der Erfolg das Entscheidende.

Die Präsidentenpersönlichkeiten der USA reflektieren die verschiedenen Spielarten des archetypischen Amerikaners. Ronald Reagan, der beliebteste Präsident der letzten Jahrzehnte, war in jüngeren Jahren Schauspieler in Wildwestfilmen. Lyndon B. Johnson setzte seine Texas-Verbindung durch Cowboy-Hut und Rancher-Gebaren wirkungsvoll in Szene. Ein Grund für den befristeten Erfolg des an und für sich wenig markanten George Bush mag eine glückliche Kombination von Elementen gewesen sein, die diesen Präsidenten mit dem texanischen und kalifornischen Westen und der Ostküste (Kennybunkport) assoziierte, während der unabhängige Präsidentschaftskandidat Ross Perot durch unverstellte Cowboymanieren – in der TV Show *Sixty Minutes* und anderswo präsentierte er sich als Rancher mit seinen Pferden –, seinen breiten texanischen Dialekt und seine bilderreiche, ungezähmten Individualismus suggerierende Ausdrucksweise unerwartete Erfolge erzielte.

Jimmy Carter, der protestantische Fundamentalist und *Born-Again-Christian* vereinte in seiner Person die Elemente des Siedlers, Farmers und Pilgers. Auch Bill Clintons Beliebtheit ist nicht auf seine intellektuelle Leistung als *Rhodes Scholar* zurückzuführen, sondern auf die Elemente, die ihn mit dem amerikanischen Pionier- und Grenzland assoziieren. Sein nicht ungeschickt zur Schau getragenes, mittel- bis südweststaatliches Farmertum, unterstrichen durch Blue Jeans und karierte Flanellhemden, evoziert das Bild des Settlers und landwirtschaftlichen Pioniers. Ebensowenig wie seine Vorgänger kann Clinton auf zeremonielle Kirchgänge und Segenssprüche wie das obligatorische „God bless you“ verzichten, die „Pilger“-Komponente, die bei George Busch durch enge Beziehungen zum christlichen Fundamentalismus und den Abtreibungs-Gegnern so ausgeprägt war.

Alle Neuankömmlinge werden des dreigesichtigen Archetyps des Amerikaners, des Pilgers, Farmers und Cowboys, zu einem gewissen Grade durch das *Thanksgivings*-Ritual und die Populärkultur teilhaftig, z.B. die *Country and Western Music*, die unweigerlich Pioniermotive enthaltende *Folk Music*, Cowboyfilme und die Reklameindustrie. Zu diesem Archetyp gehören untrennbar Attribute, die einst das Überleben im Grenzland garantierten: das Buch, will sagen, die christliche Bibel, die Feuerwaffe sowie Pferd und Wagen.

Noch heute ist die puritanisch-fundamentalistische Komponente der amerikanischen Zivilisation so stark ausgeprägt, daß es Außenstehende wundert – nicht zu Unrecht wird der zentrale Teil des Mittleren Westens *Bible Belt*, Bibelgürtel, genannt. Die verfassungsmäßige Trennung von Staat und Kirche in den USA hat die Vitalität der amerikanischen Kirchen und Sekten nur erhöht. Die Religion wurde in ein Grenzland verwiesen, in dem sie sich durch Missionierung, aber auch gelegentlich militant zu verbreiten sucht, wie es Anfang 1993 die *Davidianer* taten, als sie, angeführt von ihrem charismatischen Messias David Koresh, dem Staate Texas auf einer in eine Festung verwandelten Farm die Stirn boten. Christ, Revolverheld, Gangster und Kapitalist stellen im Rahmen des Grenzlandmythos keine Gegensätze dar, sondern das eine ergibt sich gleichsam organisch aus dem anderen. Die Grenzen sind fließend.

Der Archetyp des Pilgervater-Farmer-Cowboys und seine Attribute sind den historischen Gegebenheiten angepaßt worden. Wagen und Pferd sind durch Automobil, Lastwagen und Motorrad ersetzt worden, ohne daß sie ihre ursprüngliche Anziehungskraft verloren hätten. In kaum einem anderen Lande gibt es einen Autokult, der mit dem der Vereinigten Staaten vergleichbar ist. Der Erwerb des Führerscheins gilt mehr noch als der Schulabschluß als ein Reifezeugnis, der Besitz eines Autos wird, außer in Großstädten, nicht als Luxus, sondern als Grundrecht betrachtet und gehört zum Existenzminimum. Mit einigen Filmtiteln soll hier die Zentralität des motorisierten Fortbewegungsmittels nur angedeutet werden: *Smoky and the Bandit*, ein Tribut an den Lastkraftwagen, verherrlicht den LKW-Fahrer als Pionier und Cowboy des zwanzigsten Jahrhunderts, in *Easy Rider* wird das Motorrad zum Symbol der Freiheit in der Weite des amerikanischen Westens, in *Lucille* nimmt ein schwerer Wagen, wie er für die fünfziger Jahre charakteristisch war, ein dämonisches Eigenleben an. Titel wie *The Pink Cadillac* sprechen für sich. Kein Fernsehabend vergeht, an dem nicht zahllose Autorennen und -schlachten zwischen Polizisten und Desperados stattfinden, keine größere Stadt existiert, in der nicht *Drag Races* und *Mudbiking* begeisterte Anhänger haben. Autorennen und Autoshows sind allemal beliebter als Oper, Konzert oder Ballett.

Auch Besitz und Tragen einer Schußwaffe gehören zu den verbürgten Grundrechten der US-Amerikaner. Die hysterisch anmutende Reaktion zahlloser bürgerlicher Waffenbesitzer, wenn dieses Grundrecht in Frage gestellt wird oder auch nur Kontrollmaßnahmen wie Wartezeiten beim Kauf einer Feuerwaffe zum Schutz der Bevölkerung zur Debatte stehen, beweist, daß es sich um ein stark emotional besetztes Thema handelt. Obwohl jährlich etwa 24.000 Amerikaner durch Feuerwaffen ums Leben kommen – nicht selten durch die eigene – hält die Mehrzahl der US-Bürger an dem Recht fest, so viele und so großkalibrige Schußwaffen, wie es ihnen beliebt, kaufen zu können. Selbst eine Kaufbeschränkung auf eine Waffe pro Monat oder eine 24-stündige Wartepflicht werden von vielen als untragbar empfunden. Diese gewiß nicht rationale Reaktion legt nahe, daß es sich bei der Schußwaffe wie beim Auto um ein identitätsbildendes Element handelt. Beide zusammen suggerieren Unabhängigkeit, Beweglichkeit und Eigenständigkeit, wie sie der Pionier im Wilden Westen verspürt haben mag, und die man ihm nachfühlen will. Kein Wunder, daß Filme, die wie *Bonny and Clyde* und *Thelma und Louise* die Revolver- und Autothemen vereinten, das Herz der Amerikaner im Sturm eroberten.

Längst gibt es kein Grenzland mehr. Die Küsten sind erschlossen, entwickelt und durch Hotels, Eigentumswohnungen und die Prachtbauten der Reichen verschandelt worden – selbst der berühmte *Redwoodtree*-Urwald in Oregon wird nicht mehr lange verschont bleiben. Steppen und Wüsten, die wie die Wüste von Nevada als atomare Teststationen dienten, haben ihre Ursprünglichkeit verloren, und alle amerikanischen Landschaftszonen sind von einer unaufhaltsamen Luft- und Wasserverschmutzung bedroht. Natur und Wildnis können nur noch Schwärmern ernstlich als Pionierland gelten. Jedoch ist in den USA ein neues Grenzland entstanden, die städtischen Slums, und mit diesen der *Urban Pioneer.*

Handelt es sich bei dieser Erscheinung im engeren Sinne um einen Menschentyp, der die unbewohnbar gewordenen Teile der Großstädte wieder erschließen möchte, so läßt sich dieser Begriff im weiteren Sinne auf die urbanisierten Amerikaner anwenden, die sich in der Gegenwart mit Pioniermethoden, wo es auch sei, zu bewähren versuchen. Hier sind die Yuppies (Young Professionals) der Reagan-Zeit und die skandalumwitterten Geschäftsmänner der achtziger Jahre und ihre nur auf den eigenen Gewinn gerichteten Praktiken zu nennen, die Managementtheorien, die auf den Maximalgewinn des – natürlich privaten – Arbeitgebers abzielen und konsequenterweise auf Seiten der Arbeitnehmer ein Mindestmaß von beruflicher Sicherheit und Einkommen zur Folge haben.

Das städtische Pioniertum des amerikanischen Geschäftsmannes, getrieben von der Mentalität des Einzelkämpfers in der Steppenlandschaft, macht die weniger Erfolgreichen zu „Indianern", zu Unpersonen, die auszubeuten und abzuschlachten er das Recht hat. Der städtische Cowboy im Gewande des Unternehmers, Geschäftsmannes oder Freiberuflichen – unter ihnen sind auch Frauen wie Marge Schott, die Besitzerin der Baseballmannschaft *Cincinnati Reds* – gibt sich unverhohlen als der Egoist, der er ist, zu erkennen und zögert nicht, etwa durch eine Halskette oder ein Armband mit einem Nummer-Eins-Anhänger zu demonstrieren, wem seine Loyalität gilt: ihm oder ihr selbst. Ein solcher Pionier steht im Grenzland des eigenen Erfolges, den zu vergrößern und damit den eigenen Machtbereich zu erweitern sein Ziel ist. Das städtische Pioniertum überschneidet sich auch mit dem Gangstertum der amerikanischen Großstädte. Wie weit die Mafiosi der Prohibitionszeit in den Kreis der amerikanischen Archetypen eingedrungen sind, beweist der Erfolg der *Godfather*-Filme und der zeitgenössischen Fernsehserie *The Untouchables.*

Tatsächlich handelt es sich bei den Al Capones der TV- und Filmindustrie keineswegs um einen neuen Typus. Durch die Attribute Revolver, Automobil und christliche Motive, wenngleich es bei dem Mafia-Klischee ein bigotter Katholizismus ist, kann der Gangster unschwer mit dem Pilger-Cowboy verbunden werden.

Aus den bisherigen Ausführungen lassen sich Antworten auf die Frage ableiten, als was die Bürger der USA kämpfen. Bei vielen der militärischen Unternehmungen der Vereinigten Staaten überraschen die Selbstgerechtigkeit und der missionarische Eifer, mit denen sie begonnen und die scheinbare Gleichgültigkeit, mit der sie beendet werden, ein historisches Faktum, das etwa Bob Dylan in seinem satirischen Song „With God on Our Side" kritisiert.[12] Die Amerikaner scheinen sich der den Beobachtern aus aller Welt offenkundigen imperialistischen Bestrebungen ihres Landes merkwürdig unbewußt und setzen bei internationalen Kontroversen wie selbstverständlich voraus, daß ihr Standpunkt der moralisch richtige ist. Blind für die Mißstände im eigenen Land kämpfen Amerikaner als Pilger und Missionare, die den *American Way of Life*, Demokratie und Menschenrechte in alle Welt tragen zu können vermeinen und die Berechtigung, dies zu tun, nicht bezweifeln.

Ihre Selbstgerechtigkeit fiel nicht nur bei der Attacke auf den Irak oder im Vietnam- und Koreakrieg auf, sondern auch bei der Rolle, die die USA im Zweiten Weltkrieg spielten. Sie bewirkt eine Diskrepanz zwischen der Selbsteinschätzung der Amerikaner und der

Art und Weise, wie diese von außen her wahrgenommen wird.[13] Immer überrascht es, wie mühelos die USA aus ihren ehemaligen Gegnern Verbündete machen. Es werden moralische Prinzipien ins Feld geführt, um die öffentliche Meinung für die kriegerischen Auseinandersetzungen zu gewinnen, am Ende aber siegt der Pragmatismus. Als Beispiele seien nur die oberflächlich betriebene und bald aufgegebene „Entnazifizierung" Westdeutschlands und die Aufnahme Japans in den kapitalistischen Westblock nach den verheerenden Atomangriffen genannt, mit denen sich Canetti in seiner Besprechung von Dr. Hachiyas Tagebuch auseinandersetzte.[14] Die USA kennen in der Tat keine „Erbfeindschaft", die sich etwa mit der jahrhundertelangen Rivalität zwischen Deutschland und Frankreich vergleichen ließe, wie zwei Beispiele aus den letzten Jahren zeigen sollen.

Nach der Desintegration des sogenannten Ostblocks, dessen Länder während des Kalten Krieges tagtäglich auf dem Bildschirm und in der Presse als Hochburg einer satanischen Macht verunglimpft wurden, hat eine Annäherung an die ehemaligen Gegner begonnen, von deren Notwendigkeit die Medien die US-Bürger unschwer überzeugen können. Die Appelle an die Menschlichkeit und die unverhüllt genannten egoistischen Beweggründe bilden eine schwer von der Hand zu weisende Kombination aus Nächstenliebe, Vernunft und kalkuliertem Gewinn.

So wird ein ökonomisch starkes Rußland als eine hervorragende Kapitalanlage im Interesse jedes einzelnen Amerikaners angepriesen, denn ein reduziertes Militärbudget trage dazu bei, das Staatsdefizit zu verringern. Zudem könnten mit der Hilfe kaufkräftiger Russen neue Märkte erschlossen werden.

Auch der publizistisch im höchsten Grade ausgeschlachtete Konflikt mit dem Irak und Saddam Hussein ist seit dem Regierungsantritt Bill Clintons in Vergessenheit geraten, so daß mit seiner baldigen Beilegung zu rechnen ist. Noch vor wenigen Monaten hatten George Bush und seine Vertrauten mit Hilfe der Medien Husseins Image so manipuliert, daß die Öffentlichkeit in ihm einen ernstzunehmenden militärischen Gegner und geradezu einen Teufel in Menschengestalt sah. Nach dem angeblich humanen technologischen Blitzkrieg, dessen Verwüstungen und die etwa 150.000 Todesopfer den nichtswissenwollenden Amerikanern verschwiegen wurden, geraten auch in diesem Fall Opfer und Gegner in Vergessenheit.

Die Kurzlebigkeit der Konflikte sowie die Kontroversen zwischen den an ihnen Beteiligten, es sei an die öffentlich ausgetragenen Meinungsverschiedenheiten zwischen Bush und seinem General Norman Schwarzkopf erinnert, macht der Archetyp des Cowboys verständlich. Die amerikanischen Soldaten, aber auch ihre Führer, verhalten sich letztlich als Einzelkämpfer und Abenteurer. Es ist kein Zufall, daß ein Großteil der amerikanischen Berufssoldaten (nach dem Vietnam-Krieg wurde die Wehrpflicht abgeschafft) aus den finanzschwachen Gebirgsstaaten bzw. den Armenvierteln der Großstädte, also modernen Pioniersituationen stammt und in dem Sinne als Menschen gelten können, die im Militär eine Chance sehen, sich sozial und wirtschaftlich zu verbessern. Der Vergleich zwischen dem amerikanischen Militär und *hired guns* oder Söldnern ist von Kuweitis auch durchaus zum Entsetzen der amerikanischen Medien gezogen worden. Der rasche, wirkungsvolle Einsatz heute hier und morgen dort und die scheinbare Beziehungslosigkeit der verschiedenen Aktionen erinnern durchaus an die effektvollen Auftritte eines Wyatt Erp oder Billie the Kid. Nicht zufällig war John Wayne, einer der beliebtesten Schauspieler in Cowboy-Filmen, auch ein Kriegsfilm-Veteran, der in den Frühphasen des Vietnam-Kriegs propagandistisch als Reklame für die *Green Berets* oder *Ledernacken* eingesetzt wurde.

Parallel zu Canettis Frage, als was eine Nation kämpfe, ist zu fragen, warum und wofür eine Nation kämpft oder zu kämpfen vermeint. Letzteres wäre wohl die korrektere Formulierung, denn ungeachtet der vorgeblichen „Sache" geht es im Krieg, wie Canetti ausführt und sich leicht mit dem Zählen (und Verschweigen) der Toten im Vietnam- und im Irak-Krieg belegen ließe, „ums Töten" ... „Es geht um ein Töten in Haufen. Möglichst viele Feinde werden niedergeschlagen; aus der gefährlichen Masse von lebenden Gegnern soll ein Haufe von Toten werden. Sieger ist, wer mehr Feinde getötet hat. Es ist die wachsende Masse der Nachbarn, der man im Kriege entgegentritt."[15]

Die missionarischen Vorwände für militärische Auseinandersetzungen – Menschenrechte, Freiheit, Demokratie – treffen sich mit der Botschaft populärer Kirchenlieder wie „Onward Christian Soldier". Sie sind ebenso unerläßlich wie der moralische Überlegenheitsanspruch, der sich bei genauerem Hinsehen als nur zu brüchig erweist. So belegte unter anderem Helke Sander in *Befreier und Befreite* (1992), einem Film über Vergewaltigungen während des Zweiten Weltkriegs, daß, im Gegensatz zu den Engländern, auch amerikanische Soldaten in hoher Zahl an Vergewaltigungen beteiligt waren.

Den idealistischen Ansprüchen unterliegen durchaus handfeste Motive. Die USA verteidigen global, was ihnen lieb und teuer ist, ihre Soldaten kämpfen als Missionare für den amerikanischen Lebensstil und als Pioniere um ihre Beweglichkeit, ihre Freiheit. So ging es im Irak vor allem um das Öl aus Kuweit und Saudi Arabien, das der städtische und ländliche Cowboy braucht, um sein Automobil jederzeit fahrbereit zu halten – den Durchschnittsamerikaner erbittert kaum etwas mehr als steigende Benzinpreise.

Wo immer es um Geld, Geschäfte und die Erschließung neuer Fronten und Märkte geht, ist, wie schon während des kalifornischen *Gold Rush*, mit der Einmischung der USA, ihrer privaten Geschäftsmänner und militärischen „Spezialisten" zu rechnen. Deren oft paradox erscheinendes Vorgehen wird durch das Symbol des Grenz- und Pionierlandes und den mit ihm assoziierten Archetypen des Pilgers, des Farmers, also des Bauern mit Gewehr, und des Cowboys, aber auch des Gangsters, deutbar.

Nationen, die wie die Japaner im Zweiten Weltkrieg oder die Iraki während des Golfkrieges als ethnisch und kulturell grundsätzlich verschieden wahrgenommen oder von den Medien als barbarisch dargestellt werden, werden in den Augen der amerikanischen Öffentlichkeit zu „Indianern". Im Sinne des heute politisch inkorrekten, aber immer noch bekannten Sprichwortes „The only good Indian is a dead Indian" ist es irrelevant, wie viele dieser enthumanisierten „Unpersonen" getötet werden, ja man verhindert, daß die Anzahl ihrer Toten überhaupt zur Sprache kommt, während das Leben eines jeden Amerikaners als unersetzliches Gut hingestellt wird. In krassem Gegensatz dazu steht die Abstumpfung den von Amerikanern getöteten Amerikanern gegenüber: die Zahl der Menschen, die in den USA jährlich ihr Leben bei Autounfällen oder durch Verbrechen verlieren, übersteigt um ein Vielfaches die Anzahl der während des Golfkrieges gefallenen amerikanischen Soldaten bzw. die Zahl derjenigen, deren Leben ein militärischer Einsatz auf dem Balkan bedrohen würde.

Canettis Kategorien erlauben es, Verhaltensmuster bloßzulegen und auch im Falle der

USA, wie Claudio Magris es ausdrückt, das „Mächtige" zu entlarven.[16] Canettis kritische Methode erweist sich als ebenso subversiv wie die Walter Benjamins, der das akademische Establishment aufgrund seiner Abhängigkeit von den jeweiligen Machthabern der Erkenntnis für unfähig hielt. Zum Establishment und zu den Mächtigen hat Canetti ebensowenig wie Benjamin gehört.[17]

Anmerkungen

1 „In some sense then the world has caught up with Canetti." Richard H. Lawson, *Understanding Elias Canetti*, Columbia, South Carolina 1991, S. 9

2 Iring Fetscher, „‚Masse und Macht' und die Erklärung totalitärer Gesellschaften", in: *Verwandlungsverbote und Befreiungsversuche in Canettis Masse und Macht*, Hg. John Pattillo-Hess, Wien 1991, S. 9

3 Dagmar Barnow, *Elias Canetti*, Stuttgart 1979, S. 78

4 Elias Canetti, *Masse und Macht*, Frankfurt am Main 1981, S. 185

5 Ebd., S. 195

6 Geert Hofstede, *Cultures and Organizations. Software of the Mind*, London, New York usw. 1991, S. 13. Er unterscheidet zwischen „National cultures" und Gesellschaften. Auf Seite 23 weist er darauf hin, daß Nationalkulturen sich besonders darin unterscheiden, wie sie das Problem der Macht lösen.

7 Dies, obwohl Leo Lowenthal in *Literature and Mass Culture*, New Brunswick, London 1984, S. 207, feststellt, daß die Menschen der Gegenwart qualitativ und quantitativ von der Vergangenheit entfernt sind und sich neue Helden und Massenidole gebildet haben und immer weiter bilden.

8 Der Begriff „Indian" ist im amerikanischen Kontext durch den korrekteren „Native American" ersetzt worden.

9 Gemäß Geert Hofstede in *Cultures and Organizations. Software of the Mind*, London, New York usw. 1991, S. 7, der unter Symbolen „words, gestures, pictures or objects that carry a particular meaning which is only recognized by those who share the culter" versteht.

10 *Masse und Macht*, S. 187 f.

11 Ebd., S. 188

12 So heißt es etwa: „They slaughtered six million/ in their ovens they fried/ but the Germans now, too,/ have God on their side."

13 So erkennt der von den Amerikanern in Mauthausen befreite Hans Winterfeld erst später, daß „die Alliierten nie mit Nazideutschland gekämpft hatten, um ein paar Millionen Juden das Leben zu retten". Hans Winterfeld, *Deutschland, ein Zeitbild 1926–1945: Leidensweg eines deutschen Juden in den ersten 19 Jahren seines Lebens*, unveröffentlichtes Manuskript, Yonkers 1969. Archiv des Leo Baeck Instituts, New York, S. 400

14 Siehe Elias Canetti, *Das Gewissen der Worte*, Frankfurt am Main 1981

15 *Masse und Macht*, S. 72

16 Claudio Magris, „Der Schriftsteller, der sich versteckt", in: *Modern Austrian Literature* 16, 3/4 (1983), S. 187.

17 Walter Benjamin, „Über den Begriff der Geschichte", in: *Gesammelte Schriften*, Hg. Tiedemann und Schwepphäuser, Frankfurt am Main 1974, S. 696

Sie schauen ins Feuer, sagen kein Wort

Marta Simecková

„Die Philosophen haben bisher die Welt nur dargestellt. Jetzt geht es darum, sie zu verändern.“ Diesen Satz von Marx kenne ich auswendig, weil er in allen Geschichtsbüchern immer groß gedruckt stand. Heute klingt er mir eher nach schwarzem Humor und wie ein Nachweis des bösartigen Selbstvertrauens des menschlichen Intellekts. Es ist den Philosophen ja in der Zwischenzeit fast tatsächlich gelungen, die Welt zu verändern. Das Hakenkreuz, der „Sieg-Heil“-Aufruf, der rote Stern, der Halbmond, das Kreuz sind die Schalthebel, ohne die die Philosophien wahrscheinlich kaum hätten etwas ändern können. Ein Begriff verhält sich zu einem Symbol wie eine begrenzte Gerade zu einer Fläche; das Symbol ist unbegrenzt, und es hat eine zusätzliche Dimension der Realität, die wir in unserer Begriffssprache nicht haben, trifft daher mehr als die Sprache. Das Symbol ist ein Zauberwort. Für Symbole gilt auch, daß die einen die Wirklichkeit darstellen, während andere die Tendenz haben, die Wirklichkeit unterzuordnen, stärker als Wirklichkeit zu sein. Symbole an sich können aber nichts dafür. Entscheidend ist, wozu sie uns dienen.

Eine neue Monatszeitschrift, „Slowakische Blicke 93“, hat in einer ihrer letzten Nummern eine Umfrage veröffentlicht, in der sie Leser zur Suche nach einer würdigen slowakischen Symbolik aufrief und sie bat, der Redaktion Antworten auf folgende Fragen zuzusenden: Was ist ihrer Meinung nach ein symbolisches Lied der Slowakei, was ist der symbolische slowakische Baum, das symbolische Tier, der symbolische Vogel, die symbolische Blume? Die Autoren dieser Umfrage wurden vom aufrichtigen Bemühen geleitet, nach nicht existierenden Symbolen zu fahnden: ein verzweifelter Glaube, daß sie in äußerster Not sogar mit einer Anzeige zu finden wären. Sie fragten sofort nach einer ganzen Reihe von Symbolen. Doch dieser Pauschalversuch signalisiert mir, daß seine Autoren nicht ahnen, daß ein Symbol eine Brücke zwischen Wirklichkeit und Sprache darstellt, sie glaubten, man könne ein Symbol einfach konstituieren. In der Umfrage werden Lieder, Bäume, Blumen und Tiere gemeint, die mehr Lied, mehr Baum, mehr Blume und mehr Tier als andere wären. Konstituiert können nur die realitätsunterdrückenden, die fleischfressenden Symbole werden: das Superlied, der Superbaum, das Supertier usw.

Die Slowakei ist ein semantisches Vakuum, in dem die integrierende, unideologische Symbolik fehlt, die einen symbolischen Rahmen ihrer inneren Kämpfe und Spannungen darstellen könnte. Deswegen geht es uns im symbolischen Sinn tatsächlich ständig ums Leben.

Die Symbolik, die wir haben, stammt aus uralten, natürlichen Gemeinschaften, die nicht mehr existieren. Wir haben kein Massensymbol im normalen Sinne. Die Archetypen der Urgemeinschaften haben bizarre Metamorphosen durchgemacht, sie haben überlebt in der Massenkonsum- und Kulturgesellschaft und gelten bis heute. Wir wären ein ideales Land für Elias Canetti.

„Sie sitzen, sie sitzen und schauen ins Feuer, schauen ins Feuer und sagen kein Wort“, so sagt man in einem romantischen Gedicht, das seit langem als Volksdichtung empfunden wird, über den legendären Räuberhauptmann, unseren Nationalhelden.

Es beschreibt eine Situation, die man oft auf slowakischen Folkloregemälden sieht. Dieses gemeinsame Schweigen ist nicht nur ein Ausdruck männlicher Kommunikation, es ist auch Ausdruck einer Gemeinschaft, die keiner weiteren Begründung bedarf, die natürlich und heilig ist trotz eines künftigen Verrats seiner Mitglieder. Die gemeinsame Existenz ist wichtiger als andere Werte, da sie allein der höchste Wert ist.

Als Vàclav Havel zum ersten Mal von einer der großen Kundgebungen in Bratislava im November 1989 nach Prag zurückgekehrt war, sagte er, daß die Novemberrevolution in Bratislava eigentlich angenehmer verliefe als in Prag. Die Atmosphäre sei ihm lockerer, harmonischer und fröhlicher vorgekommen. Der Platz des Nationalaufstandes in Bratislava ist nicht so groß wie der Prager Wenzelsplatz, er bildet eine gewisse Ellipse, einen gemütlichen Raum für eine große Menge, von mehreren Seiten von Gebäuden umschlungen und geschützt. Die Demonstrationen haben auch deswegen eine etwas unterschiedliche Atmosphäre gehabt, weil sie gegenüber Prag eine etwas andere Struktur gehabt haben.

Es gab mehr Elemente, die mit dem politischen Kampf unmittelbar nicht sehr viel zu tun hatten: Auftritte von Volkssängern, Invaliden, Blinden, Zigeunern, Polizeibeamten, die sich zu der Revolution bekannten. Familienangehörige eines Jungen, den die sowjetische Armee vor zwanzig Jahren erschossen hatte, baten die Menge, dem russischen Volk jetzt zu verzeihen. Die Dramaturgie dieser Kundgebung zwang die Teilnehmer, aus der Tiefe ihrer Seelen ihre ganze Liebe, Toleranz und Würde herauszugraben. Ein junges Ehepaar hatte in dem Wirbel sein Geld verloren. Innerhalb einer Viertelstunde hat man für sie in der Menge in einem Plastiksack Hunderttausende Kronen gesammelt. Wir alle haben diesen großen Triumph der individuellen Werte durch das Kollektive als eine Faszination erlebt. Auf dem Nationalaufstandsplatz erfüllte sich in jenen Tagen das Modell der Gemeinschaft in seiner gehobenen, mystischen Gestalt. Jener Gemeinschaft, die Dominik Tatarka, der moderne slowakische Klassiker, als die erste Gottesgemeinschaft bezeichnet hat, eine Gemeinschaft, deren Zusammenhalt nicht nur durch das biologische Selbsterhaltungsmotiv gegeben ist, sondern durch die Sehnsucht, ihren Horizont zu überschreiten, durch einen transzendentalen Mittelpunkt, der allen Mitgliedern gemeinsam ist. Das Bedürfnis, eine solche Gemeinschaft zu erleben, muß tief in unserer Art, in unserer Lebensweise und in unserer Kultur wurzeln, und muß etwas Integrierendes und Gemeinsames für jedes Alter, jedes Ausbildungsniveau, jede Weltanschauung sein. Die Intellektuellen, die die Szenaristen dieser Demonstrationen waren, haben es genau getroffen – Hunderttausende Bürger sind täglich gekommen, um dieses Happening zu erleben.

Die Gruppe dieser Intellektuellen, die in der Slowakei die Revolution organisiert hatte, widmete in einer späteren Phase mehrere Nächte der schwierigen Aufgabe, in unserer Geschichte die sogenannte demokratische Tradition zu finden, die, abstrahiert und auf eine Parole konzentriert, die Slowakei für die Zukunft aufrüsten könnte. Sie haben sie nicht gefunden. Die einzige demokratische Symbolfigur in unserer Geschichte war ein Räuber, der vor mehr als dreihundert Jahren lebte. Die Legende entstand parallel zu anderen Legenden über berühmte Räuber, die zu dieser Zeit in Europa ihre Konjunktur hatten. Andere Völker haben ihre Räuber vergessen. In der Slowakei steht diese romantische Figur für ein Bild, in dem wir uns selbst als Nation am liebsten sehen würden. Sonst sieht es mit unserer Geschichte eher so aus, als ob sie verflucht beziehungsweise verstärkt durch die Dialektik der Dinge verfolgt wäre, und hinter allen historischen Taten, auf die wir als Nation stolz sein könnten, verbirgt sich etwas Schlechtes, Verdorbenes oder mindestens Lächerliches, etwas, das man nicht auslöschen kann. Sogar der legendäre Räuber Jánošík wurde letzten Endes von seinen eigenen Leuten verraten. Mit ihrer Hilfe wurde er dann von österreichischen Soldaten gefangen und gehängt.

Der gute Räuber Jánošík, der die Reichen beraubte und die Armen beschenkte, einschließlich sich selbst, stellt denselben Prototyp des Gentleman-Diebes, des sympathischen Gangsters dar, der bis heute die Kinos füllt und der uns teuer und wichtig ist, weil wir mit ihm den Genuß der unbegrenzten Freiheit erleben können, weder rational noch durch eine Moral gebunden, im allgemeinen Sinne an überhaupt keine festgelegte Wertstruktur gebunden. Es ist das Symbol der Freiheit, das Verbotene zu tun, das mit Risiko und Unsicherheit zu bezahlen ist.

Als ich zum ersten Mal in Deutschland war, habe ich bei einer Fahrkartenkontrolle in der Straßenbahn sehr gestaunt. Es ist nämlich eine ältere Dame eingestiegen, hat alle in der Straßenbahn sofort ganz laut begrüßt und die Kontrolle angemeldet. Wie leicht war es, gleich zu verschwinden! Bei uns werden Kontrollen von stillen jungen Männern mit breiten Schultern durchgeführt. Sie steigen meist zu zweit durch verschiedene Türen ein, damit die „Schwarzfahrer" nicht so leicht verschwinden können. Sie klopfen ihnen still und unerwartet auf die Schulter und zeigen ihre Kontrollmarken, die sie verdeckt in der Hand halten. Ich habe damals begriffen, daß in Deutschland „Schwarzfahrer" von höflichen alten Damen bekämpft werden, indem sie deren Schande der Öffentlichkeit laut benennen. Bei uns hingegen ist es nicht peinlich, keine Fahrkarte zu haben. Bei uns ist es nur traurig, wenn man entlarvt wird und eine Gebühr zu zahlen hat.

Die Jánošík-Tradition bringt uns dem ersehnten Europa kaum näher. Sie trägt nicht das Motiv der Freiheit, die von anderen respektiert, die durch bestimmte Regeln verankert wäre, sie trägt nur das Motiv der schrankenlosen Freiheit. Es ist eine Freiheit der aufständischen Leibeigenen, denen das Gesetz eine von der Herrschaft auferzwungene Last ist, nicht die Freiheit freier Bürger, deren Gesetze ihre eigenen sind, gegeben durch gemeinsamen Konsens.

Solange die nonkonformistischen Intellektuellen im November 1989 die Rolle Jánošíks spielten, die gegebenen Gesellschaftsregeln zerschlugen, die Majestät der Mächtigen stürzten, den Reichen nahmen und den Armen gaben, war ihre Aufgabe klar und das Volk liebte sie mehr als seine Fußball- und Popstars. Als aber die Zeit kam, neue Regeln zu schaffen, war die Liebe zu Ende. Die Intellektuellen fielen aus dem Archetyp und verloren die Rolle, in der sie verständlich waren. Sie wurden prompt von neuen Jánošíks verdrängt. Diese hatten zwar kein Bedürfnis und auch keine intellektuelle Kapazität zu einer Suche nach positiver Symbolik, doch sie hatten den Instinkt, und der befahl ihnen, symbolische Rollen zu besetzen.

Das Massenhappening war zu Ende, aber neue Gesichter schufen für die enttäuschten Bürger weitere und weitere Veranstaltungen. In den neuen Happenings gab es nur die transzendentale Mitte nicht, es gab nichts, was die Teilnehmer hätte zwingen können, ihren Horizont zu überschreiten. Die Leute entdeckten aber ein ähnliches, vielleicht weniger intensives, doch dafür viel bequemeres Erlebnis: sich nur auf sich selbst zu beziehen und gleichzeitig Bestandteil einer Gesellschaft zu sein. Man hatte begonnen, sich im Namen der Nation zu versammeln.

Die Liebe zu den Intellektuellen war ein Blitzschlag und dauerte nur einige Wochen. Als die Menge wieder erwachte und nüchtern geworden war, stellte sie fest, daß es fremde Menschen waren, die fremde Gesten und fremde Wörter benutzten. Sie waren umsomehr fremd, als die Mehrheit der Einwohnerschaft früher über deren Existenz nie etwas erfahren hatte. Das Fremde ist exotisch, solange wir lieben. Wenn wir aufhören zu lieben, wird es nur mehr fremd. Die Liebe wird in Mißtrauen und schließlich in reinen Haß verwandelt.

Die neue „Garnitur", die sich um die Liebe der Nation beworben hat, waren im Gegensatz dazu Menschen, deren Worte, deren Gestik und auch Argumentation allen absolut vertraut waren. Es waren Worte und Gesten von Wesen, die es nie gegeben hat, die von der Massenkultur des späten Sozialismus der letzten zwanzig Jahre geschaffen worden waren und die wir jahrzehntelang im Fernsehen in endlosen Serien geschaut hatten: die positiven Betriebsdirektoren und Abteilungsleiter, die selbstlosen LPG-Vorstände, die immer wieder verdrängten progressiven Institutschefs – sie alle hatten ihren einsamen Kampf gegen den hundertköpfigen Drachen der Korruption und Bürokratie geführt, gegen die Erzfeinde eines funktionierenden Sozialismus gekämpft. Gerade diese Funktionäre hätten mit ihrer Tapferkeit und Energie den Sozialismus retten sollen. Wie wir wissen, haben sie ihn nicht gerettet. Sie konnten ihn nicht retten, weil sie in Wirklichkeit nie existierten, weil sie im System nichts zu suchen hatten. Paradoxerweise sind diese Wesen erst dann erschienen und aus den Bildschirmen getreten, als der Sozialismus vorbei war. Die neuen Politiker lächelten mit deren Lächeln und sprachen mit deren Worten. Sie waren da. Sie entsprachen dem ästhetischen Kanon, mit dem ganze Generationen aufwuchsen, dem unsere Sensoren so fein angepaßt sind. Die Fernsehserien waren unideologisch, das war ihr Trumpf. In den Serien gab es keinen Truppeneinmarsch, keine Staatssicherheit, keine Kaderabteilung, sogar fast keine KP. Faszinierend an diesen Serien, wie bei jedem Kitsch, war die einfache, künstliche Welt, die sie uns demonstrierten. Konflikte, die in ihr entstanden sind, konnten ebenfalls nur künstlich sein. Immer ging es um das Interesse des Kollektivs, für das sich die Helden des Spätsozialismus immer wieder einsetzten, gegen die korrumpierten Bürokraten.

Zeitungsartikel über Mečiars unklare Vergangenheit haben diesem nur geholfen. In das gängige Fernsehmuster haben sie sehr gut gepaßt. Es gab ja keinen Helden, gegen den keine Intrigen gemacht wurden. Mečiar parierte die Angriffe nicht mit Gegenbeweisen – er besiegte sie mit seiner überzeugenden Reaktion, mit seinem direkten Blick in die Kamera, mit seinem wehrlosen Lächeln.

Der ideale Funktionär der Perestroika-Zeit war ein Pragmatiker, der sich nach keiner Ideologie richtete, sondern nur nach dem, was für die Menschen gut war. Fernsehserien haben uns beigebracht, daß Politik von keiner Idee, von keiner gegebenen Achse abgeleitet werden darf, sondern sich danach richten muß, was im Interesse des Betriebs, der LPG, des Kollektivs ist. Diese Parole haben wir jetzt wieder. Sie hat die Wahlen gewonnen. Ideen hat man bei den letzten Wahlen stolz in den Müll geworfen. Demokratie, das Leben in Wahrheit – was für ein Formalismus! Wesentlich ist das, was für die Menschen gut ist. Marktwirtschaft – welche Phrase! Wozu sich so buchstäblich an sie halten?

So haben wir jetzt den absolut unideologischen Politiker, den rasanten Abteilungsleiter, den starken LPG-Vorsitzenden, der seine Minister nicht faulenzen läßt. Das Schicksal wird es ihm aber nicht gönnen, sein Heldentum voll zu entfalten, weil er in einem System erschienen ist, das diese Gestalt nicht braucht. Eine weitere Entwicklung zum positiven Direktor der Nation ist nur in eine Richtung möglich: dieser wird versuchen müssen, die Wirklichkeit seinem Bild anzupassen. Darüber wird in den Fernsehserien nicht mehr gesprochen. Aber eines ist von der Geschichte her klar: ohne Ideologie wird es nicht gehen. Und die haben wir bereits. Sie ist genial einfach: wir sind alle Slowaken.

Die Fernsehserien, die wir in unserer Jugend konsumierten, waren aber interessanterweise meistens gar nicht slowakisch. Die besten und gleichzeitig diejenigen, die dieses Phänomen begründet hatten, waren tschechischen Ursprungs und auf tschechische Weise professionell. Doch ihre Inkarnation sind weder Havel noch Klaus, sondern Mečiar. In unserem historischen Bewußtsein, in unserer Kultur gab es nicht genügend Gegenmittel gegen Kitsch, gegen die Pseudowelt der Kämpfer wider dem Formalismus. Mečiar hat mit seinem Verhalten und mit seiner Art das Gefühl der Gemeinschaft hervorgerufen, er war dadurch imstande, Direktor und Abteilungsleiter zu werden. Das Bedürfnis der Gemeinschaft hat sich eine integrierende Figur erzwungen. Wenn die authentische Gemeinschaft in einer Massengesellschaft nicht möglich ist, muß wenigstens ihre Illusion, ihr Ersatz nach dem Muster des sozialistischen Disneylands vorhanden sein. Das Bedürfnis einer natürlichen Gemeinschaft inmitten einer Massenkulturgesellschaft diktiert den Menschen, sich an einen solchen Ersatz zu binden, der bestimmte bekannte Merkmale trägt, so wie der Instinkt einem frisch geborenen Entchen befiehlt, den tickenden Wecker neben sich für seine Mutter zu halten.

Eine nationale Ideologie bemüht sich, so wie jede andere, den Raum mit Symbolen aufzufüllen. Auf der Burg weht die neue slowakische Präsidentenflagge, die Banknoten ziert der slowakische Stempel, die Autos der slowakische Aufkleber, das slowakische Staatswappen hängt statt des abgehängten Havel in den Schulräumen und Ämtern und das slowakische Zeichen leuchtet auf den Mänteln der stolzen Bürger. Mit dem Doppelkreuz auf den drei blauen Bergen ist jedoch unser symbolisches Repertoire erschöpft. Es ist gelungen, die Assoziation mit dem faschistischen, ersten slowakischen Staat zu überwinden. Obwohl es gerade diese Assoziation war, die unseren Skins, die dieses Zeichen vor drei Jahren als allererste an ihren Lederjacken trugen, am meisten imponiert hatte. Gebäude, Räume, Papiere und Menschen werden mit dem wiederentdeckten Insigne bestempelt. Es werden vielleicht noch ganz andere Symbole entstehen. Aber sie werden gezielt, zweckmäßig entstehen, um zu betonen, daß wir Slowaken sind, sie werden daher keinen anderen Inhalt haben, der etwas Wesentliches vermitteln könnte, etwas, worauf sich die Slowakei bezieht, sie werden über die Slowakei keine Aussage machen können.

Mečiar wird seine Räuberposition bald verlieren. Jánošík soll sterben, er kann nicht endgültig siegen und neue Regeln konstituieren.

Der Slowakei fehlt ein festes Symbol, auf das wir uns beziehen und von dem wir Abstand nehmen könnten. Eine ins Feuer schauende und schweigende Gemeinschaft als Massensymbol ist eine Tragödie. Es ist ein amorphes Symbol, es erfüllt keine Funktion. Ein Symbol ist etwas anderes als ein Verhaltensmuster, es ist kein Zustand, in den man eintaucht, sondern etwas Artikulierbares und Reflektierbares. Die Urgemeinschaft am Feuer ist eine alte Naturgemeinschaft, sie ist sich selbst der wichtigste Wert. In ihren Sternstunden wird sie von einer gemeinsamen Mitte vereinigt, von dem Horizont, auf den sich alle ihre Mitglieder gleichsam beziehen und der alle gleichsam übersteigt. Doch wenn diese Linie nicht da ist, ist nur die Symbiose ihrer Mitglieder sich selbst zum Sinn, in ihr herrscht keine unabhängige, feste Wertstruktur. Das Opfer kann mit seinem Henker befreundet sein, der Enteignete duzt den Enteigner, und alle können zusammen in der Kneipe sitzen. Nichts verpflichtet sie zu etwas, nichts hindert den Henker, die Hinrichtungen, nichts den Enteigner, die Enteignungen fortzusetzen. Die Werte sind gemischt und ihre Strukturen gestaltlos. An der Wichtigkeit des Sitzens am Feuer ändert nichts der künftige Verrat. Der Verrat ist nicht artikuliert, und unartikuliert ist auch sein Gegenpol – die Treue. Sie sagen ja „kein Wort". Sie sind nur beisammen.

Die Geburt eines echten slowakischen Massensymbols wird sicher schwierig und schmerzhaft sein. Ich habe das Gefühl, daß heutzutage die Slowakei ein einzigartiges Laboratorium in Europa ist.

Elemente transnationaler Staatlichkeit

Hanna Burger

Canettis Annäherung an die Nation ist keine wissenschaftliche. Kein weiterer Definitionsversuch wird unternommen; alle früheren werden zurückgewiesen. Welche Plausibilität sollte für ihn, den Vielsprachigen, auch die Fichtesche Formel von der Sprachnation – sie lautet bekanntlich: „Allenthalben, wo eine besondere Sprache angetroffen wird, (ist) auch eine besondere Nation vorhanden"[1] – oder jene von der „Schicksalsgemeinschaft" haben, die ein Otto Bauer ersann.[2] Die Menschen, sagt Canetti, kämpfen weder für ein Wörterbuch noch für „ihre Geschichte", deren Verlauf sie im allgemeinen gar nicht kennen.[3] Nation ist für Canetti nichts anderes als ein *Modus der Masse*. Ein Phänomen, das es allererst anzuerkennen gilt. Es geht ihm darum, das Eigentümliche einer Nation zu bestimmen, „ohne ihre Gier zu teilen", ihre Differenz anzuerkennen, ohne dem Drang einer Masse nach Vergrößerung und Vermehrung, nach Allheit und Einheit „naiv" nachzugeben. Daneben stehend, keiner angehörend, fordert Canetti dazu auf, sie alle in sich aufgehen zu lassen, „als wäre man dazu verurteilt, ihr für einen guten Teil seines Lebens wirklich anzugehören"[4]. Hier spricht nicht die Gleichgültigkeit des Kosmopoliten, sondern die Unruhe eines Reisenden, der ein Draußensein, ein Davorbleiben, ein Darüberstehen immer schon erfahren hat.

Canetti geht es nicht um Negierung der Differenz, der Andersheit des Anderen, sondern um ihre Anerkennung, Bejahung, Verehrung (und zugleich deren Aufhebung). Das Gefühl, „aus vielen Figuren zu bestehen", die Fragmentierung des Ichs, begleitet ihn seit frühester Jugend, wobei es ihm, wie er sagt, selbst verborgen bleibt, welche dieser Figuren es jeweils ist, die aus ihm spricht, und warum eine die andere ablöst.[5]

Von seiner ersten Berührung mit einer *„feindlichen Masse"*, als neunjähriger Bub im Kurpark zu Baden, bei Ausbruch des ersten Weltkriegs, stammt seine *englische* Gesinnung, die er, wie er im ersten Band seiner Autobiographie betont, „während des ganzen Krieges, bis 1916 in Wien und dann in Zürich" beibehält.[6] Später, als junger Mann, wird Canetti die Frage, ob er Schweizer sei, mit „Leider nicht" beantworten, und mit dem einen Wort „leider" glaubt Canetti seiner späteren Geliebten Veza, die, spaniolischer Abstammung wie er, selbst gern Engländerin gewesen wäre, mehr verraten zu haben, „als irgendein Mensch damals von mir wußte".[7] Und 1944 wird es Canetti als die größte geistige Versuchung in seinem Leben bezeichnen – die einzige, gegen die er sehr schwer anzukämpfen gehabt habe –, „ganz Jude zu sein". „Soll ich mich", so fragt er, „den Russen verschließen, weil es Juden gibt, den Chinesen, weil sie ferne, den Deutschen, weil sie vom Teufel besessen sind? Kann ich nicht weiterhin allen gehören, wie bisher, und doch Jude sein?"[8]

Man könnte vielleicht versucht sein, Elias Canetti schlicht einen Europäer zu nennen. Einen, der wie kaum ein anderer seine Sprachen und Literaturen in sich aufhob, der durch sie alle hindurchgegangen ist. Und doch könnte auch eine solche Zuschreibung nur eine vorläufige sein.

Bulgarien, das Land, in dem Canetti 1905 geboren wurde, liegt am Rande Europas, ja nach seinem damaligen Selbstverständnis außerhalb Europas. Nach dem Willen des Berliner Kongresses war es ein zwar autonomes, aber dem Sultan gegenüber tributpflichtiges Fürstentum – seit 1908 ein Königreich. In Rustschuk, einer Stadt an der unteren Donau, in der Canetti seine früheste Kindheit verbrachte, lebten neben den Bulgaren noch Türken, Griechen, Albaner, Armenier, Rumänen, Spaniolen, Zigeuner, vereinzelt auch Russen. „An einem Tag", beschreibt Canetti seine Heimatstadt, „konnte man sieben oder acht Sprachen hören." Es sei damals wichtig gewesen, möglichst viele von ihnen zu beherrschen, denn „man konnte durch ihre Kenntnis sich selbst oder anderen Menschen das Leben retten"[9]. Die übrige Welt nannte man in Rustschuk EUROPA. Man gelangte dorthin, indem man die Donau hinauffuhr. Europa begann damals dort, sagt Canetti, „wo das türkische Reich einmal geendet hatte"[10]. Die spaniolischen Juden aber waren noch immer zumeist türkische Staatsbürger, aus Loyalität gegenüber einer Herrschaft, unter der es ihnen gutgegangen war. Auch Canettis Familie reiste damals mit türkischen Pässen „nach Europa".[11]

Wieviel es ihm bedeutete, „nach Europa" zu kommen, belegt eine Anekdote, die Canetti auf zwei verschiedene Weisen erzählt hat.

Sie steht in engem Zusammenhang mit dem Tod des Vaters. Als der Vater dem jüngsten Sohn George die neue Adresse in Manchester beibringt und dieser, in einem Spiel zwischen Vater und Sohn, die Worte in der richtigen Reihenfolge zu komponieren sucht, versäumt es der ältere Bruder Elias niemals, an das „Manchester, England" noch ein lautes „Europe" anzuhängen. Und als er eines Tages ein Puzzle als Geschenk bekommt, in der Gestalt einer farbigen Karte Europas, überrascht er den Vater damit, daß er behauptet, es blind zusammensetzen zu können. Der Vater möchte es zuerst nicht glauben, überzeugt sich sodann von der Fähigkeit des Sohnes und lobt ihn. „Kein Lob", sagt Canetti, sei ihm „je so teuer gewesen."[12]

Vom äußersten Rande kommend, mußte sich Canetti seine Zugehörigkeit, sein Europäersein erst erobern. Er tat es durch die Sprachen, von denen er eine nach der anderen lernte (meistens deren mehrere gleichzeitig), von denen sich ihm eine in die andere übersetzte. (Wie die bulgarischen Märchen, die er eines Tages, ohne zu wissen, wie das geschehen war, nur mehr auf deutsch wußte.)

Ein „Vom-Rande-Kommen" bedeutet jedoch, wie Jacques Derrida es dargelegt hat, offen zu sein, „nicht mit sich selbst identisch sein", bedeutet auch, aber nicht nur und nicht ausschließlich und „nicht *durch und durch* europäisch sein".[13]

Über das, was europäische Kultur ausmacht, was die kulturelle Identität Europas, sein „kulturelles Gedächtnis" sein könnte, ist in den letzten Jahren viel nachgedacht worden. Europa, so hört man jetzt oft, soll zurückfinden zu seiner Geschichte und Geographie.[14] Vorausgesetzt wird dabei, daß dieses Europa *eine* Geschichte hat und daß diese Geschichte mehr ist als die Summe der Geschichten seiner Nationalstaaten; vorausgesetzt wird dabei auch, daß dieses Europa bestimmbare Grenzen hat.

Die Suche nach einer gemeinsamen kulturellen Identität, das Betonen der *einen* europäischen Geschichte, die es bloß wiederzuerkennen gälte, antwortet auf die Krise des Nationalstaates und zugleich auf das, was man, mit Stephen Toulmin, die *transnationale Herausforderung* nennen könnte, d.h. auf die Frage, in welcher Weise sich Hoheitsrechte, Souveränitätsansprüche und Kompetenzen, die historisch mit dem Nationalstaat verbunden sind, auf größere transnationale Institutionen oder Staatengemeinschaften übertragen lassen.[15]

Ging es in der Debatte um Mitteleuropa noch um die Beschwörung einer gemeinsamen Vergangenheit, so geht es jetzt um etwas Herannahendes, etwas Zukünftiges, etwas Drohendes oder Erhofftes, etwas, das sich ereignen könnte: Es geht um die Bedingung der Möglichkeit eines europäischen Staates.

Die europäische Staatswerdung hat – nach einem emphatischen Beginn in Den Haag im Mai 1948 –, nach einer langen Periode der Stagnation, in den letzten Jahren eine ungeheure Beschleunigung erfahren. Als zu Beginn des Jahres 1985 Jacques Delors die Präsidentschaft über die Europäische Kommission in Brüssel übernimmt, schlägt er bereits am 14. Januar vor dem Europaparlament, für viele überraschend, die Aufhebung der Grenzen zwischen den Ländern der Gemeinschaft bis zum Jahr 1992 vor. Bereits im Dezember desselben Jahres wird die „Einheitliche Europäische Akte" in Luxemburg verabschiedet, mit der eine Revision der Römischen Verträge von 1957 vorgenommen wurde. Über das unmittelbare Ziel einer Wirtschafts- und Währungsunion hinaus bekunden die 12 Unterzeichnerstaaten in der Präambel ihren Willen, sich „gemeinsam in eine *Europäische Union* zu verwandeln".[16] Im Mai 1986 wird in Brüssel zum ersten Mal das blaue Sternenbanner, die Europaflagge gehißt.

Nach dem offiziellen Beitritt Spaniens und Portugals zur EG kommt es im Februar 1987 zur Verabschiedung des sogenannten Delors-Pakets, eines Aktionsprogramms zur Durchsetzung der „Einheitlichen Europäischen Akte". Es sieht zum ersten Mal ein Instrument des Ausgleichs zwischen den armen und den reichen Regionen innerhalb der Gemeinschaft vor. Eine wesentliche Funktion des Nationalstaates, der einmal als Solidargemeinschaft aller seiner Bürger konzipiert worden war, geht damit an die transnationale Gemeinschaft über.

Die Ereignisse des Jahres 1989: der Fall der Berliner Mauer, der fast lautlose Zusammenbruch der kommunistischen Regierungen im Osten Europas, die sich ankündigende deutsche Wiedervereinigung haben noch einmal zur Beschleunigung des Prozesses der europäischen Einigung beigetragen. Angesichts der Umbrüche in Europa bekundeten vor allem der französische Präsident François Mitterrand und der deutsche Bundeskanzler Helmut Kohl ihren Willen, alles zu tun, um den politischen Ausbau Europas zu beschleunigen. Bei einer Zusammenkunft des Europäischen Rats am 28. April 1990 fordern sie dazu auf, alle „Vorbereitungen zu einer Regierungskonferenz über die *politische Union* zu treffen".[17] Und tatsächlich beschließt im Dezember des folgenden Jahres der in Maastricht versammelte Europäische Rat den „Vertrag über die Europäische Union". Ein Vertrag, dessen Herzstück eine gemeinsame Außen- und Sicherheitspolitik ist und der neben den Bestimmungen zur Durchführung der Wirtschafts- und Währungsunion auch die Einführung einer gemeinsamen *Unionsbürgerschaft* vorsieht.

An diese Unionsbürgerschaft ist, lt. Artikel 8b, Abs. 1 u. 2, nicht nur ein aktives und passives Wahlrecht bei den Wahlen zum Europäischen Parlament geknüpft, sondern – in Zusammenhang mit der kommenden Freizügigkeit von Wohnsitz und Arbeitsplatz – auch bereits ein Kommunalwahlrecht für Unionsbürger und Unionsbürgerinnen mit „einem Wohnsitz in einem Mitgliedsstaat, dessen Staatsangehörigkeit" sie nicht besitzen.[18] Ein bedeutendes Element transnationaler Staatlichkeit ist damit geschaffen. Bedeutet es, wie manche fürchten, eine „Verschwörung gegen die Nation"? Bestünde für den Inhaber eines europäischen Passes die Gefahr der Entnationalisierung, des Verlustes seiner Identität? Wohl kaum, auch wenn unzweifelhaft ist, daß der Stellenwert der „Nationalität" durch eine „Verdoppelung" der Staatsbürgerschaft ein anderer werden wird. (Ich würde dennoch meinen, daß der Inhaber/die Inhaberin eines solchen Passes nicht etwas verliert, sondern etwas gewinnt.) Ob es tatsächlich ein „Mehr an Seele" ist, wie man schmunzelnd bei dem als Technokraten verschrieenen Jacques Delors lesen kann, muß dahingestellt bleiben.[19]

Der politischen Einheit Westeuropas schien man jedenfalls niemals näher als in jenen Dezembertagen des Jahres 1991. Endlich schien das, was die 1948 in Den Haag Versammelten einst bewegt hatte, den Krieg zwischen europäischen Ländern für immer durch ein, wie Jean Monnet es ausgedrückt hat, „Räderwerk aus Solidarität und Zusammenarbeit"[20] zu vermeiden, greifbar zu werden. Doch der Zenit war bereits überschritten. Der Umbruch in Europa hat nicht nur die Integration vorangetrieben, er hat auch die Gegenkräfte auf den Plan gerufen. Die Implosion der plötzlich zusammenstürzenden totalitären Staatsgefüge im Osten und der damit einhergehende Verfall der Institutionen scheinen, so meint Claus Koch, ihr „Gegenstück in der rasch voranschreitenden Lähmung des soeben noch so stetig voranschreitenden Westens" zu haben.[21]

Zwar suchten nach der Türkei und den meisten EFTA-Staaten (darunter auch Österreich), die in rascher Folge ihre Beitrittsgesuche stellten, auch die neuen mittel- und osteuropäischen Staaten die Nähe und den Schutz der Europäischen Gemeinschaft (mit den meisten wurden inzwischen Handels- und Kooperationsabkommen geschlossen), doch auf einmal erwies sich das „gemeinsame europäische Haus" – das von Michail Gorbatschow beschworen worden war – als zu klein gebaut, und man stellte fest, daß alle seine Fenster nach Westen ausgerichtet waren. Seine Konstruktion wurde nun zunehmend in Frage gestellt.

Angesichts der Hilflosigkeit, mit der die Rechtsgemeinschaft der westeuropäischen Staaten auf den barbarischen Krieg auf dem Territorium des ehemaligen Jugoslawien reagierte, schien die Utopie „gemeinsam ausgeübter Souveränität" – wie die offizielle Formel lautet – immer fragwürdiger.

Währenddessen verstärkt sich die Kritik an der Konstruktion von Maastricht. Bleibt sie für die einen auf halbem Wege stecken – kritisiert wird etwa, daß durch den Maastricht-Vertrag die Mitgliedstaaten von ihrer Souveränität nicht mehr preisgeben müssen, als sie dazu freiwillig bereit sind[22] –, so geht sie für die anderen zu weit: Der Verlust an Souveränität sei für die Nationalstaaten im Gegenteil schon so weit fortgeschritten, meinen diese, daß sie zu einer föderativen Staatsbildung bereits zu schwach seien. Der Vertrag habe – so noch einmal Claus Koch –, entgegen den Absichten seiner Monteure, gerade „die schwindende Kohäsionskraft der Staaten zum Vorschein gebracht"[23].

Es scheint zu so etwas – wie es Laurent Cohen-Tanguis formuliert hat – wie einem „Rechtsstaat ohne Verfassung, einer Staatsbürgerschaft ohne Staat, einer Demokratie ohne Volk" gekommen zu sein.[24]

Von daher scheint es nur konsequent, wie Scott Sullivan es tut, die Europäer dazu aufzufordern, nicht einen weiteren Vertrag abzuschließen, sondern sich endlich an die Ausarbeitung einer Verfassung zu machen. „Europe needs a constitution, not a treaty", ruft der ungeduldige Amerikaner den Europäern zu. Das Modell dazu sei schließlich in jeder Bibliothek zu finden.

Es stamme von Charles de Montesquieu, dessen „Spirit of the Laws" (Vom Geist der Gesetze), publiziert im Jahr 1748, den amerikanischen Gründungsvätern einst als Vorlage diente.[25]

Gegen eine Konstitutionalisierung der Europäischen Gemeinschaft wird allerdings geltend gemacht, daß selbst dann, wenn die vorgesehene Aufwertung des Europäischen Parlaments von einem bloßen Beratungs- zu einem Entscheidungsorgan erfolgt sein wird, noch immer von einer echten Demokratie nicht die Rede sein könne. Der Grund dafür liegt nach Ansicht des deutschen Bundesverfassungsrichters Dieter Grimm darin, daß „Information und Partizipation als Grundvoraussetzungen von Demokratie" nun einmal an *Sprache* gebunden seien. Da derzeit in der EG neun Sprachen gesprochen würden, sei die Mehrzahl der EG-Bürger von unmittelbarem Verständnis und unmittelbarer Verständigung ausgeschlossen. Die europäische Öffentlichkeit bleibe national fragmentiert. Ein europäisches Staatsvolk, dem die Hoheitsgewalt der EG zugerechnet werden könne, sei unter diesen Voraussetzungen noch auf lange Zeit nicht zu erwarten. Daraus folgt, nach Grimm, „daß sich die Errungenschaften des demokratischen Verfassungsstaats vorerst nicht in dem erforderlichen Umfang im europäischen Rahmen verwirklichen lassen"[26]. – Soweit der Spruch des Richters.

Auch der bedeutende Sozialanthropologe Ernest Gellner ist der Ansicht, daß in einer modernen anonymen Massengesellschaft, in der Arbeit überwiegend semantisch und nicht körperlich bestimmt ist, die Menschen ein effektives Bürgerrecht nur dann wahrnehmen können, „wenn sie die Sprache und Kultur der sie umgebenden Bürokratien zu benutzen verstehen", wenn sie also in der Lage sind, am Sprachspiel dieser Bürokratien mittels kontextfreier, „elaborierter Codes" teilzunehmen.[27] Gellner geht von einer Unhintergehbarkeit des modernen Nationalstaates aus – in dessen Zentrum für ihn das nationale Erziehungssystem, die Bildungspyramide steht –, wenn er behauptet, daß die Menschen ein angenehmes Leben nur in solchen politischen Einheiten führen könnten, „die sich die Aufrechterhaltung derselben Kultur wie der ihren angelegen sein lassen"[28].

Die europäische Staatswerdung scheint also am Mangel eines Staatsvolkes, am Mangel einer europäischen Nation zu scheitern.

Eine Nation – so wird unterstellt – könne Europa niemals werden, weil es viele Sprachen spricht. Übersehen wird dabei, daß es auf europäischem Boden bereits ein Staatswesen gegeben hat, welches ebenso vielsprachig war wie heute die Europäische Union. Ich meine Österreich-Ungarn in seiner Gestalt von 1867 bis 1918.

Kein Staat, sagt Stephen Toulmin, brach als Ergebnis des Ersten Weltkriegs „vollständiger zusammen als die österreichisch-ungarische Doppelmonarchie"[29]. Nichts war so sehr diskreditiert wie der Gedanke des Vielvölkerstaates. Längst schon war der Nationalstaat zum Universalmodell geworden. Legitimität, das hieß im Jahr 1919 bürgerliche Demokratie, verwirklicht im selbstbestimmten, homogenen, verfaßten, bürokratischen, monopolistischen Nationalstaat. Die österreichisch-ungarische Monarchie sank ab zum „Mito Absburgico", zum literarischen Topos, zur mitteleuropäischen Landschaft; das Gedächtnis an ihre Staatlichkeit schwand.

Die Schwäche dieses Staates ist oft beschrieben worden: Man beklagte das Fehlen einer gesetzlich festgelegten Staatssprache, eines Staatsnamens, einer Staatsnation. Österreich, so schrieb einmal Viktor von Andrian-Werburg, sei „ein rein imaginärer Name, welcher kein in sich abgeschlossenes Volk, kein Land, keine Nation bedeutet“[30]. Ein Massensymbol im Sinne Canettis für eine solche Nicht-Nation bestimmen zu wollen, muß wohl vergeblich bleiben. Wohl könnte man versucht sein, mit dem bedeutenden tschechischen Historiker František Palacký, die *Donau* als ein solches Symbol zu bestimmen, die Palacký für „die wahre Lebensader dieses notwendigen Völkervereins“[31] hielt. Doch gehörte die Donau nicht allen Völkern, die an ihr wohnten, allen voran den schon genannten Bulgaren oder, an ihrem anderen Ende, den Deutschen?

Auch gibt Canetti zu bedenken, daß man den *Fluß* wohl „nur mit Einschränkung als Massensymbol bezeichnen“ könne. Er sei es auf ganz andere Weise als Feuer, Meer, Wald oder Korn. Er sei Symbol eines noch beherrschten Zustandes, *vor* dem Ausbruch und *vor* der Entladung, ihre Drohung mehr als ihre Wirklichkeit: er sei das Symbol der *langsamen* Masse.[32] Der Fluß als Symbol eines noch beherrschten Zustandes, als Symbol einer langsamen Masse. Ich gebe zu, daß man versucht sein könnte, ein solches Symbol für die Endzeit der Habsburgermonarchie einzusetzen. Doch würde ich es vorziehen, vom *emblematischen* Charakter der Monarchie zu sprechen, eher als von einem symbolischen.

Seit der Zeit der Spätrenaissance, im Manierismus und erst recht im Barock bis hinein in die franzisko-josephinische Epoche entfaltet sich in der Habsburgermonarchie eine reiche Emblematik, eine Emblematik, die allererst der Darstellung einer Herrschaftsform dient. Sie findet sich an allen öffentlichen Gebäuden, den Palais des Adels, auf Plätzen, Eisenbahnhöfen, in Büchern und Nachschlagewerken.[33] Es sind dies Zeichen der Einheit in der Vielheit, wie die so häufig zu findende Darstellung der Nationalitäten als Musen in Gewändern ihrer jeweiligen Nationaltracht.

Mit Emblemen und Symbolen allein aber ist kein Staat zu machen. Gestatten Sie mir daher, zum Abschluß drei historisch gewordene Elemente transnationaler Staatlichkeit zu nennen, die ich für die gegenwärtige Debatte um die Möglichkeit eines europäischen Staates von Bedeutung halte.

Es ist dies erstens das *Prinzip sprachlicher Gleichberechtigung*, das sich seit 1848, beginnend mit der Prager Wenzelsbad-Versammlung und der „böhmischen Charte“, unaufhaltsam Geltung verschafft hatte und das 1867 mit dem unverletzlichen Rechtsanspruch auf *Wahrung und Pflege von Nationalität und Sprache* im Artikel 19 des Staatsgrundgesetzes festgeschrieben wurde.[34] Lange Zeit schien dieses Prinzip der Gleichberechtigung von Nationalität und Sprache zu den unanfechtbaren Lebensgrundlagen des österreichischen Staates zu gehören, schien so sehr dem allgemeinen Rechtsempfinden zu entsprechen, daß es häufig auch gegen die unmittelbaren Interessen der dominierenden Nationalitäten (Deutschösterreicher, Polen und Italiener) durchgesetzt wurde. Trotz der zunehmenden Ideologisierung und Ethnisierung der Nationalitätenkonflikte im späten 19. Jahrhundert, trotz des Vordringens der neuen „Weltanschauungen“ – Nationalismus, Rassismus, Antisemitismus – scheint es auf der mentalen Ebene nicht vollständig rücknehmbar gewesen zu sein, scheint es, als habe es sich tief in das „kollektive Gedächtnis“ (Maurice Halbwachs) der Völker der Monarchie eingeschrieben.

Daß der Artikel 19, die Magna Charta des altösterreichischen Nationalitätenrechts, wie ihn Gerald Stourzh genannt hat, kein bloßes „Verheißungsgesetz“ blieb,[35] dafür sorgte das zweite hier zu nennende transnationale Element. Es ist dies die *österreichische Hochbürokratie*, die zu jenen staatsloyalen Gruppierungen gehörte, die sich dem Nationalismus weitgehend verweigerten. Seit ihren Anfängen im späten 18. Jahrhundert auf die Person des Kaisers und den josephinischen Staat verpflichtet, war sie von dem Prinzip geprägt, daß sich ein Beamter jeder Parteinahme – auch jeder nationalen – zu enthalten hatte. (Im Kern geht dieses Prinzip der Unparteilichkeit auf den alten stoischen Tugendkatalog zurück, der im späten 16. Jahrhundert durch den Staatsphilosophen Justus Lipsius Eingang in die Fürstenerziehung gefunden hatte.)[36]

Es waren diese staatsloyalen Beamten in den Ministerien, den Statthaltereien und Höchstgerichten, die dafür Sorge trugen, daß sich in Cisleithanien, den „im Reichsrate vertretenen Königreichen und Ländern", wie der Name Österreichs damals lautete, alle acht als landesüblich anerkannten Sprachen: Deutsch, Tschechisch, Polnisch, Ruthenisch, Slowenisch, Serbokroatisch, Italienisch und Rumänisch als (äußere) Amtssprachen, als Gerichtssprachen, vor allem aber als Unterrichtssprachen in immer stärkerem Maße geltend machen konnten. Es war die Hochbürokratie und nicht die Gemeindeväter in den autonomen Ortsgemeinden, die durch die Errichtung von Minoritätsschulen in gemischtsprachigen Gemeinden dem Recht auf Unterricht in der Muttersprache zur Geltung verhalf. Und sie war es auch, die dafür Sorge trug, daß schließlich doch die notwendigen Gymnasien und Realgymnasien für die einzelnen Nationalitäten errichtet wurden, selbst dann, wenn darüber die eine oder andere Regierung stürzte, selbst dann, wenn dadurch die eine oder andere Stadt zum „Kampfplatz" wurde, auf dem die jeweils dominierende Nationalität mit allen Mitteln versuchte, die Errichtung der „slowenischen Trutzanstalt" (in Cilli/Celje), des „Bausteins für das Großpolentum" (in Teschen/Těšín) oder der „nationalen ruthenischen Zuchtanstalt" (in Stanislav/Stanislawow) – um nur einige der Vokabeln des Nationalitätenkampfs zu nennen – zu verhindern.[37]

Ein Blick auf die Unterrichtsstatistik zeigt, daß sich bis zum Schuljahr 1913/14 die Verteilung der Volksschulen nach ihren Unterrichtssprachen, zunehmend auch die der Gymnasien und Realgymnasien, immer stärker den realen Bevölkerungsverhältnissen annäherte.[38] Auch dann, wenn nach wie vor einige Nationalitäten, wie Slowenen und Ruthenen (vor allem im Mittelschulbereich), unterrepräsentiert sind, kann am Ende der Monarchie von einer *relativen Sprachgerechtigkeit* im Unterrichtswesen gesprochen werden.

Als drittes – vergleichsweise bescheidenes, doch nicht unbedeutendes – transnationales Element möchte ich eine bestimmte Schulform nennen: das *Šuman-Modell*, in altösterreichischer Terminologie das *„gemischtsprachige Gymnasium"*.[39]

Die hier nur angedeutete Intensität der Konflikte um die Unterrichtssprache, um Bereitstellung von Schulen für sprachliche Minderheiten, scheint ein Zeichen für die Stärke des nationalstaatlichen Modells mit homogenem Schulwesen zu sein, sie scheint die Schwäche, wenn nicht die Unmöglichkeit eines mehrsprachigen Schulsystems in einem transnationalen Staatsverband zu beweisen. Doch der Ausgang des Konflikts, der Zerfall der Monarchie in autonome Nationalstaaten mit eigenem Unterrichtswesen und einheitlicher Unterrichtssprache, verdeckt, daß sich während des jahrzehntelangen Ringens der Nationalitäten neben der Autonomievorstellung auch Modelle entwickelt hatten, die zwar oft eher aus der Not, mit bestimmten Verhältnissen pragmatisch umgehen zu müssen, als aus irgendeiner Tugend geboren waren, die jedoch, hätte man ihnen den Touch eines

Schulversuchs nehmen und sie auf größere Bereiche übertragen können, durchaus geeignet scheinen, über das Dilemma von Assimilation und Segregation, von Wahrung gesamtstaatlicher Interessen und Wahrung kultureller Identität hinauszuweisen. Genannt sei hier ein vom slowenischen Pädagogen Josef Šuman um 1880 konzipiertes Gymnasialmodell, das vorsah, einen Teil der Unterrichtsfächer in der Muttersprache der Schüler, den anderen Teil in einer anderen Landessprache zu unterrichten.

Es wurde an sechs Gymnasien mit slowenisch-deutscher, an einigen galizischen Gymnasien mit polnisch-ruthenischer und am II. Staatsgymnasium in Czernowitz mit deutsch-ruthenischer Unterrichtssprache realisiert und erzielte, wie sich am politisch besonders umstrittenen Gymnasium von Cilli/Celje zeigen läßt, für die Schüler mit zwei Unterrichtssprachen generell bessere Erfolge als für ihre Kollegen in den einsprachigen deutschen Parallelklassen. Es war das einzige Gymnasialmodell, das die Trennung von Unterricht in der Muttersprache und Unterricht in *Fremd*sprachen aufhob und durch das Zulassen mehrerer Unterrichtssprachen zu wirklicher Zweisprachigkeit führte.

Der Abschluß eines neuen europäischen Gesellschaftsvertrages, die Herstellung einer *Solidargemeinschaft*, die mehr ist als eine bloße Wirtschafts- und Währungsunion, eine Solidargemeinschaft, die auf den Prinzipien des Ausgleichs und der Subsidiarität beruht, die die Integrität der Kulturen wahrt und Minderheitenrechte respektiert, dieses gewaltige Projekt, vor dem ich mich hüten möchte, es immer nur mit den Chiffren Maastricht, Delors I und II zu bezeichnen, wird – wenn es dem Ideal der civil society entsprechen will – dafür Sorge tragen müssen, daß die Bürgerrechte von allen effektiv ausgeübt werden können. Das kann und darf nicht durch das Aufzwingen einer gemeinsamen Staatssprache geschehen, was so oft der erste Gewaltakt ist, der neue Staatsbildungen begleitet.

„Europa ist nichts anderes als eine große, aus mehreren kleineren zusammengesetzte Nation." Das schrieb im Jahr 1724 Charles de Montesquieu, und er fügte hinzu: „Frankreich und England brauchen den Wohlstand Polens und Rußlands, so wie eine ihrer Provinzen die andere nötig hat. Und der Staat, der seine Macht durch die Niederwerfung seines Nachbarn zu mehren glaubt, schwächt sich gewöhnlich selbst."[40] Sollte es den europäischen Staat, wie ihn Montesquieu vorausgedacht hatte, je geben, so wird er im „Geist der Gesetze" garantieren müssen, daß ein jeder in seiner Sprache sein Recht suchen darf, und er wird in vielen Sprachen Recht sprechen müssen. Er wird eine Bürokratie aufbauen müssen, die in der Lage ist, in vielen Sprachen zu amtieren, und er wird dafür Sorge tragen müssen, daß große Sprachen kleine nicht dominieren und diese tendenziell zum Verschwinden bringen werden. Soll das „Neue Europa" Bestand haben, wird es ein gemeinsames Bildungswesen schaffen müssen, das vielsprachig ist wie es selbst. Die Institution der „interkulturellen Schule", der Europa-Schule, oder wie immer ihr Name lauten wird, aber brauchen wir nicht neu zu erfinden, sie gab es schon, vor bald 100 Jahren, in Cilli, in Přzemyšl, in Czernowitz.

Anmerkungen

1 Johann Gottlieb Fichte, „Reden an die deutsche Nation", in: *Fichtes Werke*, Bd.VII, Berlin 1971, S. 453

2 Otto Bauer, „Die Nationalitätenfrage und die Sozialdemokratie", in: *Otto Bauer Werkausgabe*,

Bd. I, hrg. von der Arbeitsgemeinschaft für die Geschichte der österreichischen Arbeiterbewegung, Wien 1975, S. 53

[3] Vgl. Elias Canetti, *Masse und Macht*, Bd. I, 2. Aufl., München 1976, S. 186

[4] Ebd., S. 185 f.

[5] Elias Canetti, *Die Fackel im Ohr. Lebensgeschichte 1921–1931*, München 1980, S. 182 f.

[6] Elias Canetti, *Die gerettete Zunge. Geschichte einer Jugend*, Frankfurt am Main 1979, S. 107

[7] Elias Canetti, *Die Fackel im Ohr*, S. 86

[8] Elias Canetti, *Die Provinz des Menschen*, Frankfurt am Main 1975, S. 61

[9] Elias Canetti, *Die gerettete Zunge*, S. 8 u. 37

[10] Ebd., S. 9

[11] Vgl. ebd., S. 124

[12] Ebd.,S. 57 f., vgl. auch S. 68

[13] Jacques Derrida, *Das andere Kap*, Frankfurt am Main 1992, S. 60

[14] Vgl. ebd., S. 12

[15] Vgl. Stephen Toulmin, *Kosmopolis*, Frankfurt am Main 1991, S. 308 ff.

[16] Zit. nach Jacques Delors, *Das neue Europa*, München 1993, S. 332

[17] Ebd., S. 336

[18] *Vertrag über die Europäische Union*, vom 7. Februar 1992, Luxemburg 1992

[19] Jacques Delors, *Das neue Europa*, S. 322

[20] Zit. nach: Jacques Delors, *Das neue Europa*, S. 13

[21] Claus Koch, „Marktherrschaft. Von den kommenden Umwälzungen in Westeuropa", in: *Merkur 47* (1993)1, S. 1–14, hier S. 1

[22] Vgl. Scott Sullivan, „Europe, American Style", in: *Newsweek*, Nov.2., 1992, No.44, S. 19

[23] Claus Koch, *Marktherrschaft*, S. 14

[24] Laurent Cohen-Tanguis, *L'Europe en danger*, Paris 1992

[25] Scott Sullivan, „Europe, American Style", ebd.

[26] Dieter Grimm, „Verfassungsreform in falscher Hand? Zum Stand der Diskussion über das Grundgesetz", in: *Merkur 46* (1992) 12, S. 1059 – 1072, hier 1067 f.

[27] Ernest Gellner, „Aus den Ruinen des großen Wettstreits. Bürgerliche Gesellschaft, Nationalismus und Islam", in: *Merkur 46* (1992) 8, S. 647–656, hier 653; vgl. auch: Ernest Gellner, *Nationalismus und Moderne*, Berlin 1991, S. 54 f.

[28] Ernest Gellner, „Aus den Ruinen des großen Wettstreits", S. 653

[29] Stephen Toulmin, *Kosmopolis*, S. 252

[30] Viktor Frhr. von Andrian-Werburg, *Österreich und dessen Zukunft*, Hamburg 1843, S. 8 f.

[31] Franz Palacký, *Gedenkblätter*, Prag 1874, S. 148

[32] Elias Canetti, *Masse und Macht*, Bd. I, S. 92

[33] Siehe dazu vor allem: R.J.W. Evans, *Das Werden der Habsburgermonarchie 1550–1700*, Wien–Köln–Graz 1986, S. 44 f., 97 u. 312

[34] Der Artikel 19 des Staatsgrundgesetzes über die allgemeinen Rechte der Staatsbürger lautet:
Abs. 1 Alle Volksstämme des Staates sind gleichberechtigt, und jeder Volksstamm hat ein unverletzliches Recht auf Wahrung und Pflege seiner Nationalität und Sprache.
Abs. 2 Die Gleichberechtigung aller landesüblichen Sprachen in Schule, Amt und öffentlichem Leben wird vom Staate anerkannt.
Abs. 3 In den Ländern, in welchen mehrere Volksstämme wohnen, sollen die öffentlichen Unterrichtsanstalten derart eingerichtet sein, daß ohne Anwendung eines Zwanges zur Erlernung einer zweiten Landessprache jeder dieser Volksstämme die erforderlichen Mittel zur Ausbildung in seiner Sprache erhält.

[35] Zur Genesis von Artikel 19 vgl. Gerald Stourzh, *Die Gleichberechtigung der Nationalitäten in der Verfassung und Verwaltung Österreichs 1848–1918*, Wien 1985, S. 53 ff.

[36] Vgl. Hannelore Burger, *Sprachenrecht und Sprachgerechtigkeit im österreichischen Unterrichtswesen 1867–1918*, phil. Diss., Wien 1993, S. 310 f.

[37] Vgl. ebd., S. 317

[38] Vgl. ebd. Tabelle 1A u. 4A sowie die entsprechenden graphischen Darstellungen auf S. 332

[39] Vgl. ebd., S. 182 ff. u. 320

[40] Charles de Montesquieu, *Betrachtungen über die Universalmonarchie in Europa*, Leipzig o.J., S. 41

Nation als Frage – Konfigurationen

Peter Demetz

In seinen einleitenden Bemerkungen zu „Massen und Geschichte" definiert Elias Canetti die Perspektive, die es ermöglicht, etwas Produktives über Eigentümlichkeiten der Nation zu sagen. Je genauer ich seine Bemerkungen lese, desto mehr wird mir klar, daß er mir die Formel meiner Lebensgeschichte liefert und zugleich den Mut, hier überhaupt mitreden zu dürfen. Canetti schreibt: „Man muß daneben stehen, keiner von ihnen [nämlich den Nationen] hörig, aber redlich und zutiefst an ihnen allen interessiert." Ich zitiere nicht weiter und füge nur die Bemerkung hinzu, warum ich beim Lesen solcher Sätze einen elektrischen Schock empfinde. Die Sache ist die: selbst wenn man daneben steht, steht man darin, aber anderswo. Jeder Ausgang ist auch ein Eingang, so hat zumindest der Dramatiker Tom Stoppard das Grundgesetz der Dialektik definiert, und diese Umstände des „Daneben und Darin" muß ich mir zu Nutze machen. Ich stehe ja nicht als amtlicher Delegat der tschechischen Nation hier, selbst wenn ich ihr einen Gutteil meines Lebens wirklich angehört habe, zumindest politisch. Als Sohn einer tschechisch-jüdischen Mutter und eines ladinischen Südtirolers, der allerdings auch in Prag (hinter der Thein-Kirche) zur Welt kam, habe ich durchaus nicht die Qualifikation, aus dem Geist dieser oder jener Nation zu sprechen, und ich sehe mich eher als betroffener Zeuge daneben, aber das heißt auch darin. Ja, aber wo?

Die besondere Entwicklung der tschechischen Nation zeigt sich in ihrem Zögern, ihre Wünsche und Hoffnungen an Elemente ihrer Geographie oder historisch bedeutsamer Architektur zu hängen.

Rückblickend also: keine Berge, Wälder oder wehrhaften Schlösser. Das geschieht deshalb, glaube ich, weil sie sich in solchen Reflexionen in ihrer Individualität nicht erkennen kann, denn im historischen Staatswesen waren die Tschechen bis vor wenigen Jahrzehnten nicht allein. Das Staatswesen war nicht allein das Ihre, und das rief sogleich immer wieder schmerzliche Gedanken hervor. Man könnte fragen, warum denn der Hradschin nicht zu einem Massensymbol wurde; er war ja seit seiner Gründung Wahrzeichen der Přemysliden und dann auch Karls IV., des „Vaters der Nation". Das tschechische Nationalbewußtsein hält aber fest, daß dieser Hradschin auch der Sitz fremder Dynastien war, der Jagiellonen und der Habsburger. Er sah nicht immer so aus, wie er sich heute den Touristen darstellt; oft eine wüste Brandstätte, Leere, Trümmer, die immer wieder aufgebaut werden mußten. Als T.G. Masaryk nach Prag zurückkehrte, mußte er sich dort wieder wie in einem Hotel einrichten. Vielleicht wäre der Prager Vyšehrad (wenn es schon ein architektonisches Denkmal sein soll) besser qualifiziert, aber auch nicht ganz. Der Vyšehrad, auf seiner Felsenklippe über der Moldau, ruft eine frühe Zeit in Erinnerung, ganz und gar tschechisch und vor der deutschen Einwanderung, aber das moderne Durcheinander von Ruinen, Neogotik, Friedhof, modernistischen Statuen, Parkstühlen und kleinen Kaffeehäusern reflektiert eher ungeheilte Diskontinuitäten der Geschichte als ihre Kontinuität, und nach der hussitischen Revolution ist der Vyšehrad selten aus seinem historischen Schlaf erwacht (jetzt fährt die Strassenbahn Nummer 17 quer durch den Felsen, und das fördert die Pietät nicht). Hradschin und Vyšehrad sind also potentielle, nicht realisierte Symbole, aber der Zwiespalt zwischen den beiden weist auch schon auf einen besonderen Zug hin, zur Figuration oder wiederkehrenden Konfiguration, d.h. die Anwesenheit doppelter und gespannter Elemente und Figuren im Nationalbewußtsein, die nicht zur Synthese gelangen. Es fehlt eine synthetische Gestalt, und wo die Gestalt fehlt, bieten sich Konfigurationen an, die man jeweils zitieren, aber auch manipulieren kann.

Die Herausbildung des modernen tschechischen Nationalbewußtseins hat sich in den eben vergangenen zweieinhalb Jahrhunderten vollzogen, unter bestimmbaren historischen Umständen. Daraus suche ich mir die zögernde Sympathie zu erklären, die sich nicht ganz, oder überhaupt nicht, einem heroischen, dynastischen oder feudalen Zeitalter verbinden will. Die historische Imagination der modernen Tschechen hat elementare populistische Züge und ist, wie der Philosoph Jan Patočka sagte, durch einen radikalen Demokratismus charakterisiert. Eben diese Grundstimmung gestattet es bestimmten symbolischen Potentialitäten oder Leitfiguren, sich zu entwickeln und als bestimmtes Symbol hervorzutreten, und anderen wieder nicht. Mein Beispiel: König Přemysl Ottokar II., der 1278 nicht weit von Wien auf dem Marchfeld fiel. In jeder anderen Nationalgeschichte wäre er eine zentrale Gestalt, ein König, der aus dem Nichts auftaucht und eine Monarchie schafft, die von Königsberg bis in die adriatische Gegend von Cividale reicht, nach Shakespeare wirklich ein „Böhmen am Meere“, am nordischen und an der Adria. Aber aus dem tschechischen Nationalbewußtsein ist König Ottokar fast verschwunden. Warum? Er ist zu ferne, ein König, der zu viele Deutsche ins Land gerufen hat, und die Schlachten sind längst verklungen und schon vom Staub der Geschichte bedeckt. Er ist die einzige Shakespearesche Figur der tschechischen Geschichte und zugleich ein weißer Fleck. Als Václav Havel als Präsident der Republik seine Antrittsrede hielt, zählte er die symbolischen Leitfiguren der tschechischen Geschichte auf. Die Reihe begann mit dem Hl. Wenzel, setzte sich mit Karl IV. fort, nannte Hus, Palacký, T.G. Masaryk, Patočka, mit einer Ausnahme eben: Přemysl Ottokar.

Die tschechische Imagination orientierte sich nicht so sehr an Naturelementen, wie es in Deutschland der Fall ist, oder an Architekturen, sondern an symbolischen Figuren, und zwar an solchen, von denen man zu sagen vermöchte, daß sie, in der böhmischen Geschichte, ganz und gar tschechisch waren und deshalb eher geeignet, Selbstdefinitionen zu fördern. Unter diesen Gestalten ragt eine besonders hervor; die Fürstin Libussa, die lange viele Wünsche und Erwartungen erfüllte, ehe sie ganz und gar in die Schulbücher hinabsank und Dichter und Künstler lange nicht mehr herausforderte. Sie wäre ein schönes Beispiel eines Fast-Nationalsymbols, das seine eigene Geschichte hat. Sie besaß gewisse Tugenden, die sie als Nationalfigur empfehlen würde: sie war dem Gründungsmythos verbunden, der Ankunft der Tschechen in Böhmen, zuerst Urvater Čech, dann sein Sohn Krok, seine drei Töchter Kazi, Teta und Libussa. Sie übernimmt die Herrschaft; das Entscheidende ist, daß sie von den Ältesten gewählt wird, eine durch ein demokratisches Prinzip *gewählte* Fürstin. Libussa nimmt einen einfachen Bauern zum Gatten, nämlich Přemysl, und er wird König. Sie gründet Prag: „Ich sehe eine große Stadt, die bis an die Gestirne reicht“ – jeder gebildete Tscheche beginnt über dieses Zitat ironisch zu lächeln. Sie ist Herrin der Amazonen, mit deren Niederlage das männlich-feudale Zeitalter beginnt; Grillparzer hat das sehr gut verstanden. Merkwürdig, wie diese Gestalt als Frau, als Fürstin, als Demokratin im 19. Jahrhundert aus der Geschichte zu verschwinden beginnt. Sie wird im Laufe der Jahrhunderte als Inkarnation der Přemysliden gesehen, d.h. sie wird dynastisch interpretiert, durch und durch tschechisch, ja sie ist so entscheidend für das Bewußtsein einer nationalen Kontinuität, daß der Luxemburger Karl IV. sehr bemüht ist, seine tschechische Mutter Eliška mit dem Andenken Libussas zu verbinden. Aus der Inkarnation der Dynastie wird eine Inkarnation der Nationalität, und die wird zum Sinnbild der tschechischen Geschichte überhaupt. Das ist deutlich sichtbar auf dem Gipfel, im Endpunkt des modernen Symbolisierungsprozesses, im nationalen Oratorium „Libussa", das Smetana zur Eröffnung des Nationaltheaters schrieb (1881). Libussa erscheint dort als tschechische Oberlehrerin. Im dritten Akt steht sie auf der Bühne und zeigt die Projektionsbilder der großen tschechischen Helden und Heldinnen, meistens allerdings Helden und nur zwei Heldinnen. Die Bühne wird magisch verdunkelt, die Gestalten ziehen wie im Film vorbei, und Smetana gibt auf gut Wagnersche Art jeder dieser Gestalten ein Leitmotiv bei, ganz besonders wirkungsvoll die Hussiten mit ihrem berühmten Choral, vor dem die päpstlichen Kreuzfahrer die Flucht ergriffen. Diese Libussa mag auf die Hussiten hinweisen (ganz im Sinne der Jungtschechischen Partei), aber sie hat sich auch deshalb jahrhundertelang als Massensymbol erhalten, weil sie einer Epoche vor den Offenbarungsreligionen entstammte, und gerade das war es, was späteren christlichen Geschichtsschreibern Schwierigkeiten bereitete. Als Heldin war sie suspekt: so erscheint sie in der lateinischen Chronik des berühmten Prager Dekans Kosmas, der die erste Geschichte der Böhmen (1225) oder eigentlich der Tschechen schrieb. Als Dekan der Kathedralkirche am Hradschin konnte er nichts Schlechtes gegen sie sagen, weil sie die Urmutter der Dynastie war, welcher er, Kosmas, loyal diente, aber allein Gutes wollte er auch nicht vermerken, weil sie eine Heidin war. Kosmas entscheidet sich für kluge Ambivalenz. An einer Stelle sagt er: „Sie war bewunderungswürdig, umsichtig im Rate, kräftig in ihrer Rede, keusch, ehrlichen Betragens, freundlich zu jedermann, der Liebe würdig, eine Zierde des Frauentums." Aber nur einige Seiten weiter, und die Sache wird schwierig, weil er plötzlich daran erinnert, daß sie als Heidin und als Prophetin in die tschechische Geschichte eintrat, oder gar als Wahrsagerin. Er schreibt dann die berühmte Gerichtsszene, in welcher sich Libussa als Richterin bewährt. Zwei Älteste treten vor sie hin, streiten um ihre Äcker, und sie entscheidet. Aber wie tut sie das? Hier die Rache des Dekans. Sie spricht Recht nicht von ihrem Thron aus, sondern vom Bette her. Ich übersetze: „Sie lag auf einem Haufen schwellender und gezierter Polster, ein wenig allzu lässig, mit wie zur Geburt gespreizten Beinen, wie es die Art lasziver Frauen ist, die keinen Mann zu Hause haben."

Die mythische Gestalt Libussas erscheint sehr früh in einem doppelten Licht – lang ehe sie in die Romantik abgedrängt wird, vor allem in die deutsche, in der man sich an dieser Amazonen-Fürstin aus den böhmischen Wäldern begeisterte, und ehe sie im tschechischen Historismus zum Denkmal erstarrte. Nach 1850 gibt es kaum jemanden, der noch einmal den Mythos fortbildet; Grillparzer ist ihr modernster und letzter Ausleger, der den tschechischen Mythos zwar dekonstruiert, aber genau das Zentralproblem erkennt, nämlich die Frage von Frau und Mann, Libussa und Přemysl, das Problem der Ehe, das Problem der Gynokratie, Amazonenstaat, Arbeitsteilung. Der Niedergang des Libussa-Mythos fällt mit dem Augenblick zusammen, da die tschechische Politik pragmatisch wird. Libussa wird überflüssig, die Juristen übernehmen die Geschäfte, von nun an ist die tschechische Politik sehr konkret eine Sache im Prager Magistrat, im Landtag und im Reichsrat. Anstelle Libussas tritt eine andere Gestalt, zumindest für den Literaten, und das ist „Babička" (Die Großmutter) im Roman *Božena Němcovás*. Das Ende des Mythos ist der Anbeginn des tschechischen Romans (1855); die heidnische Fürstin verwandelt sich in die ehrwürdige „Babička", die Idealgestalt der alten Frau, welche das Herkommen kennt, die weisen Sprichworte der tschechischen Tradition zitiert und auf ihre Weise versucht, alle Menschen miteinander zu versöhnen. „Štastná to žena!" Die glückliche Frau!

Ein unreflektiertes Bewußtsein der Nation gibt es allerdings seit den ersten Berührungen mit Deutschen, Juden und Polen bei Kosmas und dann später in der Dalimil-Chronik von 1315, die in einen chauvinistischen Tonfall verfällt, wenn es um die Verteidigung des tschechischen Kleinadels geht. Das reflektierende Denken über das tschechische Nationalbewußtsein, die Tschechen als Nation, beginnt mit den Hussiten und setzt sich dann gegen Ende des 18. Jahrhunderts und zu Beginn des 19. Jahrhunderts in den Schriften der *buditelé* fort, der Erwecker und Wiedererwecker. Das sind Pfarrer, Philologen, Dichter, Historiker, welche die Vergangenheit, die noch schweigende Vergangenheit erforschen, um sie zum Sprechen zu bringen. Manche dieser Erwecker sind Slowaken protestantischer Herkunft, die nach Prag ziehen und zuletzt tschechisch oder vorwiegend tschechisch schreiben, weil sie als Protestanten in der tschechischen Sprache der Kralitzer Bibelübersetzung herangewachsen sind.

Seither ist die Nation ein Problem, das sich mit ganz bestimmten Denkmotiven verbindet und mit der Frage nach dem bloßen Überleben neben den großen Mächten und Volksstämmen. Alle diese Philologen und Dichter, die das Nationalbewußtsein erwecken wollen, tragen die Bürde ihrer Skepsis und fragen, ob ihre Aufgabe überhaupt gelingen kann. Daraus ergibt sich dann die Notwendigkeit, eine Geschichtsphilosophie zu bilden, die bestimmte Gestalten mythisiert und/oder Gruppen zusammenstellt, um dem Fraglichen die Frage zu nehmen. Wenn Canetti sagt, Massensymbole zeichnen sich durch eine regelmäßige Wiederkehr aus, so glaube ich, daß man diese Hypothese in der tschechischen Entwicklung modifizieren müßte; man könnte eher von einer Wiederkehr von Konfigurationen sprechen. Ein Beispiel wäre die Konfiguration Jan Hus und Sankt Nepomuk. Das sind Gestalten, die jahrhundertelang gegeneinander ausgespielt werden; indem man ihr Bild wechselseitig in Betracht zieht, werden sie von den interessierten Parteien zugleich modifiziert. Der Märtyrer Hus ist eine ferne theologische Figur, ein Volksprediger von tiefer mittelalterlicher Frömmigkeit. Er wird allerdings im späteren 19. Jahrhundert – hauptsächlich durch die nationalen Jungtschechen – zu einem Manne, der eigentlich ein Liberaler war und ohne Religion. Masaryk hat den Jungtschechen immer vorgeworfen, daß ihr Hus-Kult eine totale Vereinfachung war im Dienste der Nation. Der heilige Nepomuk ist eine besonders komplizierte Frage, denn man war sich lange nicht klar darüber, wer er eigentlich gewesen ist und verband zwei Figuren. Er war jedenfalls nicht Beichtvater der Königin, sondern loyaler Sekretär des Erzbischofs; der König konnte nicht an den Erzbischof heran und kühlte seinen Mut an dem Sekretär. Man unterwarf ihn in Gegenwart des Königs einem hochnotpeinlichen Verhör; bei diesem Verhör starb er, und man warf die Leiche in die Moldau. Im Zuge der Gegenreformation erhob man ihn zu einem Nationalheiligen, der mit Hus konkurrieren und dann im 19. Jahrhundert wieder nationalen Interessen dienen sollte. Das heißt, der religiöse Feiertag verwandelte sich in einen Nationalfeiertag, und die Jungtschechische Partei organisierte die Bauern aus Böhmen und Mähren, die, um den Heiligen zu ehren, jetzt zur Karlsbrücke wallfahrten, allerdings im Interesse der nationalen Bewußtseinsbildung.

Aus der modernen tschechischen Nation schlägt – als das *Eigentümliche*, um wieder einen Ausdruck Canettis zu gebrauchen – die Frage nach der Nation heraus, nicht eben die Gewißheit, sondern die stets erneute Frage nach der Funktion und der Aufgabe der Nation. Es gibt drei Beispiele, und ich will alle drei zumindest zitieren, denn sie illustrieren, wie dieses Problembewußtsein in Böhmen als Frage artikuliert wird; je klüger der Beobachter, desto deutlicher, ja radikaler die Frage. Das erste Beispiel – ein sensationeller Fall – entstammt dem Jahr 1886 und der Prager Zeitschrift Cas. Sie publizierte einen Aufsatz mit der Überschrift „Zwei Fragen", und der Verfasser zeichnete nur mit den Initialen H.G. Der Essay war von einer damals unerhörten Radikalität, denn er konnte so gelesen werden, als ob der Verfasser die blasphemische Frage stellte, ob es denn überhaupt Sinn hätte, eine tschechische Nation zu pflegen, aufzubauen, an sie zu glauben. Ob es nicht besser wäre, sich einer bedeutenderen und reiferen Gesellschaft anzuschließen, um im Rahmen dieser größeren Gesellschaft mehr für die Menschheit zu tun, als es unter den begrenzten Umständen des Tschechentums überhaupt möglich wäre. Der Aufsatz stammte von einem begabten jungen Intellektuellen namens Gordon Schauer, aber die Konservativen dachten, er stamme von T.G. Masaryk, den man allen Übels verdächtigte, und Masaryk wurde prompt als Nationalverächter und Nationalverräter ausgepfiffen. Wenn man genau liest, geht es gar nicht darum, daß die Nation verworfen wird. Der Essay verwirft die Selbstgenügsamkeit der Nation; es ist nicht genug, eine Nation zu wollen, diese Nation muß auch eine Aufgabe haben, die nicht allein national ist.

Das ist genau das Problem, das Masaryk in seinem Buch mit dem bezeichnenden Titel *Die tschechische Frage* (1894) aufgreift; und wie so oft in seinen Arbeiten verbindet sich der pragmatische Soziologe mit dem religiösen Denker, den man später überhaupt nicht wahrhaben wollte. Er sagte in seinem Buche, man müßte von den Nationen offen und nüchtern reden, und zwar von der eigenen genauso wie von den anderen. Allerdings versucht er eine Geschichte zu schaffen, die seine späteren Kritiker mit Recht als Mythos entlarven. T.G. Masaryk versucht, die Diskontinuitäten der tschechischen Geschichte zu überbrücken und eine kontinuierliche Geschichte großer Momente zu konstituieren. Sie beginnt mit Hus und dem Hussitentum und geht dann in das Zeitalter der Aufklärer und später zu Palacký fort. Masaryk zeigt eine tiefe Übereinstimmung mit Palackýs Ideen von der zentralen Bedeutung des Hussitismus für den tschechischen Charakter, aber er findet sich im Konflikt mit Palackýs Idee, der Sinn der tschechischen Geschichte sei die Berührung und der Streit des Slawentums mit dem Deutschen. Das war seit Palacký das Zentralmotiv der deutschen Geschichte. Masaryk, der Kenner der angelsächsischen und französischen Philosophie, antwortet darauf, daß die Nation nie so klein gewesen war, um sich ein für allemal durch die Auseinandersetzung mit den Deutschen allein geprägt zu fühlen. Masaryk besteht darauf, daß es töricht sei, auf einer Nationalität der Ausschließung zu bestehen, wie die flachen Nationalliberalen, die sich dadurch schuldig machten, daß sie symbolische Gestalten wie Hus oder die Ideen der Philosophen nur zur Stärkung der Nationalität gebrauchten oder mißbrauchten. Über der Nationalität, so fordert Masaryk, muß noch eine andere Norm stehen, eine höhere Idee im Dienste der Humanität. Was ist diese Norm über der bloßen Nationalität? Ein Syndrom aus dem Gedanken der Selbstbildung, der Forderung nach Gleichberechtigung, der gesellschaftlichen Reform und vor allem der alltäglichen kleinen Arbeit. Das ist für den Puritaner Masaryk sehr bezeichnend; es muß jeden Tag gearbeitet werden, es genügt nicht, idealisch zu denken.

Ähnliche Gedankenmotive sind im Werke des modernen tschechischen Philosophen Jan Patočka zu finden. Er setzt die Masaryksche Tradition in einem Essay fort, der einen ganz und gar nicht überraschenden Titel trägt, nämlich: *Wer sind die Tschechen?* – Fragezeichen. Patočka ist, mit dem Philosophen Emanuel Rádl, einer der wenigen, der im Geiste Masaryks über Masaryk hinausdenkt, und zwar im vollen Bewußtsein der Diskontinuität tschechischer Entwicklungen. Die geschichtsphilosophischen Konstruktionen Palackýs und Masaryks nennt er einfach Phantasien. Patočka selbst besteht auf einen charakteristischen tschechischen Demokratismus oder eine Gesellschaftsbildung von unten, zumindest seit 1620, seit der Schlacht am Weißen Berge. Patočka ist mit Masaryk durchaus einer Meinung, daß ein selbstzufriedener Nationalismus abzulehnen sei, jener Nationalismus, der sich um sich selber dreht. Der jüngere Philosoph trifft eine originale Unterscheidung zwischen einer kleinen und einer großen tschechischen Geschichte; die Tschechen bezeichnen sich ja selbst seit dem 19. Jahrhundert als eine kleine Nation, vielleicht mit einem Seitenblick auf Polen und Russen. Die kleine tschechische Geschichte ist die, in welcher das Tschechentum allein zum einzigen Thema wird – der selbstzufriedene Nationalismus, der sich um sich selbst dreht.

Die große Geschichte weniger Momente entsteht dort, wo sich die tschechische Gesellschaft mehr als nur nationale Aufgaben stellt. Patočka spricht von den Přemysliden oder den Luxemburgern, die westliche Organisationsformen nach Osten bringen, oder von den Hussiten, die sich die Aufgabe stellen, ein Kirchenchristentum übernational in ein Laienchristentum zu verwandeln. Das führt ihn dazu, den Nationalgedanken ganz und gar zu revidieren, und eine Nation an den Aufgaben zu messen, die sie sich stellt. Deshalb lehnt Patočka die nationalistische Weichenstellung der tschechischen intellektuellen Geschichte des frühen 19. Jahrhunderts radikal ab. Es ist etwas Falsches geschehen, meint er, und zwar in der Nachfolge des Philologen und Dichters Josef Jungmann; man hätte einen anderen Weg gehen sollen, den Weg Bernard Bolzanos, jenes aufgeklärten katholischen Philosophen, dem Metternich zu lehren verbot. Warum? Weil sich das tschechische Nationalbewußtsein an Jungmanns sprachlichem Nationalbegriff orientierte und leider nicht an Bolzanos Begriff einer Nation, die durch politische Aufgaben konstituiert wird. Für Jungmann ist die Nation durch die Sprache *gegeben*, sie hat Homogenität, und sie bestimmt, sprachlich, eine Gemeinschaft des Charakters. Bolzano definiert den Begriff der Nation als *aufgegeben*, politisch, nicht sprachlich, und ohne natürliche Homogenität. Nach Bolzano wäre auch die Möglichkeit offen, daß Deutsche, Zigeuner und Juden einer territorialen Nation angehörten, solange sie sich politisch zu *einer* Aufgabe bekennen, denn die Nation wird durch die Gemeinsamkeit einer sittlichen Aufgabe konstituiert.

Ich breche hier ab und ende mit einer kleinen Geschichte. Als ich Student oder Schüler war, nicht weit von hier, in Brünn, im Jahre 1938, gingen wir, in den Tagen des Münchner Diktates, auf die Straßen, um zu demonstrieren. Wir wollten die Regierung der Republik auffordern, sich militärisch gegen Hitler zu wehren und die Armee nicht aus den böhmischen und mährischen Grenzbefestigungen abzuziehen. Gegen uns wurde berittene Polizei eingesetzt, es war ihnen auch nicht wohl zu Mute, aber die Situation war gespannt. Sobald sie mit den Pferden gegen uns, die Reihen der Demonstranten, ansetzten, begannen wir, die Nationalhymne zu singen. Da mußten die Pferde stehen, die Polizisten salutieren, und es gab einen Moment Ruhe. Aber wie lautet der Text der Nationalhymne? „Wo ist mein Heim, mein Vaterland?" – Fragezeichen. Es ist, so weit ich weiß, die einzige Nationalhymne, die mit einem Fragezeichen beginnt.

Das Haus als Massensymbol der Albaner

Dardan Gashi

Das Haus als Massensymbol einer bestimmten Nation erklären zu wollen ist sicherlich ein Versuch, der auch Mißverständnisse mit sich bringen kann. Deshalb möchte ich gleich am Anfang betonen, daß es sich hierbei um einen Versuch handelt, eines der möglichen Symbole, die sich in das albanische Bewußtsein, ins albanische Leben und Handeln eingeprägt haben, im Sinne Canettis auszuforschen und zu erklären. Ich bin überzeugt, daß jeder Albaner auf die Frage, was das Massensymbol seiner Nation sei, antworten würde: das Albanertum, die Nationalflagge, die Freiheit, der Adler usw. Auch viele Nichtalbaner könnten wegen meiner Behauptung irritiert sein. Schließlich leben ja heutzutage fast alle Menschen und Völker in Häusern. Wieso sollte ausgerechnet bei den Albanern das Haus eine derartig wichtige Rolle spielen? Auch hier möchte ich gleich vorwegnehmen, daß ich damit keineswegs behaupten will, nur bei den Albanern sei dies so.

Auf die Idee, das Haus könnte das Symbol der Albaner sein, bin ich durch Beobachtungen der Geschichte, der Gegenwart und der Kultur dieses Volkes gekommen. Deshalb möchte ich Sie zuerst in die Geschichte zurückführen.

Leider ist die Geschichtsschreibung am Balkan (aber auch anderswo) eher eine politische denn eine wissenschaftliche Sache. Im Dienste der Tagespolitik erklären die Historiker der Bevölkerung, bis wohin sich irgendwann im tiefsten Mittelalter das Reich ihrer Nation ausgedehnt hatte. Sie erzählen zweifelhafte Geschichten über die Untaten, Massaker und Vertreibungen, die die Nachbarvölker an ihrer „friedliebenden und heroischen Nation" begangen haben. Somit leistet die Geschichtsschreibung die propagandistische Vorarbeit für die Politiker, die dann mit Waffengewalt ihre „alten Reiche" wiederherstellen wollen und die an ihrem Volk begangenen „Untaten" durch neue Greueltaten, Massaker und Vertreibungen ein für allemal zu rächen versuchen.

Besonders politisiert ist auch die Frage nach der Herkunft der Albaner. Die albanische Geschichtsschreibung ist der Meinung, daß die Albaner Nachkommen der Illyrer sind. Andere Thesen, vorwiegend von serbischen Wissenschaftlern vertreten, behaupten, die Albaner hätten mit den Illyrern nichts zu tun, während die internationale Geschichtsschreibung davon ausgeht, daß die Albaner thrakisch-illyrischer Herkunft sind.

Für unser Thema jedoch ist es nicht so sehr von Bedeutung, welcher Ethnie die Vorfahren der Albaner angehörten. Viel größeren Belang hat die Tatsache, daß die Albaner, seit man sie als „Albaner" kennt, keinen eigenen Staat mehr hatten. Durch die Völkerwanderung im Frühmittelalter und die damit verbundenen Kriege wurde der Lebensraum der Albaner immer mehr eingeengt. Sie verloren fast alle ihre Städte, Burgen und Festungen. Des Schutzes der Burgen beraubt, mußte der größte Teil der Bevölkerung die Niederungen verlassen und in die unzugänglichen Berge abziehen. Als einzig mögliche Organisationsform in den Bergen verblieb nur mehr der Stamm. Denn Naturgegebenheiten ermöglichten nur eine Gliederung nach kleinen und kleinsten Bevölkerungsgruppen.[1] Jeder Stamm entwickelte auf diese Weise langsam seine eigene Identität. Doch eine große Gemeinsamkeit – außer der Sprache – hatten all diese Stämme: den Kanun – „das Gesetz der albanischen Berge".

Viele Hinweise deuten darauf hin, daß der Kanun ein indogermanisches Erbe ist. Hervorstechend ist vor allem die Identität vieler grundsätzlicher Normen des Kanun mit jenen der Römer zur Zeit der Zwölftafelgesetze, jedoch auch mit jenen des Hindukodex Menue, Identitäten, die sich aus der Angehörigkeit zur gleichen Völkerfamilie ergeben.[2] Bei den Albanern hatte der Kanun aber nicht nur eine organisatorische Funktion. Durch die Anwendung dieses Verhaltenskodex wurde auch die Gesetzgebung des jeweiligen Eroberers unterwandert. Beispielsweise konnte die „Hohe Pforte" während der 500jährigen Herrschaft in Albanien den Bergstämmen niemals ihre Gesetze aufzwingen; die Pforte mußte sogar durch einen Ferman den Kanun als geltendes Recht anerkennen.

Dies ermöglichte es den Stämmen, eine Art innere Unabhängigkeit zu erhalten. Im Gegensatz zu der Bevölkerung in den Städten, die größtenteils islamisiert und kulturell assimiliert wurde, konnten die Bergstämme weiterhin ihre Sprache, Gebräuche und Sitten pflegen. Der Kanun darf aber keineswegs als Gesetzgebung im modernen Sinne des Staates verstanden werden. Er regelte mehr oder weniger nur die zwischenmenschlichen Beziehungen im alltäglichen Leben. Abgesehen von kleinen Geldstrafen sah der Kanun keine institutionalisierten Sanktionen vor. Er gab nur die moralischen Richtlinien und überließ jedem einzelnen die freie Entscheidung. Ein albanischer „Rechtsältester" eines Dorfes erklärt den Kanun etwa so: „Unser Recht ist etwas, das nicht über uns ist. Es ist mit ihm wie mit einem Weinstock, der aus dem Boden wächst. Er und der Boden um ihn sind eins. Unser Recht ist in uns drinnen. (...) Wir haben es im Kopf, und der Vater gibt es dem Sohn weiter, was er von seinem Vater übernommen hat. (...) Wir haben unsere Gesetze nicht deshalb nicht niedergeschrieben, weil die meisten von uns nicht schreiben können. Wir hätten genug Leute gehabt, die dazu fähig gewesen wären. Der Mann tut aber besser daran, sein Recht sich in den Kopf statt aufs Papier zu schreiben, damit er es überall bei sich hat. Er selber hat zu wissen, was ihm zusteht und was nicht, was er zu tun und zu lassen hat."[3] Zu Papier gebracht wurde der Kanun erst, als er langsam an Bedeutung zu verlieren begann. Zusammengesetzt aus Manuskripten des albanischen Franziskaners Shtjefën Gjecovi, wurde er erst im Jahre 1933 veröffentlicht.

Konform mit dem Kanun war die Gesellschaft so organisiert, daß jeder für sich und seine Familie selbst verantwortlich war. Da der Stammeszusammenhalt nicht automatisch Schutz für jeden einzelnen bedeutete, mußte sich jeder auch um die Sicherheit und den Wohlstand seiner Familie kümmern. So bildeten das Haus und die Familie den Mittelpunkt der Gesellschaft. Dem Haus bekam umsomehr Bedeutung zu, als es auch die schützende Funktion einer Burg ersetzen mußte. Schon an der Bauweise der Häuser ist ihr doppelter Zweck, jener des Wohnens und der der Verteidigung, zu sehen. In den albanischen Dörfern gab es bis vor kurzer Zeit auch keine Kaffee- oder Gasthäuser. Der Gast mußte zu Hause empfangen werden; ihn außerhalb des Hauses zu bewirten, wäre eine Beleidigung des Hausrechts gewesen. Auch gemeinschaftliche Fest- und Rathäuser existierten nicht. Feierlichkeiten oder „Ratsversammlungen" fanden zu Hause statt. Da es die Albaner mit der Religion nicht so ernst gemeint hatten, waren auch Gotteshäuser eine Seltenheit. Kurz gesagt, es „drehte" sich alles um das Haus. Mit der „hohen Politik" befaßte sich die Bevölkerung der Berge nur so weit, wie diese mit ihnen zu tun hatte, ansonsten hielten sie sich heraus. Den jeweiligen Sultan ließen sie immer wissen, er möge sich um den Islam und sein Reich kümmern, in ihre Häuser solle er sich aber nicht einmischen. In den unzugänglichen Bergen – die selten unter tausend Meter hoch sind – einen Krieg gegen die ungehorsamen Untertanen zu führen, war verlustreich, also mischte sich der Sultan auch so gut wie nie ein. Auch später, als es bereits ein unabhängiges Albanien gab, begegnete die Bergbevölkerung der Regierung in Tirana mit Skepsis und stellte vor allem keine finanziellen Forderungen an sie. Denn: „Ein Sohn, der den Vater zu oft um Geld angeht, darf sich dann nicht wundern, wenn dieser sich das Recht nimmt, den Deckel seiner Kochtöpfe abzuheben."[4] Mit größter Verbissenheit verteidigten die Albaner die Unabhängigkeit des Hauses. Dies war auch ihr Heiligtum. Denn religiös im wahrsten Sinne des Wortes waren sie so gut wie nie, aber auch so etwas wie ein moderner Nationalismus war noch nicht entwickelt.

Die Albaner sind eines der letzten Völker Europas, die einen Nationalismus entwickelt haben, und zwar – meiner Meinung nach – erst zu Beginn des 20. Jahrhunderts. Einer der Gründe für ein so spätes „nationales Erwachen" könnte auch die Projizierung der Unabhängigkeit sowie des Freiheits- und Zusammengehörigkeitsgefühls auf einen sehr kleinen Rahmen sein. Also auf den Stamm, die Familie und schließlich auf das Haus. Dies verhinderte die Bildung einer gesamtalbanischen Abwehr, schon gar die Durchführung von Eroberungskriegen. Ein einziges Mal weist die Geschichte einen nahezu geschlossenen, gesamtalbanischen Widerstand auf: Skanderbeg gelang es von 1443 bis 1468, die albanischen Fürsten und Stammesführer erfolgreich im Kampf gegen das Vordringen des Osmanentums zu vereinen. Weitere Versuche in dieser Richtung wurden zwar unternommen, scheiterten jedoch meistens an der Zersplitterung der Albaner. Das Fehlen eines Staats- und Nationalbewußtseins ist vielleicht auch der wichtigste Grund, weshalb bei der Entstehung eines unabhängigen Albaniens im Jahre 1912 hingenommen wurde, daß mehr als die Hälfte der Bevölkerung außerhalb des neuen Staates blieb. Ein weiterer Grund betrifft die Religion. In den von ihr eroberten Gebieten anerkannte die „Hohe Pforte" keine Nationen, sondern nur Religionsgemeinschaften. Im Unterschied zu den Nachbarvölkern – Serben, Griechen und Bulgaren –, die eine unabhängige orthodoxe Kirche hatten, waren die Albaner in drei Religionsgemeinschaften aufgeteilt: in Moslems, Katholiken und Orthodoxe. Als das türkische Reich Mitte des 19. Jahrhunderts zu zerbröckeln begann, wurde die orthodoxe Kirche der Nachbarn sozusagen zum Sprachrohr des Nationalismus. Die orthodoxen Albaner waren unter der Oberhoheit der griechischen Kirche; diese predigte naturgemäß den griechischen Nationalismus. Der Islam stand unter der Kontrolle des Sultans. Dort war alles verpönt, was mit dem Albanischen zu tun hatte. Allein der katholischen Kirche kann eine Tätigkeit im Rahmen des albanischen Nationalismus nachgesagt werden, doch war ihr Einfluß nicht groß genug, um alle Bevölkerungsschichten unter den Albanern zu erreichen.

Als Väter des modernen albanischen Nationalismus sind eher die bürgerlichen Intellektuellen zu betrachten. Meines Erachtens waren sie die einzige Bevölkerungsschicht (sie war relativ klein), die die starke Bindung an das Haus überwunden hatte. Es war jedoch schwer, die Bevölkerung von ihren neuen Ideen zu überzeugen. Nach der Unabhängigkeitserklärung Albaniens 1912 war die Bindung der Albaner an ihre „Hausunabhängigkeit" deutlich zu sehen. Allen Versuchen, einen modernen Staat zu installieren, begegnete die

Mehrheit der Bevölkerung mit Skepsis. Die Schaffung von Gerichten und die damit verbundene Ausdehnung der Staatsautorität verstanden sie als Einmischung in ihre Angelegenheiten und als Verletzung der Souveränität des Hauses. Erst die Machtübernahme der Kommunisten und ihre 50jährige Gewaltherrschaft machten es möglich, die Unabhängigkeit des Hauses teilweise durch die staatliche Autorität zu ersetzen. Die im ehemaligen Jugoslawien lebenden Albaner, vor allem die Landbevölkerung, behielten weiterhin eine relativ starke Beziehung zum Haus. Der jugoslawische Kommunismus war im Vergleich zu jenem in Albanien weniger stalinistisch und gestattete den Menschen ein wenig Privatsphäre. Mit den Albanern ging die Belgrader Regierung nie freundlich um, doch solange jene ihre Rechte nicht offen forderten, ließ man sie, vor allem die Landbevölkerung, in Ruhe. Aber auch die Tatsache, daß die Kosovo-Albaner die staatlichen Institutionen Jugoslawiens immer als fremd empfanden und sie nie richtig akzeptierten, trug sehr zu ihrer „Hausverbundenheit" bei.

Doch wollen wir jetzt einen Blick auf das albanische Haus werfen. In einer Gesellschaft, in der keine eigenen staatlichen Institutionen vorhanden waren – diejenigen des jeweiligen Eroberers wurden meistens ignoriert –, übernahm das Haus eine tragende Rolle im Leben jedes Albaners. Alle Abläufe rund um das Haus glichen allmählich mehr und mehr einem Ritual. Im Kanun heißt es: „Das Haus gehört Gott und dem Gast." Das Postulat in Bezug auf den Gast ist auch wortwörtlich gemeint. Jeder, der an ein albanisches Haus klopft und um Unterkunft bittet, ist ein Gast. Wurde beispielsweise jemand von einem Feind verfolgt und suchte auf seiner Flucht Rettung in irgendeinem Haus – sei es auch nur insofern, als er den Hausherrn rufend um Hilfe bittet –, war er automatisch dessen Gast und stand unter dem Schutz dieses Hauses. Verließ der Gast das Haus seines Gastgebers, befand er sich solange unter dessen persönlichem Schutz, bis er in ein anderes Haus eingetreten war.[5] Auf den Fliehenden zu schießen, solange er unter dem Schutz des Gastgebers war, hätte bedeutet, die Ehre des Hauses zu mißachten, wofür sich der Angreifer vor der Dorfgemeinschaft zu verantworten hätte. Denn die Verletzung des Gast- und Hausrechtes war eines der schlimmsten Vergehen gegen den Kanun. Sollte der Hausherr selbst das Gast- und Hausrecht brechen, waren dafür ebenfalls Strafen vorgesehen. Schon wegen eines Vergehens gegen die Sitz- und Tischordnung mußte man mit Geldstrafen rechnen. Wenn der Hausherr den Fehler begehen sollte, vor dem Gast mit dem Essen zu beginnen, hatte er 500 Groschen an den Bannerträger zu zahlen.[6] Als ein kapitales Verbrechen wurde jedoch das direkte Verletzen des Haus- und Gastrechtes betrachtet. Dazu ein Beispiel aus dem Jahre 1884, das Shtjefën Gjecovi aufgezeichnet hat: Ein Bauer aus dem Dorfe Gojan in Mittelalbanien war in Blutrache mit seinem Nachbarn. Nach einiger Zeit befreite er ihn von seiner Blutschuld und lud ihn als Gast zu sich nach Hause ein. Doch er brach das Hausrecht und rächte sich an seinem Feind, indem er ihn in seinem eigenen Haus erschoß. Daraufhin empörte sich die ganze Gemeinde und beschloß, die Todesstrafe über den Täter zu verhängen. Der Täter wurde öffentlich hingerichtet.[7] Dies ist gleichzeitig einer der wenigen bekannten Fälle, wo über den Vollzug einer Hinrichtung berichtet wird. Ansonsten bezogen sich die Strafen für besonders schändliche Taten auf das Haus selbst. Wer gegen den Kanun verstieß oder die Ehre des Hauses mißachtete, dem wurde das Haus niedergebrannt. Er und seine Familie mußten das Dorf für einige Zeit verlassen. Diese Beispiele sollen veranschaulichen, wie drakonisch die Gemeinschaft jene bestrafte, die gegen das Hausrecht verstießen.

Die Gepflogenheit, wonach das Haus nicht nur den Bewohnern, sondern auch einem Verfolgten Schutz bietet, erinnert an die heutige Funktion der Botschaften und des Asylrechts.

Selbstverständlich hat das Haus auch in der albanischen Folklore seinen Niederschlag gefunden. Bemerkenswert ist vor allem die Tatsache, daß in den nationalistischen Liedern, die während der Zeit der „albanischen Wiedergeburt" (Ende 19., Anfang 20. Jahrhundert) entstanden und die zum Widerstand gegen die Eroberer aufriefen, sehr oft das Motiv auftaucht: „Der Feind hat unsere Haustür betreten" oder „Der Feind hat unser Haus entehrt". Hier läßt sich bereits erkennen, daß das Hausgefühl im Zuge des „nationalen Erwachens" erweitert und nunmehr langsam auf die Nation projiziert wird. Nicht nur die Unabhängigkeit des Hauses wird beschworen, sondern auch die Unabhängigkeit der Nation. Entscheidender Faktor dieser Entwicklung ist meines Erachtens unter anderem die schrittweise Modernisierung der albanischen Gesellschaft. Die Mobilität, die Schaffung von Arbeitsplätzen außerhalb des Hauses, die Installierung von staatlichen Institutionen, mit denen sich die Bevölkerung zumindest teilweise identifizieren konnte, und die Verstädterung trugen gleichfalls zur Erweiterung des Zusammengehörigkeitsgefühls bei. Diese Entwicklung bedeutet jedoch nicht, daß die Souveränität des Hauses aufgegeben wurde – sie wurde nur erweitert.

Heutzutage verhält es sich so, daß der Kanun und „das Haus" im Bewußtsein der Albaner nicht mehr so klar wahrgenommen werden. Sie tauchen jedoch als Atavismen aus dem Unterbewußtsein auf, sobald das Nationalgefühl betroffen wird.

Die Wiederkehr der alten Atavismen ist am Beispiel des gewaltfreien Widerstandes im Kosovo sehr deutlich zu erkennen. Auf die gewaltsame Aufhebung der Autonomie des Kosovo antworteten die Albaner mit der Errichtung von parallelen Institutionen. Das von der serbischen Regierung entlassene Parlament und die Regierung konstituierten sich im Untergrund neu. Genauso verhielt es sich mit Schulen, Spitälern und Kultureinrichtungen. Für den Erhalt dieser Einrichtungen sorgt ein reibungslos funktionierendes Solidaritätssystem: Jeder Albaner zahlt drei Prozent seines Einkommens in einen von der Regierung organisierten Solidaritätsfonds ein. Alle Beschlüsse der albanischen Regierung werden respektiert, während die serbischen – so gut wie nur möglich – ignoriert werden. Diese Vorgangsweise erinnert stark an das Prinzip der Errichtung von Substrukturen – wie an jene des Kanuns zwecks Erhaltung der „häuslichen" Souveränität. Dahinter steckt das politische Ziel, das Funktionieren der serbischen Staatsmacht im Kosovo zu untergraben und gleichzeitig den Grundstein für einen unabhängigen Kosovo zu legen. Die derzeitige politische Führung der Albaner im Kosovo hat den Weg des friedlichen Widerstandes eingeschlagen, jede Form der Gewalt wird abgelehnt. Auf die brutale Vorgangsweise der serbischen Polizei reagiert die Bevölkerung mit großer Zurückhaltung. Auch wenn die serbische Polizei unschuldige Menschen auf offener Straße erschießt – und das kommt leider sehr oft vor –, wird nicht zurückgeschossen. Jeder ist sich bewußt, daß eine Racheaktion Folgen für die ganze Gemeinschaft, also für das ganze „Haus" nach sich ziehen würde.

In Symbole übersetzt, könnte man diese Situation auch so schildern: Das Symbol „Haus" steht für den Kosovo, für seine Bevölkerung und seinen Willen zur Unabhängigkeit. Das Symbol „Hausherr“ für die politische Führung der dortigen Albaner. Diese legt die Regeln fest, wie das Haus und seine Würde zu schützen ist. Jeder, der diesen Regeln zuwiderhandelt, verletzt das Hausrecht und gefährdet die Gemeinschaft. Daß Serbien dieses Recht vergewaltigt, empört zwar alle, doch man will nicht gleich zu den Waffen greifen. Indem die Albaner das Funktionieren der serbischen Staatsgewalt sabotieren, hoffen sie, der serbischen Regierung bald begreifbar zu machen, daß der Kosovo ihr Haus ist, daß sie die Regeln, wie sie darin leben wollen, selbst bestimmen, und daß der serbische Staat dort nichts verloren hat.

Allerdings gibt es innerhalb dieses gewaltfreien Widerstandes Ausnahmesituationen, in denen die Albaner doch Gewalt anwenden dürfen. Und zwar in jenen Fällen, wenn sie glauben, ihr Haus verteidigen zu müssen. Die Haltung der politischen Führung des Kosovo zu diesem Problem kann man etwa so wiedergeben: *Wenn ihr glaubt, zu Unrecht in eurem Haus und seiner Würde angegriffen worden zu sein, dann bleibt es euch überlassen, wie ihr mit den Angreifern umgeht.* Es verhält sich aber keinesfalls so, daß jedes Vorhaben der serbischen Polizei, ein albanisches Haus zu durchsuchen, mit Kugeln beantwortet wird. Schießereien haben immer nur dann stattgefunden, wenn die serbische Polizei versuchte, gewaltsam in ein albanisches Haus einzudringen. Hierbei kommt im engeren Sinne wieder das Gefühl der „Haus-Souveränität“ zum Vorschein.

Zusammenfassend kann man sagen, daß das Haus den Albaner als das Objekt durch die Geschichte begleitet hat, wo er sich trotz der langjährigen Fremdherrschaft frei, unabhängig und stolz gefühlt hat. Mit demselben Stolz präsentiert er sich der Gesellschaft auch heute noch: Die Menschen, die er auf der Straße trifft oder als Gast zu sich nach Hause einlädt, sieht er als Mitglieder anderer Häuser an, von denen er denselben Respekt beansprucht, den er ihnen entgegenbringt. Größe und Prunk eines Hauses mag einen Hausherrn ergötzen, eine sozial höhere Stellung bringt ihm der Reichtum seines Hauses in seiner Umgebung nicht ein. Der Kanun hat das Prinzip der Gleichberechtigung aller Häuser festgeschrieben, gleich, ob es sich um Villen, Häuschen oder Hütten handelt: „Ein Haus ist alles, wo es eine rauchende Feuerstelle und einen Kamin gibt.“

Anmerkungen

1 Siehe Walther Peinsipp, *Das Volk der Shkypetaren*, Graz–Wien 1985, S. 16
2 Ebd., S. 13
3 Ebd., S. 43
4 Ebd., S. 20
5 Ebd., S 131
6 *The Code of Lekë Dukagjini*, New York 1989, S. 138
7 Ebd., S. 231

Nation als Opium des Volkes

Die Instrumentalisierung des Nationalismus in postkommunistischen Gesellschaften

Dušan Reljić

Im Zirkus

Im alten jugoslawischen System war jeder Politiker, der etwas von sich hielt, bemüht, bald nach seinem Durchbruch zur Macht auch ein theoretisierendes Werk zu produzieren, um sich nicht nur als Praktiker der Politik, sondern auch als Denker darzustellen. Da sich das System als sozialistisch verstand, ging es in diesen Publikationen hauptsächlich um die Vorzüge des gesellschaftlichen Eigentums an Produktionsmitteln, die Arbeiterselbstverwaltung und den Internationalismus („Brüderlichkeit und Einheit" hieß die wichtigste Parole von Tito).

Gemeinsam für die nachjugoslawischen politischen Gebilde und tendenziell für die meisten postkommunistischen Systeme ist, daß sie die Nation über die Gesellschaft stellen und die Ethnie als Zweck und Mittel der Politik verstehen. Dementsprechend sind die aktuellen Politiker bestrebt, auch ein anderes Weltbild zu komponieren, zum bisher gewesenen kontrastierende Begriffe in Umlauf zu setzen und, nicht zuletzt, nationale Symbole zu rehabilitieren oder erst zu schaffen. Sie behaupten, die Nation wäre im gottlosen Sozialismus verdrängt und untergegangen und ihnen obliege es, ihr wieder zu alten Würden zu verhelfen.

So strengte sich unlängst diesbezüglich auch ein jüngerer unter den neuen Führern der serbischen Nation an, einer, der noch immer seinen Platz am Katzentisch der Macht hat und sich bemühen muß, weiterzukommen. Er sann nach, welches Symbol der serbischen Nation am besten zustünde und verkündete schließlich: „Nur der Wolf kann es sein. Nur der Wolf wird nie im Zirkus vorgeführt."

Oft wurde diese Sentenz nachher in national gesinnten Medien zitiert (der Wahrheit halber muß man hinzufügen, auch in einigen satirischen Publikationen).

Dem Autor war offensichtlich ein rühmlicher Beitrag zur nationalen Ideologie gelungen. Epik, Heroismus, auch Kritik an der Moderne, wenn man den Zirkus als Sinnbild für die profane Welt nimmt – und noch vieles mehr steckt in diesen wenigen Worten.

Da ist die Frage geradezu lästerlich, die sich aber nichtsdestoweniger aufdrängt, nämlich: warum nicht das Schaf? Das Schaf wird ja auch nicht im Zirkus vorgeführt.

Ein Diskurs mit der Partei der Wölfe über die Auswahl der nationalen Symbole ist aber unter den vorhandenen Gegebenheiten in Südosteuropa kaum denkbar.

Wahrscheinlich würde sie das Schaf, besonders jetzt in Kriegszeiten, nicht als ernste Konkurrenz auffassen. Dabei hat sich mit dem Dilemma Wolf oder Schaf als Nationalsymbol schon die frühe serbische Volkskunde beschäftigt.

In der Studie „Mythos und Religion bei den Serben", aus den zwanziger Jahren dieses Jahrhunderts, analysiert der Ethnologe Veselin Cajkanovic, wie sich in der Person des Heiligen Sava, der wichtigsten religiösen und mythologischen Figur der Serben, beide Symbole vereinen. Rastko Nemanjic, der spätere Hl. Sava (geboren um 1174 – gestorben 1235), war Fürstensohn, Schriftsteller, Mönch, Bischof, Politiker und Diplomat, angeblich auch Lebemann. In der kollektiven Erinnerung der Serben wurde er, wie Cajkanovic sagt, der „nationalste unter unseren Heiligen". „Formell war der traditionelle Heilige Sava ein christlicher Heiliger, ein sehr inbrünstiger Verbreiter des christlichen Glaubens, aber seinem Wesen, Charakter und Temperament nach, wie Mythen und Glauben bezeugen, die mit ihm verbunden sind, gehört er noch zur alten, vorchristlichen Zeit", schrieb der Ethnologe.

Dadurch wird auch klarer, warum der Hl. Sava im Volksglauben oft mit vorchristlichen Mythen in Zusammenhang gebracht wird. So heißt es, daß er am 27. Januar, seinem Heiligentag, alle Wölfe zu sich ruft und ihnen ihre Essenszuteilung für das kommende Jahr bestimmt. Er ist eindeutig der Wolfshirt, er nennt Wölfe seine Kameraden. Vor ihm soll man sich in acht nehmen, er ist jähzornig und grausam, wenn er bestraft.

Andererseits sind genausoviele Überlieferungen vorhanden, in denen der Hl. Sava als Schafhirte auftritt. Er bringt den Menschen landwirtschaftliches Wissen bei, besonders die Milchverarbeitung. Er wirkt als Aufklärer und Lehrer, allein seine Präsenz bewirkt Wohlsein und Besserung.

Das historische Idol in der Mythologie der Serben, die Figur, in der sie sich erkennen und erkannt werden wollen, ist also ambivalent; der Hl. Sava tritt sowohl als Chef der Wölfe als auch der Schafe auf. Ambivalent sind seine Charakterzüge und ist sein Handeln, somit auch die nationale Symbolik, die sich ableiten ließe. Wenn Politiker und Ideologen jetzt in der historischen, mythologischen und zoologischen Fundgrube nach dem Symbol der serbischen Nation suchen wollen, so sind sowohl Dämonen als auch Engel für dieses Amt gleichberechtigt legitimiert. Wie aber nicht nur das Beispiel aus dem Zirkus bezeugt, sondern auch präzisere Untersuchungen der populären Kultur im post-jugoslawischen und post-kommunistischen Serbien, wird überwiegend den ersteren der Vorzug gegeben.

Wassertropfen im Sand

Mit dem Zusammenbruch des nach dem zweiten Weltkrieg errichteten gesellschaftlichen und politischen Systems sind Menschen nicht nur im ehemaligen Jugoslawien, sondern auch in den meisten früheren kommunistischen Staaten in eine neue, ihnen nicht vertraute Welt geraten. Das frühere gesellschaftliche Koordinatensystem ist plötzlich verschwunden. Lebenswichtige Institutionen lösen sich über Nacht auf. Die seit wenigstens zwei Generationen eingeübten Verhaltensmuster gelten nicht mehr. Auch ist die kollektive Erinnerung an die vorkommunistische Gesellschaft verblaßt. Besonders nützlich wäre sie auch nicht, denn zum Großteil handelte es sich um vordemokratische Regime.

Verflochten mit dem Schwund politischer Werte ist der ökonomische Verfall. Arbeit als wichtigste Einkommensquelle für den größten Teil der Bevölkerung ist fast nicht mehr zu finden. Der Geldwert verflüchtigt sich wie Wassertropfen im Sand. Canetti beschrieb die Folgen der Geldentwertung so: „Nicht nur gerät durch die Inflation alles äußerlich ins

Schwanken, nichts ist sicher, nichts bleibt eine Stunde am selben Fleck – durch die Inflation wird er selber, der Mann, *geringer.*"

Man ist sich im frühen Postkommunismus seiner Identität nicht mehr sicher: oft im buchstäblichen Sinne des Wortes, wie es z.B. die Handhabung der staatsbürgerlichen Anerkennung in den jugoslawischen Nachfolgestaaten zeigt. Obwohl jeder Mensch davon ausgeht, gewisse natürliche Rechte in seiner Heimat zu besitzen, versteht es sich nicht von selbst, daß der neue Staat einem auch automatisch die Staatsbürgerschaftsurkunde ausstellt. Es muß zuerst ein Prozeß durchgeführt werden, in dem die Befähigung zur staatsbürgerlichen Zugehörigkeit nachgewiesen wird. Praktisch geht es darum, ob man „ethnisch rein" ist, und wenn nicht, dann „loyal", d.h. bereit, seine nationale Zugehörigkeit weitgehend zu unterdrücken. Personalausweis, Bankkonto, Paß, Arbeitsplatz, Verbleib in der eigenen Wohnung – all dies kann von der Entscheidung der zuständigen Behörde abhängen. Auf einmal kann man ein Fremder in der eigenen Heimat werden, niemand und nichts.

Menschen werden in der Anfangsphase des Postkommunismus auf ihre ursprüngliche Identität zurückgeworfen. Diese drückt sich durch Zugehörigkeit zu Geschlecht, Familie und Nation aus. Von diesen drei Dimensionen ist öffentlich relevant vor allem die nationale Zugehörigkeit.

Dadurch läßt sich die hervorstechende Rolle der Nation in der postkommunistischen Welt erklären. Menschen suchen nach neuem Halt in einer radikal veränderten sozialen Umwelt, und im Angebot ist allein die Nation. Von dem Bedürfnis der Menschen nach Geborgenheit macht die nationalistische politische Elite Gebrauch.

Sie legitimiert sich und ihr Interesse an der Macht nicht durch die Bemühung um das Wohlergehen aller Bürger (der politischen Nation) – denn das wäre im Ansatz sozialistisch und somit verfemt –, sondern durch ihren Einsatz für die ethnische Nation. Das bisherige kommunistische System hatte die Menschen, wie immerfort von den neuen Machthabern behauptet wird, unterdrückt mit dem Endziel, die Nation auszulöschen. Die gängigste Umschreibung des aktuellen politischen Projekts lautet, man wolle jetzt den biologischen Erhalt der Nation sichern, durch vielartige Formen ihrer Vermehrung.

Dieses Versprechen begeistert viele Menschen, die sich alleingelassen und hoffnungslos fühlen. Sie glauben sofort und von selbst, persönliche Vorteile vom neuen Zustand verspüren zu können, denn sie gehören ja zur Nation. Vielleicht ist auch die Besserung nicht materiell greifbar und läßt auf sich warten, aber allein die befreiende Hinwendung des Zorns auf andere Nationen, mit denen man verfeindet ist, bringt subjektive Erleichterung, wenigstens vorübergehend. Die neue politische Macht repräsentiert nicht die Gesellschaft, sondern die ethnische Nation. Dazu hat Professor George Schoepflin von der London School of Economics einleuchtende Gedanken formuliert. So meint er: „Die zivile Gesellschaft setzt Pluralismus, eine Summe miteinander verbundener, gegensätzlicher Interessen voraus. Eine Regierungsmacht, die die Gesellschaft repräsentiert, hat es mit Steuerzahlern zu tun, die gewisse Rechte gegenüber der Regierung besitzen. Aber eine Regierung, die die Nation vertritt, sieht nur Untertanen, die einen Beitrag zur Nation leisten müssen. Eine solche Regierung kann nicht in Frage gestellt werden, sie kann nicht einmal kritisiert werden. Die Opposition ist dazu verurteilt, als anti-national, nichtpatriotisch und korrumpiert durch ausländisches Geld gebrandmarkt zu werden. Letztendlich können Nationalisten keine Form von Selbstbeschränkung hinnehmen. Eine auf nationaler Homogenität beruhende Macht kann kein Verhältnis zu Minderheiten, nationalen und gesellschaftlichen, herstellen."

In der Wendezeit zwischen dem *Ancien régime* und der neuen, postkommunistischen Ordnung gelangen ideologische Stichwortgeber aus den Reihen der Intelligenz, die zur Macht oder wenigstens nach privilegierter gesellschaftlicher Stellung streben, zu einer besonderen Bedeutung. Sie kämpfen an der vordersten Front der Verabsolutierung der eigenen Nation und, wobei es sich um zwei Aspekte desselben Prozesses handelt, der Verteufelung der anderen ethnischen Gruppen. Dabei empfinden sie keine Scham, denn sie verstehen sich im Dienste der höchsten Instanz, eben der Nation. Sie glauben an das, was sie tun, weil sie den Glauben verkünden, nämlich an die Nation, als höchstes, nicht zu hinterfragendes Gut. Man hat es, wie Canetti sagt, mit Nationen zu tun, als wären sie *Religionen.*

Kein Zufall also, wenn letztlich in den sich als patriotisch verstehenden Medien ganz schamlos das Wort von den Serben als der *himmlischen Nation* seine Runden macht.

Welche Wonne, trotz der alltäglichen Misere und allgemeiner Perspektivlosigkeit, sich dann als Individuum nicht allein zu sehen, sondern als Teil einer erhabenen, größeren Masse von Auserwählten, eben „der himmlischen Nation". Damit läßt sich die tägliche Erniedrigung erdulden, viel zusätzliches Entbehren hinnehmen und in den Tag hineinleben, an dem die Nation, und mit ihr alle ihre Angehörigen, zur versprochenen wirklichen Größe gelangen.

Das angestaubte Marxsche Wort von der Religion als Opium des Volkes habe ich absichtlich wegen seiner in der Zwischenzeit angewachsenen Trivialität zur Vorlage für den Titel dieser Ausführung gewählt. Der Nationalismus ist eben endlos banal.

Die Nation ist zum Betäubungsmittel des Volkes geworden , so wie Marx die Funktion der Religion unter bestimmten Voraussetzungen aufgefaßt hatte. In der postkommunistischen politischen, ökonomischen und moralischen Leere betäuben sich die Menschen mit dem Glauben an die Nation. *Die Nation wird zum Opium des Volkes.* Es betäubt sich an sich selbst.

Der aggressive Wolf und nicht das nützliche Schaf ist dann als Symbol der Nation gefragt. Wer identifiziert sich schon gern mit pastoraler Harmlosigkeit, wenn unberechenbare Omnipotenz angeboten wird?

Wird das nationale Pathos zur Karikatur verzerrt, bekommt es groteske Züge. Man kann ihm, in einer freien Gesellschaft, vielleicht noch durch Ironie beikommen. In seiner weiteren Steigerung, wenn es zum Faschismus wird, wenn die Betäubung überhaupt nicht nachläßt, lebt der Nationalismus vom Tod und für den Tod. Er kann nur durch Selbstzerstörung oder Zerstörung von draußen enden. Diese Phase erleiden wir jetzt in Jugoslawien.

Die Verabreichung

Im zeitgemäßen Jargon würde man sagen, daß Nationalisten eigentlich *Junkies* sind. Den Stoff, aus dem ihre Träume von der Größe und Herrlichkeit des eigenen ethnischen Kollektivs sind, beziehen sie aus den Massenmedien. Berauscht vom Gefühl der Zugehörigkeit zur Nation haben sie den Eindruck, Brüche in der persönlichen Psyche überwunden zu haben.

Für die Homogenisierung der Nation, die auf der weitgehenden Aufgabe der Individualität beruht, hat in unserer Zeit das Fernsehen die größte Bedeutung. Die nationalistischen Stacheln, die Stichworte, formuliert von der Intelligenzija, rezipiert die existentiell bedrohte Bevölkerung an erster Stelle durch die Medien, die als Verstärker-Instrument des Rausches dienen. Die Television ist der größte *Dealer*. Vermutlich wäre es im Sinne Canettis, im Kontext mit dem Fernsehen von einem Massenkristall zu sprechen. Um das Fernsehen konstituiert sich die nationalistische Masse.

Zu den wichtigsten Gründen für diese eminente Rolle zählt die Tatsache, daß es wegen der allgemeinen Pauperisierung in vielen postkommunistischen Staaten für einen großen Teil der Bevölkerung das einzig zugängliche Medium der Information ist. Die meistgelesene Zeitung in Serbien und Montenegro erreicht gerade eine halbe Million Leser, bei einer Bevölkerung von über zehn Millionen. Aber die Abendnachrichten im Fernsehen werden von etwa der Hälfte der Bewohner konsumiert.

Zugleich ist das visuelle elektronische Medium, wie die Wirkungsforschung in der Kommunikationswissenschaft längst ausgewiesen hat, in seiner manipulativen Kraft nicht zu überbieten.

In einem Land wie Serbien, in dem ungefähr 50 Prozent der Stimmberechtigten keine acht Klassen der Grundschule absolviert haben, ist die Macht des monopolistischen staatlichen Fernsehens grenzenlos. Nur in der Hauptstadt gibt es private, unabhängige Fernsehsender, deren Reichweite aber in den Vorstädten aufhört. Der Rest des Landes ist hilflos dem staatlichen Monopol ausgeliefert. Fast identisch ist es in den übrigen ehemaligen jugoslawischen Republiken, viel anders auch nicht in anderen postkommunistischen Staaten.

Es wäre jetzt müßig, die Einzelheiten der Manipulationstechnologie des staatlichen Fernsehens darzustellen. Dieser Vorgang gestaltet sich nicht viel anders als im früheren totalitären System; er verläuft, nur wesentlich diskreter und sporadischer, nach denselben Grundregeln auch im demokratischen System.

Es gibt eine grundsätzliche Vorgangsweise bei der Verabreichung der täglichen Dosis des nationalistischen Opiums im Fernsehen und in anderen Medien. Sie bewirkt, um mit den Worten von Alexander und Margarete Mitscherlich zu sprechen, daß „eine dem Wahn ähnliche kollektive Realitätsverkennung habituell und zur offiziellen Meinung wird“.

Zum einen wird die eigene ethnische Gruppe immer als das unschuldige und bedauernswerte Opfer dargestellt. Dabei wird Sentimentalität in schwülstiger Form betrieben, denn sie ist, wie Ralph Giordano feststellt, „die unvermeidliche Schwester der Grausamkeit“.

Zum anderen wird nie zugelassen, daß Einfühlung in die Lage der gegnerischen Seite zustande kommt. Empathie wäre das Gegengift, das die betäubende Wirkung der kollektiven Auto-Fixierung behindern, vielleicht neutralisieren würde. Schuldgefühle könnten womöglich zum Durchbruch kommen, die Trauer über Geschehenes und Zugefügtes könnte stärker als die bisherige Gefühlsstarre werden. Konkrete Menschlichkeit könnte an die Stelle der Auflösung des eigenen Ichs in der unübersichtlichen nationalistischen Masse treten.

Die kollektive Ernüchterung wird von der Fortsetzung des Krieges in Jugoslawien verhindert. Die Beendigung des Krieges ist jedoch Voraussetzung für den Abbruch des Rausches. Wie lange die jugoslawische Selbstzerstörung andauern wird, bevor der Ausbruch aus dem Teufelskreis und Besinnung erfolgt, läßt sich noch immer nicht abschätzen.

Die massenhafte Erzeugung von Grössenideen

Über die nationalistische Selbstreproduktion.

Zarko Puhovski

Am Anfang war, wie bekannt, die Geburt. Und die war eine einheitliche, von ethnisch unbestreitbaren Eltern. Das war sozusagen im allgemeinen *The Birth of a Nation.* Diese generalisierte Formulierung weist auf das eigentliche Problem hin: das Wesen jedes nationalen Selbstverständnisses ist die Behauptung des Besonderen der jeweiligen Nation. Die Argumentationsmethoden und die aufgezählten Motive, die dabei verwendet werden, sind fast immer dieselben. Jeder seiner Sache mehr oder weniger bewußte Nationalist argumentiert also im Grunde *internationalistisch,* wenn er seine Positionen zu rechtfertigen versucht, er sagt praktisch dasselbe, was auch alle anderen Nationalisten sagen. Und mit diesem fundamentalen Widerspruch des nationalen Bewußtseins, der Ideologie oder der Weltanschauung muß auch die Theorie der Nation und des Nationalismus fertig werden können. Wenn man aber das Gegenteil behauptet, kann man möglicherweise mehr über das Konkrete der jeweiligen Nation erkennen, das Wesentliche muß jedoch notwendigerweise fehlen. Und das Wesentliche läßt sich in zwei Schritten nachweisen.

Erstens ist der Nationalismus in jeder objektiven Betrachtung der Geschichte älter als die Existenz des nationalen Bewußtseins. Die Nation formiert sich in der Tat als die stabilisierte Konsequenz des in einer politisch, territorial oder kulturell bestimmten Gemeinschaft angenommenen nationalistischen Selbstverständnisses. *Zweitens* existiert die Nation nicht nur als eine objektive Tatsache, sondern immer als ein Relationsbegriff, ein Verwahrungsbegriff, ja ein Kampfbegriff. Es gibt viele historische und soziologische, etymologische und philosophische Argumente, die das bekräftigen können. Die Geschichte jeder Nation ist viel älter als die eigentliche Periode der Existenz der Nationen; sie alle müssen ihre Tradition buchstäblich erfinden.

Canetti diskutiert zwei Hauptthesen im einführenden allgemeinen Teil seines Kapitels über „Massensymbole der Nationen“[1]. Er wehrt sich gegen die Ambition, die Definition „für das Nationale schlechthin“ zu finden, und behauptet, daß man dabei nur „etwas Lebendes am losen Zipfel eines zufälligen Gewandes“[2] packen kann. Es ist im gegebenen Kontext wichtig zu zeigen, zu welchen Widersprüchen dies bei Canetti selbst führt. Denn um diese These zu begründen, sagt er einfach, daß nicht alle nationalen Ideologien gleich wären. „Man muß sich“, sagt Canetti, „die Mühe nehmen ... das Eigentümliche im Falle jeder Nation zu bestimmen.“[3] Die Frage ist aber, nicht nur im traditionellen philosophischen Blickfeld, wie man das spezifisch Eigentümliche bestimmen kann, ohne über allgemeine Begriffe zu verfügen. Und jeder von diesen hat die entsprechende Definition nötig.

Es bleibt die entscheidende inhaltliche Frage über die Rechtfertigung der Differenz zwischen Wollen und Sein in Anbetracht der nationalen Ideologien. Was besagt eigentlich die Aussage, daß alle Nationalisten dasselbe wollen, doch nicht dasselbe sind?[4] Gewiß nichts anderes als die Tatsache, daß man alle nationalistischen Ideologien ein und demselben Begriff unterordnen darf. Denn das Wollen ist das Wesen jeder Ideologie; die Ideologien unterscheiden sich nicht angesichts ihrer Herkunft oder ihres Daseins, sondern gerade nach Art und Weise ihrer methodologischen Ideologiebildung.

Das aber, was alle nationalen Ideologien wollen, ist nicht nur die Behauptung der Existenz der eigenen Nation, sondern die Absonderung, die Differenz gegenüber allen anderen, um die eigene Überlegenheit zu beweisen. Und das tun sie alle mit denselben Mitteln. Der Satz der kollektiv vermittelten Nationalidentität, charakteristisch für Millionen von Menschen, ist nicht von der Form A=A, sondern A ist kein B.

Canetti analysiert auch die „naive" Methode, die nur an der eigenen Nation interessiert ist und der alle anderen gleichgültig sind.[5] Aber so naiv ist kein Nationalist, denn es gibt nichts Gleichgültiges im Nationalismus oder auch im nationalen Bewußtsein. Das muß auch Canetti zugeben, indem er von einem „unerschütterlichen Anspruch auf Überlegenheit" spricht, und das hat ganz sicher nichts mit der Gleichgültigkeit zu tun.

Es scheint doch wenigstens fraglich zu sein, ob man über Nationen und nationale Ideologien nur im Sinne eines Blätterns in einem Katalog der Einzelfälle denken und debattieren kann. Und wenn doch allgemeine Begriffe zu verwenden wären, dann ist das *Konfliktpotential* jeder nationalen Idee das Wesentliche an der Sache. Und gerade das, was man heutzutage so populär als postkommunistische Situation bezeichnet, kann diese einführenden Behauptungen demonstrieren.

Was man in den letzten Jahren nach dem Zerfall des sogenannten real existierenden Sozialismus erfahren hat, ist eine neue Rolle der nationalen Ideologien. Zum ersten Mal waren sie in der Lage, gegen einen Gegner anzutreten, der eindeutig undemokratisch war, einen Gegner, gegenüber dem man die nationale Position als eine demokratische ausspielen konnte. Das hatte wichtige Konsequenzen für den aktuellen Nationalismus in Südosteuropa. Aber auch in dieser veränderten Rolle hat sich – leider ganz fürchterlich – das schon genannte Konfliktpotential des Nationalismus zweifellos beweisen können.

Die Frage, die man in Bezug auf den demokratisch auftretenden Nationalismus stellen muß, ist jedoch eine methodische. Wie kann man nämlich versuchen, eine Ideologie oder Weltanschauung (Nationalismus) mit einer politischen Ordnung (Demokratie) überhaupt zu vergleichen? Oder ist es doch so, daß man beide Begriffe entweder als ideologische oder als Beschreibungen der Ordnungen versteht?

Einer der methodischen Tricks ist die Reduktion der Abstraktheit, die mit solchen Termini im Prinzip intim verbunden ist. Das zu tun ist umso leichter, da es sich hier um Nationalismus und Demokratie in der postkommunistischen Welt handelt. So hat man zwar nicht alle methodologischen Probleme eliminiert, aber wenigstens sollte der Kontext verständlich sein. Nun ist aber auch die Bezeichnung „die postkommunistische Welt" eine irreführende, denn der neue Tatbestand bezieht sich doch nicht nur auf die ehemaligen Länder des „real existierenden Sozialismus", die postkommunistische Welt pulsiert auch mitten im Kapitalismus, mitten in der freien Welt, die ebenso jahrzehntelang, wenn auch negativ, vom Weltkommunismus mitgeprägt war.

Es ist evident, wie groß die Unterschiede zwischen den verschiedenen Teilen dieser postkommunistischen Welt sind. Es handelt sich nicht nur um die evidenten Differenzen im Lebens-, Kultur- oder Bildungsstandard, sondern, besonders im Lichte unserer Diskussion, um die fast unvergleichbare politische Grundsituation. Und nun auf die einleitende Vorfrage zurückkommend: könnte man eventuell sagen, daß man ehemalige kommunistische Länder im Grunde mit Nationalismus kennzeichnen kann und die sogenannten postkapitalistischen im Westen als schlicht demokratische Gemeinschaften? Denn, wie auch immer man Nationalismus definieren mag, er besagt *eine Forderung* als wesentlich politische Orientierung, ein Kampfprojekt, eine Konfrontation, im Grunde also einen Mangel – denn gerade, weil wir etwas wollen, was wir nicht haben, und glauben, damit im Recht zu sein, sind wir eben Nationalisten. Das behaupten nolens volens alle Nationalisten und ebenso die Kritiker des Nationalismus. Andererseits ist die Demokratie *ein Zustand,* eine organisierte politische Gemeinschaft, ein Verfügen über die prozedurale Möglichkeit, Probleme ordnungsgemäß zu lösen, im Grunde also ein wohltemperiertes politisches Universum.

Die Demokratie braucht die Existenz des Volkes als einer Gemeinschaft der rationalen Individuen. Die nationale Ideologie vermittelt dagegen eine durch die Autorität der Nation gegebene Gefühlsgemeinschaft, die sich soziologisch oder sozialpsychologisch als Masse offenbart. Die theoretisch-politisch interessierten Kritiker der Massengesellschaft, von Ortega y Gasset bis zu Canetti, haben oft die positive Seite der liberalen Weltanschauung ihrer Kritik vorausgesetzt. Die Position der Liberalen stützt sich auf Erfahrungen, die der Mehrheit ihrer potentiellen Adressaten im geographischen Südosten und Osten Europas ganz und gar fremd erscheinen. Tatsache ist, daß wir fast alle Nachfolger eines ethnischen Wirrwarrs, eines nationalen, kulturellen und sprachlichen Mosaiks sind, und bekanntlich hilft auch die Rassenkunde nicht, den gemeinsamen Geburtsort wiederzuentdecken. Millionen Einwohner des ehemaligen real-existierenden Sozialismus glauben oder besser fühlen, daß die nationalistischen Lösungen die einzigen sind, die einen Ausweg aus dem Kommunismus gezeigt haben und weiter zeigen. Wie Canetti glaube auch ich, daß diese Millionen, von Triest bis Wladiwostok, auf dem falschen Weg sind. Aber zur Zeit, das heißt wenigstens kurzfristig, kann man im Rahmen der *demokratischen* Politik nicht viel dagegen tun. Und wie es zu Zeiten der undemokratischen Politik war, das ist noch ganz frisch in der Erinnerung gerade dieser Millionen, ist einer der Gründe ihres Verhaltens.

Die liberal-demokratische Option impliziert einen scharfen Gegensatz zum Willen der „lokal" anwesenden und tätigen Menschen. Die brodelnde Gegenwart kann man ohne weiteres nicht nur als den Beginn einer neuen Epoche, sondern gleichsam als Laboratorium der Geschichte verstehen. Wie steht es in dieser Hinsicht mit jener nicht leicht durchführbaren Forderung des Schutzes der Minoritäten, ohne den man überhaupt nicht von einer demokratischen Konstitution der nationalen Gemeinschaft sprechen kann? Wer sind eigentlich diese Minoritäten, die offensichtlich so wichtig für die postkommunistische Zeit sind? Ist es nicht so, daß wir in der früheren Periode zu viel mit einer gewissen Minderheit zu tun hatten, nämlich mit der selbsternannten Führungsschicht, und daß jetzt endlich die Mehrheit das Sagen haben sollte?

Der rationale Kern dieser Fragen ist im systematisch-politischen Sinne mit dem uralten Problem der Subjekte der Demokratie gleichzusetzen. Typisch postkommunistisch sind hier nur symbolisch präkonstituierte *Kollektivitäten* als Kandidaten für die Rolle des lokalen politischen Subjekts. Die Frage der Demokratie ist immer wieder die Frage über die Möglichkeit eines Typs von Integration, d.h., die Subjekte der Demokratie sollen nach ihren wesentlichen Voraussetzungen auch selbst auf gewisse Weise konstituiert werden. Womit wir es aber hier zu tun haben, sind schon *vorformierte Subjekte,* Kollektivitäten, die man jetzt post festum demokratisch legitimieren soll. Die Bildung dieser Kollektivitäten ist nur als Konsequenz der hervorragenden Massengefühle der Individuen möglich. Diese Gefühle hängen von der Vorstellung der kollektiven Größe ab. Und die wahrhaftigen Massensymbole *aller* Nationen sind gerade diese kollektiven Größenideen, mit denen sich Canetti im Kapitel „Herrschaft und Paranoia" befaßt hat. Es ist wirklich so, wie Canetti mit Bezug auf die Individuen behauptet, daß auch in den nationalistischen Gemeinschaften die *Paralyse* vielfach „durch eine massenhafte Erzeugung von *Größenideen* ausgezeichnet"[6] ist. Das gilt besonders für das nachkommunistische Potential dieser Gesellschaften: als ein Potential für plurale Integrationspraktiken.

Die eigentliche, selbstgestellte Aufgabe der demokratischen Ordnung ist so schon von vornherein etwas, was an Ort und Stelle nicht gebraucht wird. Denn die „wirkliche" Integration ist schon vorausgesetzt, man behauptet sogar, sie war schon immer anwesend, jetzt könne sie an die Öffentlichkeit treten. Das Subjekt wird nicht im demokratischen Handlungsprozeß selbst konstituiert, sondern vielmehr demokratisch verkleidet als eine traditionsreiche, geschichtlich schon immer anwesende Gestalt, die jetzt nur neue, sogenannte europäische Wege der politischen Handlung wagen soll.

Die wenigstens vorläufige Antwort auf die Frage, warum man auf solche Prozesse in praktisch allen ehemaligen kommunistischen Staaten trifft, hat sicher mit der Konstitution des *Ancien régime* zu tun. Nur so kann man verstehen, warum für diese Länder die neuen Integrationspraktiken nicht einmal als eine angestrebte Utopie akzeptabel sind. An die Stelle solcher Praktiken kommt eine Weltanschauung, die ganz sicher keine Koexistenz der Lebensformen, keine entsprechende Offenheit beansprucht. Eine Weltanschauung, die sich als eine so ursprüngliche versteht, daß sie überhaupt keine Konkurrenten entdekken kann. Noch einmal erhebt sich also die Frage über die wesentlichen Züge des ehemaligen Regimes, die zur jetzigen Situation geführt haben.

Die Systeme des sogenannten real-existierenden Sozialismus haben eine originelle Form des erzwungenen Zusammenlebens entwickelt. Es ist schon phänomenal, daß der Kommunismus nur als eine Diktatur der Politik, der politischen Sphäre, des parteistaatlichen Amalgams über die Gesellschaft oder der „materiellen Produktion" existieren konnte. Der Staat hat eine wesentliche Rolle übernommen, aber nicht nur eine Kontrollfunktion, eine Funktion des Apparates, sondern mit Sicherheit auch die Funktion des ökonomischen Initiators. Der Staat war in einem solchen System der wirkliche Produzent, der das Materielle der Gesellschaft, ja die Gesellschaft selbst produzierte. Das Produkt dieses Prozesses war dann etwas, was man als *Machtüberschuß* bezeichnen könnte: Das System hat die Macht selbst reproduziert, viel mehr Macht, als es wirklich brauchen konnte. Daß das Erzeugnis ein politisches war, war nur deshalb möglich, weil von Anfang an der sozialistische Staat die Ökonomie nur als Haushalt behandelt hatte, als etwas, was man nach eigenem Vorbild produzieren und reproduzieren konnte. Der einstige Überbau der Marxschen Kritik der politischen Ökonomie agierte jahrzehntelang in der umgekehrten Position als faktische Basis eines neuen Systems. Es war ein im wesentlichen ideologisch prästabilisiertes System, ein System, in welchem nur das möglich war, was ideologisch vermittelt wurde. Man hatte die ganze Zeit eine Quasipolitik auf der Ebene der Symbole statt eine Sachpolitik geführt, und das hatte ganz direkte Konsequenzen für die postkommunistischen Ereignisse der jetzigen Zeit.

Die Massensymbole der Nation hatten damit schon einen vorbereiteten, gemütlichen, methodischen Platz in der sogenannten politischen Sphäre. Der real-existierende Sozialismus war auch ein System, in dem nur das Gestattete zur Realisierung freigegeben war, denn die gesellschaftlichen Interessen wurden nicht offen vertreten, es gab auch keine methodische Möglichkeit für einen Pluralismus oder für eine kritische Rolle der Öffentlichkeit.

So ein System hat deswegen als gigantischer Kühlschrank funktioniert, es hat alle politischen Tendenzen – mit Ausnahme der offiziellen – illegalisiert und sie damit aber konserviert. Nachdem das System untergegangen war, haben sich die politischen Szenen fast über Nacht im Sinne der vorkommunistischen Verhältnisse im jeweiligen Land rekonstruiert. Man versuchte prompt, alte Rechnungen wieder aufzumachen, aber es waren schon Rechnungen, die Elemente auch aus der kommunistischen Periode beinhalteten. Das war eine der *systematisch* übertragenen Quellen der aktuellen Konflikte in den postkommunistischen Staaten.

Eine andere Quelle, die zur Konkretisierung dieser Konflikte geführt hat, war auch mit dem alten Regime innigst verbunden. Alle Bemühungen der Untertanen des real-existierenden Sozialismus, sich zu gruppieren, ohne von den ideologischen Apparaten des Staates vermittelt zu sein, hatten im Grunde nur dann eine Chance, wenn sie sich als ethnisch fundierte Gruppen zu verstehen gaben, die sich als *solche* gegen die jeweiligen Machtgruppen oder letztendlich gegen die Russen richteten. Es war nämlich unmöglich, diese Art von Gruppierung zu verhindern, da Sprache, Brauchtum, Religion oder nur die Namen es diesen Untertanen immer aufs neue ermöglicht haben, sich als Mitglieder ein und derselben Gruppe zu verstehen. Viele Oppositionsgruppierungen waren sich ziemlich lange dieses Kontextes gar nicht bewußt, so daß sich in vielen Fällen das, was eigentlich der Kern der zivilen Gesellschaft sein sollte, sich in Wirklichkeit als neu interpretierte oder gar gegründete nationale Gemeinschaft entpuppt hat. Der *inhaltlich-politische* Aspekt der diskutierten Ereignisse und der notwendigen kritischen Analyse ist damit gegeben.

Die dritte Quelle hat mit dem Hauptmotiv der kommunistischen, systematisch ideologisierten Weltanschauung zu tun. Es ist das Motiv des Klassenkampfs, und beide Wortteile sind damit gemeint. Das Motiv der Klasse, genauer gesagt der Arbeiterklasse, war für die Betonung der kollektivistischen Bilder der Politik in jenen Ländern verantwortlich. Das Motiv des Kampfes hat dazu geführt, daß es fast normal wurde, die politischen Angelegenheiten als Freund/Feind-Verhältnis zu verstehen und zu deuten. Was man einst von Lenin gelernt hat, haben seine Schüler jetzt indirekt zurückgezahlt zugunsten der Verbreitung einer reduzierten Version seines Verständnisses von Politik. Mit einer Bemerkung von Canetti aus seinen Aufzeichnungen aus der *Provinz des Menschen* bleibt die wesentliche Frage eher eine rhetorische: „Kann ein Feind dich die Freiheit lehren?“[7] Wenn also nicht, dann ist diese ideologisierte Feindlichkeit, die der postkommunistische Nationalismus geerbt hat, ganz gewiß auch mit dem Anspruch auf die Freiheitsordnung sehr schwer zu kombinieren.

Nicht zuletzt dieses Kampfmotiv hat stark dazu beigetragen, daß man die postkommunistische Gemeinschaftsbildung wesentlich polemisch verstanden hat. Denn sie sollte vor allem eine antikommunistische, aber auch gegen den traditionellen Feind gerichtete Gemeinschaft sein. Praktisch alle Nationen, die im real-existierenden Sozialismus existiert haben, behaupten, daß sie besondere Opfer des Systems waren. Eben deswegen ist es das höchste Ziel jeder vom Kommunismus emanzipierten Nation, die völkerrechtlich anerkannte Staatssouveränität zu konstituieren – als Schutz gegen alle Feinde. Somit ist dann auch die *prozedural-politische* Voraussetzung der unmittelbaren postkommunistischen Lage ins Spiel gebracht worden.

Die oben erwähnten Quellen des heutigen postkommunistischen Nationalismus sind nicht Elemente, die die aktuelle Situation endgültig verständlich machen können, sondern sind vielmehr Aspekte, die den Unterschied zum gegenwärtigen westlichen Nationalismus erklären sollen. Es ist eine andere Frage, die man jetzt noch nicht beantworten kann, ob in der Perspektive eine negative Wechselwirkung stattfinden könnte, ob nämlich die südöstlichen Nationalismen die westliche Situation tatsächlich beeinflussen können, oder ob der Einfluß der westlichen Praxis der Demokratie auf die postkommunistischen Länder die Überhand behält.

Es handelt sich um die Nationalismen. Sie haben vieles gemeinsam, aber jenseits ihrer Herkunft zeigen sie verschiedene Formen und Wirkungen. Sie sind alle mehr oder weniger undemokratisch, einige aber ganz direkt antidemokratisch oder sogar kriegerisch ausgerichtet. Alle betrachten aber die Demokratie als ein Mittel für ihre Zwecke. Gerade deswegen ist es nicht genug, nur über die Rechte der Minderheiten zu sprechen, obwohl das zur Zeit das Problem dieser Länder ist. Die Individuen sind dann nur noch die Glieder der Ganzheit, nicht also Mit-Glieder, nicht in der politischen Praxis der Gemeinschaft mitwirkende Subjekte. Sie sind nur Momente einer Ganzheit, die für sie ab dem Zeitpunkt der Geburt nicht nur politisch, sondern auch geschichtlich, kulturell, sprachlich und religiös konkurrenzlos agiert. Und dabei ist es nicht möglich, daß vielfältige Lebensformen gleichberechtigt koexistieren.

Der lange und mühsame Weg zur Demokratie hat noch nicht recht begonnen. Vielmehr kann man ernsthafte Signale einer Bewegung in die Gegenrichtung erkennen. Und doch verfügt man jetzt wenigstens über einige institutionelle Voraussetzungen, die bisher verboten waren. Die Situation ist in dem Sinne völlig entgegengesetzt zur westeuropäischen Geschichte. Im Westen hat man auf Basis der zivilen Gesellschaft schrittweise demokratische Institutionen erkämpft, und das dauerte in jedem einzelnen Land unter verschiedenen Bedingungen jahrzehntelang. Im postkommunistischen Südosten Europas kamen die demokratischen Institutionen buchstäblich von oben, da es nur dem vom alten System zurückgebliebenen politischen Bereich möglich war, die Änderung vorzunehmen. Die zivile Gesellschaft ist noch in Windeln, nur der nationalistische Inhalt war schon bereit, um das entstandene politische Vakuum auszufüllen. Eine überwiegende Mehrzahl der Bürger hat sich ohne weiteres für die Marktwirtschaft entschieden, und das hat sich auch sehr schnell für viele von ihnen als eine zumindest nicht optimale Lösung gezeigt. Der wesentliche Unterschied zu „laboratorischen" Umständen der sozialen, politischen und moralischen Theorie war jedoch die Tatsache der hohen Emotionalisierung der Öffentlichkeit, die darüber zu entscheiden hatte.

Wir alle haben uns vom real-existierenden Sozialismus selbst befreit. Der Preis für diese Subjektivierung ist aber ein sehr hoher und in der Perspektive vielleicht auch ein unerträglicher. Die Lage ist ungünstig für demokratische Projekte, da gerade das Hauptsymbol dieser relativen Befreiung, die nationale Souveränität, jede Intervention von außen behindert oder relativiert. Auch in diesem Sinne bedeutet nationale Souveränität als äußerste Konsequenz nationale Ideologie, selbstgewählte *Provinz des Menschen* als quasi natürliche Umgebung seiner Existenz.

Nur wenn die Situation eine zweifellos desolate ist, wagt man etwas zu unternehmen, was auch die direkte Einmischung der internationalen Gemeinschaft einschließt. Das hat beispielsweise der Krieg in Jugoslawien oder der Bürgerkrieg in der Sowjetunion gezeigt. Jetzt sind wir Zeugen einer internationalen Militärintervention im ehemaligen Jugoslawien, eines offiziellen Vorschlags, in die Zustände in Bosnien und Herzegowina so zu intervenieren, daß das höchste Gericht der Republik mit einer Mehrheit von Richtern aus dem Ausland zusammengesetzt würde. Es gibt ähnliche Versuche, die Frage der Minderheitenrechte innerhalb Kroatiens oder anderer ehemaliger jugoslawischer Republiken zu lösen.

Doch nicht alle postkommunistischen Staaten leben unter solch schweren politischen Bedingungen. Viele Probleme haben mit der Ökonomie zu tun. Das alte System war unfähig, solche Probleme überhaupt wahrzunehmen. Die Ereignisse der letzten Jahre waren im wesentlichen *politische* Ereignisse, so daß sie wichtige Aspekte des Funktionierens des alten politischen Apparates intakt ließen.

Alle postkommunistischen Staaten müssen Probleme mit dem Nationalismus und Schwierigkeiten mit der Demokratie erfahren. Die entscheidende Frage des Augenblickes ist die über die Möglichkeit der Transformation des Gliedes der Ganzheit zu einem Staatsbürger und besonders der vorgegebenen Kollektivität in eine Wahlkollektivität. Aber mit dem Souveränitätsgedanken und in der Praxis versucht jede Nation, konkurrenzlos zu bleiben, denn die Souveränität tendiert zum Ausschließen fremder Personen und zum Einschließen fremder Territorien. Das ist gerade die völkerrechtliche Verkleidung des schon erwähnten Konfliktpotentials der nationalistischen Ideologie schlechthin. Wenn nicht zum Kriege, führt das aber zu einer Situation, in der dieser Übergang unmöglich ist, denn die politisch dominierende Position der Nation unterstellt, daß der ursprüngliche Konsens fest gegeben ist und daß ihm alle buchstäblich nur folgen müssen. Auch die demokratischen Regeln sind immer durch diesen vorausgesetzten Konsens wenigstens teilweise vorbestimmt und damit im besten Fall nur teilweise demokratisch.

Das Wesentliche an diesen Schwierigkeiten der notwendigen Umwandlung zur Demokratie ist aber, daß diese Ambition zur Zeit demokratisch undurchführbar ist. Manchenorts besagt das eine Intervention in die fortlaufende Diskussion, im jugoslawischen Raum leider einen vorpolitischen Versuch, den Krieg zu unterbrechen. So eine Rationalisation beginnt auch mit solchen Versuchen, die ganze Situation nicht nur im allgemeinen, sondern auch detailliert zu verstehen und zu erläutern. Wie ist es möglich, diesen Teufelskreis der sich selbst paralysierenden Umbrüche zu unterbrechen. Eine Situation, in der Kollektivität, so, wie das Canetti schildert, paranoid subjektiviert wird.

Anstatt einer detaillierten Analyse der verschiedenen Symbole einiger der „wichtigeren" europäischen Nationen habe ich hier zu zeigen versucht, daß wenigstens die weniger wichtigen und doch auch europäischen Nationen viel gemeinsam haben. In der konkreten Situation hauptsächlich deswegen, weil ihre unmittelbare Vergangenheit gemeinsame Züge hatte. Aber das ist nicht alles. Die südosteuropäischen Provinzen zeigen doch einige verallgemeinerungsfähige Charakteristiken jener nationalen Ideologie, die wie jede Ideologie der kollektiven Identitätsbildung immer aufs neue zu Konflikten führt.

Anmerkungen

[1] Elias Canetti, *Masse und Macht*, Frankfurt am Main 1980, S. 185–197
[2] Ebd., S. 185
[3] Ebd.
[4] Siehe ebd.
[5] Siehe ebd.
[6] Ebd., S. 451
[7] *Die Provinz des Menschen*, Frankfurt am Main 1987, S. 188

Massensymbole und Massenmythen des spanischen Nationalismus

Jon Juaristi

Spanien bildete früher als jedes andere europäische Volk eine Nation. Es hörte auf, eine zu sein, als die ersten modernen Nationalstaaten entstanden. Gerade dort wurzelt seine Originalität und sein Elend. Spaniens Gründungsmythos, die *Reconquista*, entstand Ende des Mittelalters, als die christlichen Königreiche der Iberischen Halbinsel zur Eroberung der moslemischen Herrschaftsgebiete schritten. Es war diese Ausbreitung der Königreiche, ausgehend von den nördlichen Bergen (León, Castilla, Navarra und Aragón) bis in den Süden, die in den Werken der christlichen Chronisten als Restaurationsprozeß des westgotischen Spaniens interpretiert wird, das im Jahre 711 wegen der arabischen Eroberung zugrunde gegangen war.

Die Spanier nahmen nicht an den Kreuzzügen teil, erlebten aber die letzten Jahrhunderte des Kampfes gegen die Moslems auf der Halbinsel als einen *Kreuzzug*. Aus ihm entstanden die ersten Nationalsymbole: der Apostel *Santiago* als christlicher *Caudillo* (Santiago, der „Moslemtöter", der über Moslemleichen reitet) und seine weltliche und heroische Variante, der *Cid Campeador*, Hauptfigur der alten castellianischen Epik. Der Kreuzzugsgeist wandte sich, nach der Unterwerfung der spanischen Moslems, der Eroberung Amerikas zu, deren Helden Hernán Cortés, Francisco Pizarro und Pedro de Valdivia waren, wobei die Indios die Stelle der Moslems einnahmen. Santiagos Ikonographie übersiedelte auf amerikanischen Boden – in zahlreichen mexikanischen und peruanischen Kirchen kann man das Bildnis von Santiago sehen, wie er indianische Häuptlinge zermalmt. Nach der Unabhängigkeit der amerikanischen Republiken bekämpften spanische Anhänger des Absolutismus die Liberalen in selbsternannten Kreuzzugskriegen. Als Kreuzzug wurde von den spanischen Bischöfen auch der Militäraufstand von 1936 gegen die Republik bezeichnet.

Kein europäischer Staat hat in den letzten Jahrhunderten unter so vielen Bürgerkriegen gelitten. Das wahrscheinlich Charakteristische an Spanien ist der Fortbestand der inneren Spaltung. Bis vor kurzem war Spanien eine geteilte Nation, eine Nation im andauernden Bürgerkrieg. Deshalb ist es nicht erstaunlich, daß die Massensymbole für die jeweiligen Seiten verschieden waren. Die Absolutisten vereinnahmten im 19. Jahrhundert den nationalen Ursprungsmythos, die Reconquista, für sich und bezeichneten ihre Gegner als Ebenbild der moslemischen Eroberer. Dieses archaische Bild stützte sich auf die Tatsache, daß die Spanier andauernd gegen den Islam kämpften, lange noch nach der Reconquista: im 16. Jahrhundert im Mittelmeer gegen die Türken und in Granada gegen die aufständischen Morisken, während des 17. Jahrhunderts ohne Waffenruhe gegen algerische Seeräuber, die die östlichen Küsten der Halbinsel plünderten. Mitte des 19. Jahrhunderts und im ersten Drittel des 20. führten sie Feldzüge gegen die Marokkaner in Nordafrika. (Der Militäraufstand gegen die Republik, der den Bürgerkrieg verursachte, fing in den Militärgarnisonen von Marokko an.) Spaniens letzter Kolonialkrieg richtete sich ebenfalls gegen die Marokkaner, in Sidi-Inffi, südlich von Marokko.

Der Reconquista-Mythos ist eng verbunden mit dem Mythos des *Verlusts von Spanien*. In der Fassung der Chronik des Bischofs Lucas de Tuy – Anfang des 13. Jahrhunderts – hatten die arabischen Eroberer auf die Hilfe der spanischen Juden und des Gouverneurs von Ceuta, Graf Don Julian, gesetzt, der sich so am spanischen König Rodrigo rächte, der dessen Tochter vergewaltigt hatte. Aber die moslemische Eroberung wäre nicht möglich gewesen ohne den Verrat eines Teils des spanischen Heeres, das in der Schlacht von Guadalete im Jahre 711 zur arabischen Seite übertrat.

Die imaginäre Vorstellung, auf die sich der nationale spanische Mythos gründet, ist die einer *Doppelmasse*. Anders gesagt: das Massensymbol der Spanier ist der *Krieg* selbst – Krieg gegen einen Feind, der zur selben Zeit einer von außen (der Islam) und von innen (die Juden und die Verräter) ist. Der Dichter Antonio Machado prägte den Ausdruck „die zwei Spanien", um die Spaltung des spanischen Volkes in zwei unversöhnliche Teile zu beschreiben. Ein anderer gegenwärtiger Dichter, Jaime Gil de Biedema, nahm diese Idee für ein Gedicht bezüglich der Lage Spaniens nach dem Sieg Francos: „Halb Spanien besaß es ganz / mit der Vulgarität, mit der totalen Verachtung / zu der es gegenüber den Besiegten imstande ist / ein unzugängliches Ziegenhirtenvolk."

Der nationale Mythos der Reconquista hat paradoxerweise einen moslemischen Ursprung. Die spanische Idee des Kreuzzuges ist nichts anderes als die Übertragung des islamischen Begriffs *yihad* (heiliger Krieg) ins christliche Lager. Obzwar in der Moderne die Liberalen – und später die Linken – diesen Mythos als reaktionär ablehnten, haben sie ihn in opportunistischer Weise immer wieder benützt. So 1859, als die liberal-fortschrittliche Regierung des Generals O'Donnell den traditionellen Ausruf „Krieg den Mauren!" wiederbelebte, um ihre kolonialistische Intervention in Marokko zu rechtfertigen, als eine Fortsetzung der Reconquista. Auch die republikanischen Parolen von 1936–1939 manipulierten das antiislamische Volksgefühl gegen die aufständischen Generäle, die aus Afrika marokkanische Söldner mitbrachten. Aber dies sind Ausnahmefälle. *Der* nationale Mythos des revolutionären Spanien, mit dem sich nacheinander Liberale und Sozialisten identifizierten, war der Mythos der *Verbannung*.

Seit dem Ende des Mittelalters wurden alle inneren Auseinandersetzungen in Spanien durch eine erzwungene Verbannung eines Bevölkerungsteils beigelegt: 1492 vertrieben die Reyes Catolicos die Juden; zwischen 1606 und 1613 zwang Philipp III. die Morisken, Spanien zu verlassen; 1823 flüchteten die Liberalen und 1939 jene Republikaner, die es noch konnten. Außer diesen gibt es in Spanien noch andere, weniger bekannte Verbannungen: die der religiösen Reformer im 16. und 17. Jahrhundert; die der Jesuiten 1767; die der Anhänger von José Bonaparte 1813; die der Traditionalisten und Föderalisten nach dem Bürgerkrieg im 19. Jahrhundert usw. Der Archetyp der Verbannung ist die *Vertreibung der Juden*. León Felipe, der große Dichter des republikanischen spanischen Exils, wandte sich an das Bild der verbannten Sepharden, um in ihm das erzwungene Exil der Besiegten des letzten Bürgerkrieges zu symbolisieren; dasselbe tat der repräsentativste Dichter der „Inneren Verbannung" unter Franco, Salvador Espiriú.

Reconquista und Verbannung sind Mythen, die bewegte Massen implizieren, große Bevölkerungsverschiebungen. Die Reconquista ist ein langsamer Prozeß, der in den nördlichen Bergen begann und sich in zwei Phasen ausbreitete. Die erste Phase, zwischen dem 7. und 12. Jahrhundert, beschränkte sich auf die Bevölkerung der strategischen Wüste im Flußtal des Duero; die zweite, zwischen dem 12. und 15. Jahrhundert, brachte größere Völkerwanderungen mit sich. Die neuen Ansiedler fielen über dichtbevölkerte Länder her, vertrieben oft moslemische Bauern. Während der ersten Phase fanden die Christen keine islamische Bevölkerung vor, die man in die Verbannung zwingen mußte. Der eroberte Raum war unbewohnt. Die Siedler rodeten die Gebiete und organisierten sich in Gemeindemilizen, um sich gegen den Einfall der Mauren zu verteidigen. In den ersten Jahrhunderten der Reconquista gab es keine große Schlacht. Die Auseinandersetzung zwischen Christen und Moslems nahm die Form sporadischer Zusammenstöße zweier Kriegsmeuten an: beide Seiten stürzten sich über die feindlichen Gebiete in Plünderungsfeldzügen, durchgeführt von irregulären Bauerndetachements, die ab und zu das Kriegsgeschäft übten. Die Eroberungen der Städte waren nicht von Dauer: sie endeten fast immer mit dem Rückzug der Eroberer und mit der Auferlegung einer Steuer für die Besiegten. Auf solche Weise kämpfte zum Beispiel der Cid Campeador, ein castellianischer Kleingrundbesitzer, der, vom König von seinem Gut vertrieben, mit einer großen Bande vermögender Soldaten umherzog, die sowohl Mauren als auch Christen bekämpfte und die sich mehr als einmal arabischen Emiren andiente. Das epische Heldenlied, das an seine Ruhmestaten erinnert, ist denjenigen Liedern sehr ähnlich, die Jahrhunderte später über andere Helden des Abendlandes geschrieben wurden, wie über den Serben Marco Krailevitsch, der es nicht unter seiner Würde hielt, sich mit seinen türkischen Feinden gegen andere christliche Führer zu verbinden. Dieses spanische „Bandenwesen“ verschwand nicht einmal mit der Gründung des nationalen Heeres – tatsächlich unterhielten die von Franco besiegten linken Parteien Partisanengruppen in den spanischen Bergen bis Ende der fünfziger Jahre –, es nützte schließlich dem Prestige des *Guerillero*, eines irregulären und streng individualistischen Kämpfers, der sich mit den Oberbefehlshabern schlecht einigte. Die Eroberung Amerikas wurde von *Guerilleros* unternommen: wie der Cid Campeador war auch Hernán Cortés, der Eroberer Mexikos, ein Verbannter, ein Rebell. Und es war auch die schwer zu disziplinierende Kriegsmeute, die im sogenannten Unabhängigkeitskrieg von 1808 bis 1812 das erste nationale Heer Europas, das von Napoleon, erniedrigte. Sie waren die Verantwortlichen für die Verbreitung des spanischen Wortes *Guerilla* in alle europäische Sprachen.

Während der ersten Hälfte des neunzehnten Jahrhunderts wurden die Aufstände und Bürgerkriege von Befehlshabern kommandiert, die im Guerillakrieg gegen die Franzosen ausgebildet worden waren. Ehemalige Banditen und Bauern, autodidaktische Strategen, die in den internen kriegerischen Auseinandersetzungen dieselben Taktiken wiederholten, die sie gegen die Franzosen benützt hatten. Ein Jahrhundert später, während des Bürgerkriegs von 1936 bis 1939, versuchte die republikanische Seite, die konventionelle Taktik mit Prinzipien der militärischen Organisation des Guerillakriegs zu kombinieren, wie die Ermessensfreiheit bei den Entscheidungstreffen, die Gestaltung der Truppen gemäß der ideologischen Affinität der Kämpfer und ihrer persönlichen Loyalität zum Militärobersten. Bauern und Arbeiter wurden rasch zu Generälen ernannt, wie der Kommunist Enrique Líster oder der Anarchist Buenaventura Durruti. Andererseits weiß man, daß der darauf folgende Ungehorsam und die Feindseligkeit zwischen Anarchisten und Kommunisten in nicht gering zu schätzendem Maße zum Sieg Francos beigetragen haben.

Aus dem, was bis jetzt gesagt wurde, ergibt sich die Schwierigkeit Spaniens, eine stabile *nationale Form* zu bauen. Es zeigt sich der prekäre Charakter der offiziellen Symbole, die die Adhäsion der Spanier nicht erreicht. Weder die Revolution, wie in Frankreich, noch das Heer, wie in Deutschland, wurden in Spanien je als nationale Massensymbole anerkannt. Alle Revolutionen in Spanien versagten vorzeitig. Das Heer ist eine verachtete und verhaßte Institution in einem Volk, das die Figur des Guerillero und Banditen hochhält. Gibt es ein Symbol, in dem sich die Spanier als Nation erkennen können? Gibt es, mit anderen Worten, ein *nationales Massensymbol*, das die minimalen Züge einer kollektiven Vorstellung einer Nation trägt? Canetti findet es im Stierkampf. Tatsächlich würde ihm eine lange intellektuelle spanische Tradition – von Aufklärern wie Gaspar Melchor de Jovellanos bis zu gegenwärtigen Philosophen wie José Ortega y Gasset – in diesem Zusammenhang recht geben. Man sollte aber in Betracht ziehen, daß die Stierkampfkunst umfassender ist als ihre bekannteste Art – der Stierkampf zu Fuß.

Die ersten Stierkämpfe, von denen man Kenntnis hat, sind die mittelalterlichen *alanceamientos* (Lanzenkämpfe), direkte Vorgänger der barocken Feste mit Stieren und *cañas* (Stangen). Es muß jedoch im Altertum andere zeremonielle Spiele und Kämpfe mit dem Stier – wahrscheinlich ein heiliges Tier für die primitiven Iberer – gegeben haben, wie aus mannigfaltigen Abbildungen hervorgeht, sowohl auf Keramikgegenständen wie in Steinskulpturen. Schon in der römischen Antike hat man die Form der Iberischen Halbinsel mit einem ausgebreiteten *Stierfeld* verglichen, und die Beharrung in der Anerkennung dieser morphologischen Ähnlichkeit ist keine Trivialität. Octavio Paz z.B. hat gezeigt, daß die weitgehende Übereinstimmung des geographischen Umrisses von Mexiko mit der Form einer stumpfen Pyramide zur Erhebung der *Opferpyramiden* der Mayas und Azteken als nationales Massensymbol der Mexikaner beigetragen hat.

Den mittelalterlichen *alanceamientos* folgten im 17. Jahrhundert die Stangen- und Stierfeste, die zweifellos ein zentrales Element der volkstümlichen Kultur des spanischen Barocks waren. Nur Adeligen war es erlaubt, an dieser Kampfart teilzunehmen, die ein bewaffnetes Reiten mit Pike oder Lanze erforderte. Der Stierkampf zu Fuß begann im 17. Jahrhundert als pöbelhafte Variante, die sich so den unteren Schichten öffnete. Seit damals ist der Stierkampf ein Weg, dem Elend und der Marginalität zu entrinnen. Der Stierkämpfer ist kein Adeliger, ja nicht einmal ein Bourgeois. Er stammt aus den untersten Schichten, aus jenen der Arbeiter und Bauern. Er wird (oder wurde bis vor kurzem) als *maletilla* ausgebildet, als *Schwarzstierkämpfer*, der über die Mauern von fremden Viehweiden springt, um, geschützt von der Nacht, mit *dem capote* ein paar Figuren zu üben, oder der als *Freiwilliger* in die Arena springt, um dem Stier für wenige Sekunden gegenüberzutreten und wegen seiner Fertigkeit und seines Mutes vom Publikum Aufmerksamkeit gewinnt. Mit der Zeit wurde die Aristokratie von dieser niedrigen Form des Stierkampfes angezogen und verzichtete auf den traditionellen *alanceamiento*, der nur zwei Spuren im gegenwärtigen Stierkampf hinterlassen hat: den *rejoneador*, Stierkämpfer zu Pferde – oft ein reicher Viehzüchter –, und den *picador*, den ich später behandeln werde.

Die Kritiken der Aufklärer des 18. Jahrhunderts gegen den Stierkampf beziehen sich fast ausschließlich auf nur einen Aspekt: der Stierkampf zu Fuß sei einer der wesentlichen Gründe des Sittenverfalls der Aristokratie gewesen, die sich bei den Stierkämpfen unter den Pöbel mischte und seine Sprach- und Bekleidungsform annahm. Das Paradoxe besteht darin, daß, während die Aufklärer ohne Ausnahme die Stierkämpfe ablehnten, die spanische Aufklärung in allen ihren Vorhaben versagte, außer in der Kampfstierzucht, dem einzigen Zweig der spanischen Ökonomie, wo substantielle Verbesserungen eintraten und wo man den wissenschaftlichen Fortschritt während der Aufklärung im Rahmen der Viehzucht anwendete.

Der Stier ist ein Massensymbol. Seine gewaltige Masse in Bewegung eignet sich, um eine *Hetz-* oder *Fluchtmasse* zu symbolisieren. Die einzige Eigenschaft, die die Spanier am Stier schätzen, ist seine Wildheit. Der Stier, der nicht angreift, der sich nicht auf den Stierkämpfer stürzt, ist ein *zahmer* Stier, kein richtiger. Dieser virtuelle Symbolismus wird tatsächlich gegenwärtig im Stierkampf, aber auch in anderen Formen dieses Kampffestes, das ich hier im Bezug auf die Massenmythen der Reconquista und der Verbannung untersuchen werde. Ich werde mich auf die Analyse von drei noch existierenden Formen des Stierkampfes beschränken:

1.– *El Toro de Fuego* (Der Feuerstier). Es handelt sich um ein charakteristisches, wenn auch nicht exklusives Fest im Baskenland. Auf einem öffentlichen Platz, voll von Jugendlichen, läßt man einen jungen Stier frei, an dessen Hörnern je ein rotierendes Feuerwerksrad befestigt ist. Wenn dieses angezündet wird, läuft das Tier in alle Richtungen. Es ist unmöglich, die Richtung seiner Angriffe vorherzusagen. Die Vereinigung des Feuers – Ursymbol der Massen – mit dem Stier verursacht den Zerfall der dichten männlichen Masse. Die Masse zerspringt, sie löst sich auf. Im Grunde symbolisiert hier die Masse das *Opfer*, das von allen Seiten eine Todesdrohung fühlt. Canetti hat auch gezeigt, daß der Tod durch Feuer im Bezug mit der Verbannung steht: man übergibt das Opfer der Hölle. Wir stehen also einem Massensymbol gegenüber, das sich mit der Verbannung verbindet. Vor dem Angriff des Eroberers verliert das Volk seine Dichte und zerfällt, es flüchtet vom Platz, den es vorher okkupierte und dessen Raum die ganze Nation symbolisiert.

2.– *El Toro de Coria* (Der Stier aus Coria). Obwohl man ähnliche Feiern auch in anderen Dörfern veranstaltet, ist die in Coria (Cáceres) besonders interessant. Coria befindet sich an der südlichen Grenze des alten Königreiches von León, dort, wo dessen Ausbreitung von Berbern verhindert wurde. Während der Schutzpatronfeiern läßt man einen jungen Stier frei durch die engen Gassen der Altstadt laufen. Die Nebenstraßen sind blockiert, um die Flucht des Stiers zu verhindern. Die jungen Männer, lauernd in den Portalen, stürzen sich auf den vorbeilaufenden Stier und versetzen ihm Messerstiche in den Rücken und in die Weichen. Der Stier läuft schnaubend zum höchsten Punkt des Dorfes, verfolgt von den Burschen, bis er einen Felsvorsprung erreicht, von wo er verblutend hinabstürzt. Wie man merkt, ist das Schema dem vorher gezeigten Fall genau entgegengesetzt. Der Stier ist hier das Opfer, und die jungen Männer des Dorfes, anfangs isoliert in den Portalen, werden stufenweise Teil der Hetzmasse, während der Stier durch die Gassen rennt. Wenn der *Toro de Fuego* mit dem Verbannungsmythos in Beziehung steht, so ist der *Toro de Coria* mit der Reconquista verwandt. Die anfängliche Situation reproduziert symbolisch die in den Bergen isolierten Christen nach der islamischen Eroberung. Das Ende symbolisiert die Zurückeroberung der nationalen Staatsgebiete und die Vertreibung der Eroberer.

3.– *El Encierro* (Das Eintreiben). Das berühmteste „Eintreiben" ist das von Pamplona, das Anfang Juli während der Schutzpatronfeiern, *San Fermín*, stattfindet. Viele spanische Städte und Dörfer nehmen für sich in Anspruch, die Geburtsstätte dieses Festes zu sein. Früh morgens läßt man am Eingang der Altstadt die Stiere frei, die am Abend beim Stierkampf auftreten werden. Wie in Coria sind die Eingänge zur Altstadt blockiert. Die Jugendlichen springen vor die Stiere und rennen, von ihnen verfolgt, bis zur Arena. Dort treiben sie die Stiere in den Stierzwinger, wo diese bis zum Beginn des Stierkampfes eingesperrt bleiben.

Das Schema der Situation wechselt während des Eintreibens. Bis zum Hauptplatz sind die Stiere die Hetz- und die Jugendlichen die Fluchtmasse. (Viele fallen zu Boden und werden von ihren Genossen mit Füßen getreten und von den Stieren überrollt.) Aber in der Arena wechseln die Rollen, die jungen Männer hetzen nun die „Bestien". *El Encierro* bezieht sich in seinen beiden Phasen sowohl zum Reconquista- als auch zum Verbannungsmythos. Aus der Verbannung der Christen folgt die Wiedereroberung des nationalen Raums und die Vertreibung der Eroberer.

Bevor wir weitergehen, ist es sinnvoll, sich an Canettis Beschreibung des Kampfstieres zu erinnern: „Die Hinrichtung des wilden Tieres, das nicht mehr wild sein darf; das man wild macht, um es dann eben dafür zum Tode zu verurteilen..." In der Tat, der Stier hört nie auf, wild zu sein, aber er ist es nicht im Sinne des Löwen oder des Tigers. Der Stier muß immer *wild* sein, feindselig gegenüber den Menschen, aber seine Wildheit produziert und reproduziert sich in einem von Menschen kontrollierten Raum: auf der Viehweide. Der Stier gehört zum Bereich des *Häuslichen* wegen seiner Zähmung (er ist Rindvieh) und zum Bereich der Wildtiere wegen seiner *Ungezähmtheit*. Er ist in gewisser Weise Äußerlichkeit (da er seine natürliche Kraft nicht verloren hat) und Innerlichkeit (weil er in einem *kulturellen* Milieu gezüchtet wird), weswegen er hervorragende Eigenschaften besitzt, um den Urfeind zu symbolisieren, sowohl den äußeren wie auch den inneren.

Canetti sieht den Stierkampf als einen Hybriden aus römischer Arena und mittelalterlichem Kampf – der Stierkämpfer als ein *edler Ritter*. Für die Spanier ist das ein antithetischer Ausdruck: man ist entweder Edelmann oder Ritter, beides zur selben Zeit zu sein, ist unmöglich. Oder, besser gesagt, nur möglich, wenn man den Verstand verloren hat. Don Quijote ist ein Edelmann, der sich in seiner tobenden Begeisterung einbildete, ein Ritter zu sein. Trotzdem, Canettis Ausdruck ist nicht verfehlt: der plebejische Stierkämpfer verdrängte den aristokratischen Reiter, den Ritter.

Ortega y Gasset behauptet, daß es nie einen authentischen spanischen Feudalismus gab. Die soziale Distanz zwischen Ritter, Edelmann und Plebejer war immer sehr gering. Im ersten spanischen Roman, *La Vida de Lázaro de Tormes*, unterhält die Hauptfigur, ein Diener, auf eigene Kosten seinen Herrn, einen Edelmann, ärmer als er selbst. Ortega schließt daraus, daß die Schwäche des spanischen Feudalismus – und sein Korrelat, die tiefe egalitäre Empfindung der Spanier – nicht etwas ist, worauf Spanien stolz sein kann, weil dies der spanischen Gesellschaft eine authentisch führende Minderheit entzog und durch lange Jahre hindurch die Errichtung einer festen nationalen Form verhinderte.

Der Stierkämpfer verkörpert das egalitäre Ideal. Er ist ein Mann aus dem Volk. Seine Tracht, die *bestickte Stierkämpfertracht*, bildet die phantasievolle Verzierung der Kleidung der *majos* (Burschen aus dem Volk von Madrid Mitte des 18. Jahrhunderts) nach, hervorragend dargestellt in den Gemälden des jungen Goya. Der rote Stierkämpfermantel, mit dem man den Stier reizt, entstammt dem sinnbildlichsten Kleidungsstück des spanischen Volks, *la capa* (weiter Mantel). Ein altes spanisches Sprichwort drückt vollkommen die Beziehung zwischen plebejischer Tracht und Egalität aus: „Unter meiner Capa töte ich den König." Anders gesagt: unter meiner Capa tue ich, was ich will und bin gleich, wenn nicht mehr als der König. Diese Idee, bei der sich die Freiheit mit dem anarchischen Egalitarismus vermischt, stammt gleichzeitig aus dem Stoizismus und aus der katholischen Doktrin des freien Willens. Der Spanier sieht sich selbst letztendlich als ein unsolidarisches Individuum gegenüber den anderen und als eine einsame Seele vor Gott. Die Spanier sind kein Volk, das sich wegen seines sozialen Edelmuts auszeichnet.

Der Spanier fühlt sich einsam gegenüber Gott und der Geschichte, es ist die Einsamkeit der Stierkämpfer gegenüber dem Stier. Die einzige Institution, die es geschafft hat, Masse zu agglutinieren, ist die katholische Kirche. Treffend behauptet Américo Castro, daß die Geschichte der Spanier eine des Glaubens und der religiösen Sensibilität sei. Um dieses anarchische und individualistische Volk zu disziplinieren, wandte sich die katholische Kirche in Spanien an eine volkstümliche Massenreligiosität. Während das Luthertum die Religion auf eine Beziehung zwischen Individuum und Gott beschränkte, beschäftigte sich die spanische Kirche der Gegenreformation ausschließlich mit dem Problem der kollektiven und öffentlichen Frömmigkeit. Die spanische Religiosität sprengte die Grenzen des Tempels und kippte auf den öffentlichen Raum über. Die zentrale Zeremonie dieser Religion ist noch heute die *Prozession*, die die Spanier wichtiger nehmen als die heilige Messe selbst.

Es gab Zeiten, wo das ganze Volk gezwungen war, an der Prozession teilzunehmen. Wer ohne glaubhafte Entschuldigung zu Hause blieb, lief Gefahr, von der Inquisition als Ketzer oder als projüdisch angezeigt zu werden. Noch heute bewahren manche Prozessionen diesen beinahe Pflichtcharakter. Unter ihnen hebt sich, als privilegierte Gelegenheit des Ausdrucks einer Massenreligiosität, die Karwoche in Sevilla heraus. Von Mittwoch bis Karfreitag nehmen die meisten Männer der Bevölkerung an den Prozessionen teil, die von der *Laienbruderschaft der Büßer* organisiert werden. Hinter mitgeführten Heiligenfiguren (die Jungfrau Maria oder Jesus, reich verziert mit gold- und silberbestickten Kleidern und geschmückt mit zahlreichen Blumen und Lämpchen) strömen die Männer aus den Kirchen auf die Straßen der Stadt. Die *Büßer* sind gekleidet in Trachten ihrer Laienbruderschaft, vermummt mit einer ähnlichen Kapuze, wie sie die mittelalterlichen Henker trugen. Unter den Röcken der Heiligenfiguren drängen sich die *costaleros,* die auf ihren Schultern die schweren Heiligen tragen. Sowohl ihre Gesichter als auch die der Büßer sind für die Betrachter unsichtbar, die sich auf den Gehsteigen drängen, um sie vorbeiziehen zu sehen. Die Laienbruderschaften, zwischen denen sich eine starke Rivalität in Bezug auf die Pracht ihrer jeweiligen Heiligenbilder und auf die Geschicklichkeit ihrer *costaleros* entwickelt, bestehen aus Personen aus allen sozialen Schichten, obwohl ursprünglich nur Mitglieder gewisser Schichten oder Berufsverbände teilnehmen konnten. Mit der Prozession konnte die barocke Kirche ihr eigenes Massensymbol über eine labile, ständig von Zerfall bedrohte Gesellschaft stülpen.

Die individuellen Unterschiede verschwinden unter der Kapuze und dem Bußgewand, was eine kollektive, egalitäre Trance verursacht, die die sozialen Entfernungen aufhebt. Andererseits ist die Prozession ein Akt, wo das Religiöse mit den Profanen verschmilzt. Sie hat ebensoviel vom kirchlichen Ritus wie vom profanen Fest, sie setzt ein Hineinstürzen der Kirche in die Öffentlichkeit und symbolisch eine Fusion der täglichen Geschichte mit der Ewigkeit voraus. Der spanische Büßer in der Prozession sieht sich selbst als Teil einer *langsamen Masse*, die mit Bedachtsamkeit ihrem transzendenten Schicksal entgegengeht. Keine weltliche Zeremonie, nicht einmal der Stierkampf, hat die integrative Kraft der Prozession. Noch heute zieht sie Leute aller sozialen Schichten an, sogar Agnostiker. Es ist in Sevilla und anderen andalusischen Städten sogar Brauch, daß Häftlinge als Büßer an den Prozessionen teilnehmen. Trotzdem ist sie nicht homogen, obwohl sie eine einzige langsame Masse ist. Jede Laienbruderschaft folgt einem anderen Weg, bis sich alle im Zentrum der Stadt als kompakter Zug versammeln.

Die Prozession und der Stierkampf sind somit die sichtbarsten Massensymbole der spanischen Nation. Aber während das erstere die Anonymität und Dichte betont, fördert der Stierkampf eine gewisse Kollektivierung des anarchischen Individualismus. Der Stierkämpfer handelt gegenüber dem Stier wie der Guerillero gegen das Erobererheer. Der Stierkämpfer und seine Untergebenen bilden eine Gruppe, die den Namen *cuadrilla* trägt, so wie man früher Räuberbanden bezeichnete, und die bewaffneten Gruppen, die sie verfolgten, nannte man *cuadrilla der heiligen Bruderschaft.* Viele Guerilleros, die gegen die napoleonischen Truppen kämpften, waren ehemalige Räuber oder Mitglieder einer heiligen Bruderschaft. Der Guerillero tritt gegen das feindliche Heer an wie der Stierkämpfer gegen den Stier: die Guerilleros hetzen das Heer aus verschiedenen Seiten wie die *peones* den Stier im *ersten Drittel* des Stierkampfes, sie überfallen es in schnellen Angiffen, um das reguläre Heer zu schwächen, wie die *banderilleros* im *zweiten Drittel.* (Der *Picador*, der Stierkämpfer zu Pferd, der seine Lanze während dieses zweiten Drittels in den Stier sticht, ist ohne Zweifel ein Überbleibsel der aristokratischen Stierkämpfe.) Es ist das letzte Drittel des Stierkampfes, *el tercio de muerte* (das Todesdrittel), wo sich die enge Verwandtschaft zwischen dem *Matador* und dem *Guerillero* am deutlichsten zeigt. Der Stierkämpfer, bewaffnet mit seiner *muleta* (Stab mit rotem Tuch) und seiner *estoque* (Stoßdegen), lockt seinen vorher gedemütigten Feind auf jenes Gebiet der Arena, welches am geeignetsten ist, ihn zu töten. Es ist unvermeidlich, die Analogie zu ziehen zwischen seinen *pases* (Vorbeilenken) und den taktischen Truppenbewegungen der Guerilla, die diese als Köder benützt, um das feindliche Heer in die Falle zu locken. Nicht zufällig trägt die *Muleta*, die dem Stierkämpfer in seiner Schlacht hilft, auch den Namen *Täuschung*. Nicht willkürlich machte Merimée in *Carmen* einen französischen Soldaten und einen spanischen Matador zu Nebenbuhlern, zweifelsohne nahm er dabei Bedacht auf die intime Beziehung zwischen Stierkampf und Guerillakrieg.

Der erste spanische Maler, der auf der Leinwand die Massen darstellte, war Goya. Sein berühmtes Ölgemälde des Volksaufstandes von Madrid zeigt uns eine Menge derselben *majos*, die er wahrscheinlich vorher in seinen idyllischen Vorlagen für die königliche Teppichfabrik malte, jetzt mit Taschenmessern bewaffnet, wie sie die Mameluckenreiter der französischen Armee angreifen. Die enge Bekleidung der Angreifer ähnelt sehr der heutigen Stierkämpfertracht. Es ist interessant zu beobachten, daß das Bild, trotz seines unbestrittenen Realismus, symbolisch eine archetypische Szene reproduziert: die Doppelmasse der *Christen* und *Moslems* in ihrer Urgestalt. Man sollte hinzufügen, daß Goya je eine Radierungsserie über den Krieg gegen Napoleon und über die Stierkämpferkunst anfertigte, die man zueinander in eine symbolische Beziehung setzen kann. Goya erlebte in gewisser Weise an seiner Person die Wiederkehr der nationalen Mythen von Reconquista und Verbannung: er war Zeuge des Volksaufstands in Madrid gegen die französischen Eroberer und mußte wegen des Vorwurfs, er wäre ein *Französling*, ins Exil flüchten.

Der andere große Stierkämpferkunstmaler aus Spanien, Pablo Picasso, erlebte ebenfalls das Exil, weil er sich dem faschistischen Kreuzzug gegen die Republik widersetzte. Kriegerische und stierkämpferische Symbole beherrschen sein berühmtestes Werk: das Wandbild, das an die Bombardierung Guernicas erinnert. Ein wilder Stier beherrscht die Szene als Symbol des Flugangriffs der Nazis gegen die wehrlose baskische Stadt.

Während des letzten Bürgerkrieges benützten beide Seiten in ihrer Propaganda stierkämpferische Motive in erschöpfender Weise. Die republikanischen Verteidiger von Badajoz wurden von den aufständischen Militärs zu der Stierkampfarena geführt, wo sie von den Siegern als *estoques* mit den Säbeln geschlagen und getötet wurden. Vor wenigen Jahren drehte Luis García Berlanga den Film *La Vaquilla*, bei dem ebenso das zentrale symbolische Motiv dem Stierkampf entnommen wurde: Während der Kämpfe an der Front von Aragón drängt sich eine Kuh zwischen die Schützengräben beider Heere. Republikaner und Falangisten springen ins Niemandsland, das sich in eine „Stierkampfarena" verwandelt; die hungrigen Soldaten versuchen, die Kuh hinter ihre jeweilige Linie zu locken.

Ein gemeinsamer Bestandteil der Prozessionen und Stierkämpfe ist das *Blut*. Über dem Widerspruch von religiösen und profanen Symbolen steht das Blutvergießen als das Urmassensymbol der spanischen Nation. Bei der Prozession fließt das Blut aus der dornengekrönten Stirn Christi und aus den gestochenen Herzen der Jungfrauen. Es bluten auch die unbeschuhten Füße der Büßer. Es gibt auch nicht selten Prozessionen mit *Flagellanten*. In San Vicente de la Sonsierra, Rioja, schlagen die Büßer während der Karfreitagsprozession ihre Schultern unaufhörlich mit Lederriemen, am Ende der Messe schneiden sie sich mit geschnittenem Glas ihre Rücken auf. Das Blut, das aus den Rücken der Büßer oder der Stiere fließt, ist Symbol der Hetz- oder Fluchtmasse. Im Grunde denkt der Spanier, daß kein Konflikt sich ohne Blutvergießen lösen läßt. Jeder aufgeklärte Führer stellt sich selbst als Chirurg vor, der die Venen des Vaterlandes aufreißt, um das kranke Blut fließen zu lassen. In unserem Jahrhundert haben viele Intellektuelle unverantwortlich einen „Stahlchirurgen" herbeigewünscht, der an Spanien ein drastisches und blutiges Arzneimittel anwenden sollte. Den unglücklichen Ausdruck schuldet man Joaquín Costa, Gründer der kritischen, nationalistischen Strömung, die bekannt ist als *Regenerationismus*. Der Dichter Pío Baroja (selbstverständlich ein Arzt) verglich den Zustand Spaniens mit einem Abszeß, der nur mit dem Militärschwert exstirpiert werden könnte.

Cervantes, Sohn eines wandernden Chirurgen, behandelte dieses Symbol mit einer großartigen und trostlosen Ironie: Don Quijote krönte sich mit dem berühmten *Mambrinoshelm*, der tatsächlich nur ein Barbierbecken war, das die Chirurgen als Behälter beim Aderlaß benützten. Als Symbol für Spanien könnte man wahrscheinlich nichts anderes finden, das grausamer und treffender ist als diese düstere Metonymie vom Kopf eines Irren und dem possenhaften, zum Empfang des vergossenen Blutes bestimmten Gefäß.

Der Niederländer und seine Deiche

Sybe Terwee

Jahrzehntelang glaubte man vielfach, daß die Nationen mit ihren spezifischen Identitäten daran waren, zu verschwinden. Man sah sogar generell das Ende der politischen Ideologien voraus. Nach den historischen Umwälzungen im ehemaligen Ostblock waren manche davon überzeugt, daß damit die richtigen Umstände für eine internationale ideologische Ordnung geschaffen seien. Kontakte zwischen Nationen, so erwartete man, würden in Zukunft eher rational verlaufen. 1993 erscheinen solche Erwartungen als ein unbegründeter und unhistorisch gedachter Optimismus.

Auch die Integration innerhalb der europäischen Gemeinschaft ist nicht so einfach zu realisieren, wie man es sich vorstellte. Nach „Maastricht" ist eine gewisse Enttäuschung eingetreten. Die Nationen behaupten sich wieder in ihrer alten Würde; so klingt es heute kaum noch verdächtig, Termini wie beispielsweise „Nationalgefühl" in den politischen Diskurs einzubringen oder „Gefahren der europäischen Einheit für die nationale Identität" anzuprangern. Tatsache ist, daß man schon vor zehn Jahren hätte wissen können, wie wichtig Nationalgefühle für Europäer sind: Bei einer repräsentativen Erhebung in diversen europäischen Staaten, durchgeführt 1984 durch das statistische Büro der EG, widmete man sich dem Versuch, die Einstellung des „einfachen" Europäers zu einer Reihe von Symbolen der europäischen Politik zu skizzieren. Überraschenderweise stellte sich heraus, daß sich die Mehrzahl mit einem allgemeinen europäischen Reisepaß, Rechtsspruch, mit einer europäischen Währung und Sozialhilfe, mit einem freien Arbeitsmarkt identifizieren konnte. Im Kontrast dazu gab es für scheinbar unwichtige Symbole keine Zustimmung: zur Abwicklung der olympischen Spiele sowie zur diplomatischen Repräsentation in Washington und Moskau; nur 30% der Befragten wollten beide Bereiche europäisch gestaltet wissen.[1] Handelt es sich dabei nur um die Darlegung von Gefühlen? Nein. Jedenfalls scheint es unvernünftig, solche „Gefühle" zu unterschätzen; kein Politiker kann sich das heute leisten. Wenn man aber zugibt, daß Gefühle über die nationale Identität eine wichtige Rolle spielen, lauten die nächsten Fragen: Was genau ist diese Identität? Wie lernt man sie kennen? Handelt es sich dabei nicht um etwas Ungreifbares, sogar Verdächtiges, ähnlich dem, wie man früher über den Nationalcharakter schwätzte?[2]

Innerhalb dieses Problemkreises möchte ich dem von Elias Canetti geprägten Begriff des Massensymbols einige Bemerkungen widmen, wobei ich mich auf die Niederlande beschränke. „Kollektive Einheiten, die nicht aus Menschen bestehen und dennoch als Massen empfunden werden, bezeichne ich als *Massensymbole.* Solche Einheiten sind das Korn und der Wald, der Regen, der Wind, der Sand, das Meer und das Feuer. Jedes dieser Phänomene enthält in sich ganz wesentliche Eigenschaften der Masse."[3] Solche Symbole haben sich historisch auf spezifische Weise in bestimmten Bevölkerungsgruppen geformt, je nach geographischer Lage und historischen Bedingungen. Für die Niederlande wird es kaum überraschen, daß die niedrige Lage am Meer bedeutungsvoll für das Nationalgefühl, die nationale Identität gewesen ist: „Der Holländer hatte das Land, das er bewohnt, *dem Meere erst abzugewinnen.* Es lag so tief, daß er es durch Deiche vor dem Meere schützen mußte. (...) *Die Masse der Männer setzt sich selber dem Deiche gleich* ...“[4] Der Deich ist laut Canetti ein Symbol, das im Denken der Niederlande verankert ist und deshalb die nationale Identität sichert.

Meine Ziele in diesem Aufsatz sind zweierlei. Zuerst möchte ich Canettis kurze Andeutung über das Massensymbol der Niederländer überprüfen und soweit wie möglich anhand historischer und geographischer Fakten erläutern. Wie ist es heutzutage mit den Deichen in den Niederlanden bestellt? Sind sie noch immer für die holländische Erlebniswelt wichtig und mit einem Nationalgefühl verbunden? Zweitens werde ich die Frage bearbeiten, ob es überhaupt einen Sinn hat, eine komplizierte Entität, wie sie eine moderne Nation darstellt, mit einem derartig vereinfachten Symbol anzudeuten. Hilft es uns, eine Nation zu begreifen, oder ist es ein verdächtiger Versuch der Simplifizierung, bei dem Canetti auf essentielle Irrwege abzweigt?

Niemand in den Niederlanden, nicht einmal der flüchtige Besucher, kann über Deiche und Polder ganz unwissend bleiben – Polder ist ein holländisches Wort für ein trockengelegtes Stück Land, das von einem Deich umringt ist, wofür es in anderen Sprachen kein Äquivalent gibt. Reisende landen auf dem Flughafen Schiphol bei Amsterdam und hören oder lesen, daß dieser Flughafen vier Meter unter dem Meeresspiegel liegt, im Haarlemer Meerpolder. Hier gab es noch im 19. Jahrhundert einen gefährlichen, sich ausbreitenden See, der sich von Amsterdam und Haarlem bis Leiden erstreckte. Oder man fährt mit dem Zug in die Niederlande und sieht, daß es keine Hügel oder Berge entlang den Flüssen gibt, wie z.B. in Deutschland oder Österreich, sondern nur flaches Gelände und Deiche. Vor allem im Westen sieht man überall Kanäle und Seen; man bekommt den Eindruck, daß landschaftlich nichts originär ist, daß alles strenge Ordnung sei.

Diese Regulierung hat tatsächlich vor ungefähr tausend Jahren angefangen. Anfänglich haben sich die Bewohner auf Landhöhen und selbstgemachten Hügeln angesiedelt; rund um das Jahr 1.000 gab es die ersten Deiche, und im Zusammenhang damit entstanden Organisationen (die sogenannten „waterschappen“), die nötig waren, um das komplizierte System der Deiche zu erhalten.[5] Man hat diese dezentral verwalteten Einheiten oft als Vorläufer der Demokratie bezeichnet.

Die frühen Deiche waren in ganz Europa berühmt. Sie wurden schon von Dante erwähnt: „Ganz wie in Flandern Deiche sind gezogen / Vor Brügge und Kadsant, daß bei der Flütung, / Das Bollwerk brechen soll den Prall der Wogen ...“[6]

Das System des Deichenbaus schützte, blieb aber brüchig. Regelmäßig, bis heute, gibt es unvorhergesehene Überschwemmungen und Deichbrüche. Große Katastrophen blieben lange im Gedächtnis und wurden mit moralischer Bedeutung versehen.

Die Elisabethsflut von 1421 kostete zweitausend Menschen das Leben und verwüstete vierundzwanzig Dörfer. Wie Epidemien in anderen Teilen Europas wurden solche Wassernöte mit biblischen Strafen in Verbindung gesetzt. Gibt es ein anderes Land, wo man ständig damit rechnen muß, daß neue Sintfluten eintreten können?

Die Periode zwischen 1550 und 1650 war nicht nur die Zeit, in der die politische und kulturelle Einheit der Niederländer entstand, auch der moderne geographische Zustand wurde damals geformt. Die Republik der sieben Provinzen, worin Holland die Hauptrolle spielte, war nicht Ergebnis einer zentralen Regierung, sondern Resultat der gemeinsamen Sorge vor einer plötzlichen Überraschung.

Der Aufstand gegen Philipp II., 1568, war der Anfang des achtzigjährigen Freiheitskampfes gegen die Habsburger. Dieser Konflikt war ein Streit mit dem und gegen das Wasser. Leiden wurde 1574 von den Spaniern unter Alva umringt. Die Holländer versuchten den Feind zu vertreiben, indem sie Anfang August die Deiche rund um Leiden durchstachen. Das Wasser stieg durch einen aufkommenden Sturm erst Anfang Oktober hoch genug, um die Spanier zum Rückzug zu zwingen. Man glaubte auch hier an ein göttliches Eingreifen. Bis heute wird die Befreiung Leidens am 3. Oktober mit Matjeshering und Weißbrot gefeiert; die Stiftung der Universität Leiden 1575 ist mit diesem Sieg verbunden.

Zur selben Zeit gab es Fortschritte in der Windwassermühlentechnik, die es ermöglichte, mehrere und größere Seen trockenzulegen. Die geographischen Verhältnisse, vor allem im Westen der sieben Provinzen, änderten sich durch das Entstehen der Polder entscheidend. Damit wurden politische Identität und geographischer Zustand des Landes miteinander verbunden. Die Auffassung, das Land als von Menschen gemacht anzusehen (natürlich immer mit göttlicher Mithilfe und Billigung), schien ganz selbstverständlich. Simon Schama hat die Gestaltung dieser „moralischen Geographie" in seiner Kulturstudie *The Embarrassment of Riches* stichhaltig beschrieben. Manches bezeugt die Verknüpfung zwischen Wasser und Moralität: merkwürdige Ertrinkungsstrafen, die Popularität von Büchern, worin die Abenteuer der Seefahrer beschrieben werden, nicht zuletzt die berühmte Malerei dieser Periode mit ihrer eigentümlichen Mischung von weltlichem Reichtum und ethisch-religiöser Besinnung.

Das patriotische Motto der Niederlande hieß: „Edracht maakt macht", Einigkeit macht stark, bis heute ein beliebter Ausdruck. Diese Einigkeit war Zusammenarbeit gegen das Wasser, gegen Überraschungen, gegen Feinde; der Deich ist ein Symbol des Schutzes gegen das Fremde, gegen gefährliche Elemente. Wir können mit Schama von grundlegenden Dilemmas des Lebens reden, wie Land – Wasser, Reichtum – Sünde, Ebbe – Flut, Angst vor Sintflut – Hoffnung auf Rettung, Reichtum – Armut, Belohnung – Strafe, Geselligkeit zu Hause – Gefahr auf Seereisen.

Es ist nicht übertrieben zu sagen, daß diese goldene Epoche des 17. Jahrhunderts grundlegend für die politische Einheit und Identität der Niederlande in den folgenden drei Jahrhunderten war.

Es ist interessant, den modernen Versuchen, der niederländischen Identität auf den Grund zu kommen, diesen historischen Hintergrund entgegenzuhalten. Es gibt verschiedene solche Studien, ausnahmslos geschrieben von Ausländern, die längere Zeit in den Niederlanden lebten, die aber Niederländer noch immer mit „fremden Augen" sahen.[7] Dabei sind verschiedene „Eigenschaften" der Niederländer klar erkennbar:

Sie können Reichtum und Luxus eigentlich nicht genießen: noch immer drücken die Gefahren des Wassers, der Sintfluten auf das kalvinistische Gewissen.

Sie haben die Neigung zu übertriebener Reinlichkeit, was schon von Lichtenberg bemerkt wurde.[8] Dieses „Ritual" ist aus Schuldbewußtsein und Angst entstanden: der strafende kalvinistische Gott kann – beispielsweise mittels Sintfluten – jeden Moment den Reichtum zurücknehmen, den er gegeben hat.

Die Niederländer besitzen einen Gruppengeist, der laut dem Amerikaner Phillips alles niederschlägt, was überdurchschnittlich ist. Daraus ergibt sich ihre soziale Gesinnung, ihre Neigung zur Zusammenarbeit bei der Deichversorgung und das Fehlen der Aristokratie.

Die Niederlande sind der modernste Versorgungsstaat, einmalig in der Welt, versehen mit einem umfassenden sozialen Netz, das seit den achtziger Jahren hauptsächlich Arbeitslosen zugute kommt. Ein Versorgungssystem, das letzten Endes unbezahlbar geworden ist, und wie man jetzt einsieht, zu unerwünschten Nebenfolgen geführt hat. Alle Versuche, es grundlegend zu ändern, sind aber bisher gescheitert: offenbar ist das traditionelle Gefühl der sozialen Verantwortlichkeit zu tief ausgeprägt.

Die niederländische Neigung, im alltäglichen Gespräch übertrieben Verkleinerungswörter zu verwenden, weist auf eine rituelle Bescheidenheit hin. Man möchte nicht auffallen, man möchte sich selbst am liebsten unsichtbar machen.

Natürlich haben wir den holländischen Charakter nur grob skizziert, und hiermit ist über den einzelnen Niederländer nichts gesagt. Es hat aber gewiß Sinn, den Nationen Eigenschaften zuzuschreiben und nach größeren Zusammenhängen zu suchen. Es ist z.B. interessant, daß es in verschiedenen Ländern ganz unterschiedliche Auffassungen über Gesundheit und medizinische Versorgung gibt. Die an und für sich objektive Wissenschaft der Medizin führt jedoch in Ländern wie Frankreich, Deutschland oder England zu den unterschiedlichsten Diagnosen.[9] Das heißt nicht, daß die Methoden der Mediziner nicht objektiv sind, sondern nur, daß es unter verschiedenen kulturellen Umständen auch verschiedene Gesundheitsideale und Genesungsziele geben kann. Offenbar kann man in diesem Fall zwischen Kulturen und Traditionen unterscheiden. Medizinische Anthropologen sind sich darüber klar, daß dabei der kulturelle Hintergrund der Wahrnehmer eine Rolle spielt. So ist es auch mit anderen anthropologischen Erkenntnissen: man hat es immer mit Bildern zu tun, die über unterschiedliche Traditionen in eine Kultur eindringen. Das braucht nicht zu einem Relativismus führen, wie manche Imagologen meinen,[10] es besagt nur, daß rationale Entscheidungen aus einem nicht-rationalen Hintergrund getroffen werden.

Einige Worte zum Wert von Canettis Idee der Massensymbole der Nationen: Was heißt es zu sagen, daß die niederländische Identität durch das Massensymbol des Deichs gekennzeichnet wird? Zuerst, daß es eine niederländische Identität gibt, die mit konkreten geographischen Begriffen gekennzeichnet werden kann. Deich ist eine Gedächtnishilfe für eine Anzahl von Verbindungen zwischen geographischen und kulturell-psychologischen Gebieten. Wie gezeigt: viele Eigenschaften können in geographischen Termini begreiflich gemacht werden, weil sie historisch im Zusammenhang mit der geographischen Lage entstanden sind. Es ist selbstverständlich, daß mit dem Wort Deich nicht alles gesagt ist; es ist nur eine Andeutung für eine Vielzahl komplizierter Zusammenhänge. Man könnte aus der Kognitions- und Sprachwissenschaft heraus zeigen, wie solche Zusammenhänge einen metaphorischen Charakter haben und wie diese Metaphern untersucht werden können. Metaphern bilden insofern ein unbewußtes System, als sie in unserer Sprache gegenwärtig sind und allgemein zugänglich, jedoch nicht auffallend: sie sind zu selbstverständlich, um uns stets bewußt zu sein. Philosophisch sind sie vergleichbar mit dem Gerüst unserer Sprache – wie Ludwig Wittgenstein es genannt hat –, das sie mit sogenannter Gewißheit umfaßt und den Angelpunkt unseres Denkens formt:

„94. Aber mein Weltbild habe ich nicht, weil ich mich von seiner Richtigkeit überzeugt habe; auch nicht, weil ich von seiner Richtigkeit überzeugt bin. Sondern es ist der überkommene Hintergrund, auf welchem ich zwischen wahr und falsch unterscheide.

95. Die Sätze, die dies Weltbild beschreiben, könnten zu einer Art Mythologie gehören. Und ihre Rolle ist ähnlich der von Spielregeln, und das Spiel kann man auch rein praktisch, ohne ausgesprochene Regeln, lernen.

96. Man könnte sich vorstellen, daß gewisse Sätze von der Form der Erfahrungssätze erstarrt wären und als Leitung für die nicht erstarrten, flüssigen Erfahrungssätze funktionierten; und daß sich dies Verhältnis mit der Zeit änderte, indem flüssige Sätze erstarrten und feste flüssig würden.

97. Die Mythologie kann wieder in Fluß geraten, das Flußbett der Gedanken sich verschieben."[11]

Gehören Canettis Massensymbole zu dem Gerüst bestimmter Lebensformen? Es spricht viel dafür: sie haben innerhalb einer Lebensform einen selbstverständlichen Charakter; man glaubt an sie; sie formen den überkommenen Hintergrund der übrigen Erkenntnisse. Sie selbst sind aber nicht Erkenntnis im gewöhnlichen Sinne: sie sind konkret, nicht abstrakt.

Nationen „*wollen* vielleicht alle dasselbe, aber sie *sind* nicht dasselbe. Sie wollen Vergrößerung...", sagt Canetti, damit das Problem der Nationen mit dem Grundthema von *Masse und Macht* verbindend: Wodurch fühlt sich der einzelne als Mitglied einer Nation? Durch sein Gefühl der Zugehörigkeit zu einer Masse. Diese Angehörigkeit wird aber vermittelt durch Symbole, die sich von Land zu Land, von Nation zu Nation voneinander unterscheiden. Es sind Mythen. Vielleicht ist es das, was es schwer macht, Massensymbole ernst zu nehmen: man hört nicht gerne, daß die modernen Nationen eine nicht-rationale, mythologische Grundlage haben. Trotzdem: es scheint so zu sein!

Anmerkungen

1 Siehe Peter Odermatt, „The use of symbols in the drive for European Integration", in: *Yearbook of European Studies 4*, 1991, S. 217–238

2 Siehe André Siegfried, *Volkscharakter*, Haarlem 1951

3 Elias Canetti, *Masse und Macht*, Frankfurt am Main 1981, S. 81

4 Ebd., S. 189

5 Siehe Andreae Fockema, *Studien over waterschapsgeschiedenis*, Leiden 1952

6 Dante, „Die Hölle", XVer Gesang

7 Siehe Colin White & Laurie Boucke, *The UnDutchables. An observation of the Netherlands: its culture and its inhabitants*, Montrose 1989; A. Joustra (Hrg.), *Vreemde ogen. Buitenlanders over de Nederlandes identiteit*, Amsterdam 1993; Derek Phillips, *De naakte Nederlander*, Amsterdam 1985 und J. Rentes de Carvalho, *Waar die andere God woont*, Amsterdam 1972

8 Siehe H. L. Gumbert, *Lichtenberg und Holland*, Utrecht 1973

9 Lynn Payer, *Medicine and Culture. Varieties of Treatment in the United States, England, West Germany and France*, New York 1988

10 Vgl. J. Th. Leerssen, *Mere Irish & Fior-Ghael*, Amsterdam 1986

11 Ludwig Wittgenstein, *Über Gewißheit*, Frankfurt am Main 1984, S. 139 f.

Kontinuität und Widersprüche des italienischen Nationalsymbols

Luigi Materazzi

1. Unter den Massensymbolen der Nationen, die Canetti analysiert, sticht jenes Italiens besonders durch seine Fragwürdigkeit hervor. Denn im Vergleich zu den anderen Symbolen, die trotz ihrer ursprünglichen Unterschiedlichkeit den positiven Zug der Echtheit gemeinsam haben, weist das Symbol der Italiener – Rom – folgenschwere Widersprüche auf. Die Stadt der „Massen-Gebäude der alten Zeit" und das „zweite Rom" St. Peters, das sich „noch immer unterschiedslos an alle Menschen wandte", konnte kein „Pol für nationale Diskriminierung" sein.[1] Weiters behauptet Canetti implizit, daß es diesem Massensymbol auch an „Anerkanntheit" mangelte, an einer Eigenschaft also, welche eine authentisch massenhafte Identifizierung mit ihm ermöglicht hätte. Der Widerspruch zwischen dem „ersten und zweiten Rom" hätte später den Faschismus dazu geführt, „sich ins alte Kostüm" zu werfen; dies sei ein Versuch gewesen, „Italien ein falsches nationales Massensymbol *aufzuzwingen*".[2] Hier wird nun das Symbol vorwiegend negativ definiert, und zwar in einem solchen Maße, daß seine Auflösung am Ende einer geschichtlichen Epoche, d.h. des Faschismus, als selbstverständlich erscheint. Was den Massen aufgezwungen und von ihnen nicht anerkannt wird, bricht zusammen. Die mangelnde Anerkanntheit des Symbols, ein Terminus, der sich mit Legitimität umschreiben ließe, das Fehlen eines der Elemente, die eine Masse und eine Nation[3] zusammenhalten, trägt zum Zerfall der Masse wesentlich bei. Welches Symbol an Stelle des unechten und gescheiterten tritt, läßt Canetti – auch wegen der Rückversetzung in die Lage nach dem Zweiten Weltkrieg – offen.

Der unmittelbaren Erörterung der Thesen Canettis in ihrem Ursprung und ihrer geschichtlichen Gültigkeit möchte ich hier einige Erwägungen über den Begriff des *Massensymbols* selbst und die Art, in der es in speziellen Fällen veranschaulicht wird, voranstellen.

1.2 Wie in den meisten Teilen von *Masse und Macht* die Beziehung zwischen Symbolen und Massen, so wird die Rolle dieser Symbole bei der Gewährleistung der „Kontinuität des Nationalgefühls"[4] vorwiegend von einem phänomenologischen Blickwinkel aus erhellt. Das Geschichtliche hat im allgemeinen einen untergeordneten Rang. Auch dort, wo es den Ausgangspunkt für manche Beobachtungen bildet, bleibt das primäre Ziel die Deutung auf einer tieferen Ebene, die schwerlich mit positivistischen Methoden zu erfassen ist.

Die spezifische Art der Analyse des nationalen Massensymbols der Italiener, das auf Geschichtlichkeit beruht, sowie die erhebliche Abweichung seiner Merkmale im Vergleich zu den übrigen nationalen Symbolen, sind ein deutlicher Hinweis auf eine differenzierte Auffassung des Symbols selbst. Diese ist sowohl auf die Vieldeutigkeit des Symbolbegriffs als auch auf die Vielfalt seiner Erscheinungen zurückzuführen.

Canettis Zugang zur Bedeutung des Symbols bei der Bildung des „Nationalgefühls" und des „Selbstbewußtseins einer Nation" beruht sowohl auf dem Begriff der Beständigkeit wie auf dem der Veränderlichkeit. Das Subjekt der Wahrnehmung des Symbols, welches als „Angehöriger einer Nation“ auftritt, trägt auch solche Züge in sich, denn es „sieht immer sich selbst ... in starrer Beziehung zu einem bestimmten Massensymbol“.[5] Das Symbol selbst zeichnet sich nämlich einerseits durch seine permanente unterschwellige Präsenz aus, die regelmäßig auftaucht, „wenn es der Augenblick erfordert“, und andererseits durch die Veränderlichkeit. Aus der Spannung zwischen der beinahe archetypischen Präsenz im kollektiven Unbewußten und der Wandelbarkeit entsteht die eigentümliche Kontinuität des Symbols, wobei die Betonung des ersten oder des zweiten Gliedes des Begriffspaares unterschiedliche Ansätze für die Darstellung – und somit zu ihrer Kritik – bietet.

Denn gerade dort, wo Subjekt, Objekt und Wahrnehmungsmodalitäten in ihrer geschichtlichen Komponente überprüfbar sind, und das Massensymbol nicht auf mythologisierter Natur oder Geschichte, sondern auf einem bestimmten Ereignis – wie z.B. der französischen Revolution – oder einem konkreten historischen Gebilde – z.B. Rom – aufbaut, werden Probleme in der Umsetzung des Begriffs sichtbar.

1.3. Der Text über die Italiener geht vom erprobten Handlungsschema der Hoffnung und ihrer Enttäuschung generalisierend aus. Zwischen diesen Polen liegt der märchenhaft anmutende Kampf der Masse der Einheimischen gegen die Masse der Fremden.[6]

Die Anwendung globalisierender Begriffe, welche dieser Darstellungsart sicherlich eigen ist, bietet hier einen weiteren Ansatz zur Kritik und zu späteren Ausführungen: auch im italienischen Risorgimento waren die historisch konkreten Massen, im Sinne von breiten und zahlreichen Bevölkerungsschichten, weitgehend indifferent, und sie standen im geschichtlichen Prozeß der Nationwerdung vielfach abseits. Die *aktive Masse* konnte sich mit Symbolen der nationalen Wiederauferstehung identifizieren; die *regungslose Masse*, das heißt der allergrößte Teil der Bevölkerung des künftigen Nationalstaates, war hingegen von den Vorstellungen der Eliten weit entfernt. Dies ist sicherlich nicht spezifisch für Italien: Forschungen von Historikern verschiedener Schulen haben gezeigt, wie oft erst die Existenz eines Staates die Nation schafft[7], und nicht umgekehrt. Sogar im Falle der *aktiven Masse* ist es mehr als fraglich, ob Rom jenes Massensymbol der Italiener war, das Canetti schildert, und ob man mit dem Begriff *Italiener* überhaupt – in Bezug auf diese Periode – so leicht umgehen kann, wie jüngere Forschungen[8] bewiesen haben.

Weitere Fragen ergeben sich aus der Schilderung im Zeitraffer. Das Auftauchen der Frage der Einheit Italiens in unregelmäßigen Abständen, die sich über Jahrhunderte erstrecken, und zwar von der Krise der Renaissance (16. Jahrhundert) über Romantik, Risorgimento, Einheit und schließlich bis zur Entstehung des Nationalismus hin, wird dermaßen verdichtet, daß das Gefühl einer widerspruchslosen Kontinuität in den Anschauungen und Sehnsüchten der „besten Geister“[9] und in der Präsenz eines Massensymbols, Rom nämlich, vermittelt wird. Die Gefahr einer solchen Schilderung ist eine Verschleierung der Wandlungen in der Wertigkeit des Symbols. Die Änderungen, die im Laufe der Geschichte stattgefunden haben, hatten sicherlich nicht linearen Charakter, und es ist außerdem zu bezweifeln, daß ein solches Symbol selbst bei den Eliten unumstritten war. Angesichts der sozialen Zersplitterung, der – im anthropologischen Sinne – kulturellen Differenziertheit der verschiedenen Landesteile sowie des oft schwachen Zugehörigkeitsgefühls zu einem Staat oder sogar zu der jeweiligen Gemeinschaft sollte man in diesem Zusammenhang auch jene Symbole erforschen, die wegen der soziokulturellen Rückständigkeit tiefer in der Kultur der verschiedenen *Nationen* Italiens und der Eliten verwurzelt waren und die in ihrer eigentümlichen Erscheinung dem Zusammenhalt von Gemeinschaft und Gesellschaft oft entgegengewirkt haben. Ich denke hier, um zwei Beispiele zu nennen, an die Rolle des *familismo amorale* (unmoralischer Familismus)[10] oder an die Funktion *vieler* Städte, und nicht nur *einer* Stadt, in der italienischen Geschichte, wie sie zu Symbolen von *massenhaft* verbreiteten Partikularismen verschiedener Schattierungen wurden. Diese Symbole standen gewissermaßen schon im vorhinein in Konkurrenz zu *einem nationalen Symbol*, und das kann eine Erklärung für den schwachen Impuls zur Identifikation mit einem Staat und einem nationalen Massensymbol überhaupt liefern. Die Problematisierung der Begriffe und der Darstellungsart soll jedoch nicht bedeuten, daß Canettis Thesen falsch sind, denn trotz der Vorbehalte, die bei globalisierenden Begriffen unvermeidlich aufkommen, sind die Fragen der Legitimität, des geschichtlich widersprüchlichen Charakters des Massensymbols und seiner Wandlung im wesentlichen richtig gestellt.

Im folgenden werde ich nun versuchen, die Grundthesen Canettis zu deuten sowie die Funktion und Wandlungen des „Symbols der Italiener" bis in die Phasen der jüngsten Geschichte nachzuzeichnen. Es ist jedoch klar, daß Faschismus und Nationalismus das Massensymbol und den Begriff der Nation selbst so diskreditiert haben, daß sogar die Funktion der Nation in der „kollektiven Identifikation" oder in der „sozialen Integrierung" vielfach heruntergespielt wurde.[11] Die zwei großen politischen Subkulturen, d.h. die marxistische[12] und die katholische, die in den ersten vier Jahrzehnten des demokratischen Staates vorherrschten, haben z.B. den Zug der nationalen Zugehörigkeit eher schwach unterstrichen. Lanaro behauptet, daß eine ähnliche Lage auch in den Jahrzehnten um die Jahrhundertwende festzustellen sei.[13] Nach diesem Historiker werden die „Partikularismen" eher durch die Wirkung der Organisationen der katholischen und sozialistischen Bewegung als durch eine bewußte Politik der Nationalisierung seitens der herrschenden Eliten abgebaut. Beiden Subkulturen, der katholischen wie der sozialistischen, ist dennoch „das Gefühl einer nationalen Identität und Solidarität" fremd.

2. Das Motiv der Erinnerung an das alte römische Reich, der „Ruinenstadt Rom"[14] und des „Italiens der Patrioten"[15] sowie der Konflikt mit der Kirche sind möglicherweise über Jacob Burckhardt und Machiavelli in Canettis Darstellung eingeflossen.[16] „Die Kultur der Renaissance in Italien", das Werk des Schweizer Kulturhistorikers, zählte bereits im vorigen Jahrhundert zu den Lektüren des Bildungsbürgertums deutscher Sprache. Der Kirchenstaat, der Kosmopolitismus Roms und die ständigen Hinweise auf die Ansichten Machiavellis waren übrigens gängige Themen in der deutschsprachigen Geschichtsschreibung des vorigen Jahrhunderts (wie z.B. Gregorovius bei Mommsen). In der Tat, wenn man die Wandlung der Idee der Einheit Italiens zurückverfolgen will, läßt sich schwer von der Einstellung der Intellektuellen – der Träger der Einheitsidee also – zum Altertum absehen. Burckhardts Schilderungen der Wiederbelebung der Antike und seine Betrachtungen über die Sitten der römischen Kirche in der Zeit vor der Reformation führen zu den berühmten Ansichten Machiavellis über Religion und Kirchenstaat in Italien, welcher als schweres Hindernis für die Einheit betrachtet wurde. Nach Machiavelli sei der Kirchenstaat einerseits

unfähig oder zu schwach gewesen, um sich gegen andere Staaten Italiens zu behaupten, und andererseits habe er abwechselnd die Gegner der jeweils stärkeren Staaten unterstützt, um diese dadurch zu schwächen.[17] Die schärfste Beurteilung Machiavellis traf aber die korrumpierende Macht der Kirche: „Durch Kirche und Priester haben wir ... Italiener ... die Religion verloren und sind böse geworden."[18] Es muß jedoch hinzugefügt werden, daß bei Machiavelli die Funktion der Religion an sich positiv beurteilt wird, wo sie zum sittlichen Zusammenhalt eines Staates beiträgt.[19] Das Beispiel des antiken Rom tritt hingegen als positiver Mythos auf. Wie Gramsci bemerkt hat, wurde Machiavelli „zu seiner Auffassung von *der Notwendigkeit* eines italienischen Einheitsstaates durch die Erinnerung an die Vergangenheit Roms" bewegt, aber das soll nicht „mit der literarischen Tradition verwechselt werden".[20] Der positive Mythos des antiken Rom ist bei Machiavelli also hauptsächlich in Hinblick auf die Organisation des Staates und die Rechtseinrichtungen zu werten. Auch in späteren Epochen kehrt eine ähnliche Auffassung der Wirkung Roms bei Autoren wieder, die, wie z.B. Carlo Cattaneo, keine Neigung zu rhetorischen Haltungen zeigten.[21]

Wie tief Machiavellis Beurteilung der Rolle des Kirchenstaates und der Religion gewirkt hatte und weiterhin wirkte, zeigt sich im wiederholten Aufflackern der Auseinandersetzung durch die Jahrhunderte hin. Diese reicht z.B. von Guicciardini, dem großen Zeitgenossen Machiavellis, bis Manzoni (19. Jahrhundert) und Pareto am Anfang unseres Jahrhunderts.[22] Wie bereits erwähnt, finden wir auch bei deutschen Historikern des späten 19. Jahrhunderts einen Nachklang der Wertung Machiavellis, welche zum Teil als Beweis für die Legitimität der Reformation und die Größe Luthers diente, als eine Art Wiedergutmachung der jesuitischen Verunglimpfungen oder als Legitimierung des bismarckschen Kulturkampfes.[23] Gleichzeitig betonten diese Historiker den kosmopolitischen Charakter Roms, der problematisch für den jungen Staat war;[24] nach der Einigung Italiens bedauerten sie den „Verfall eines moralischen Zentrums der Menschheit ... zur Hauptstadt eines Reiches mittelmäßiger Macht ..."[25]

Die Gedanken Machiavellis über die Kirche wurden bereits von Guicciardini widerlegt, und zwar durch die Betonung ihrer Funktion bei der Bewahrung der kulturellen Einheit und als Beschützerin der römischen Bevölkerung gegen die Barbaren.[26] Nach mehr als drei Jahrhunderten, im Laufe des Risorgimento, wurde die kirchliche Tradition in der italienischen Geschichte von gemäßigten Katholiken ebenfalls mit ähnlichen Argumenten hervorgehoben. In seinem Werk über die Langobarden zeigt z.B. Alessandro Manzoni eine Kirche, die vielfach als Hüterin der geschundenen römischen – und noch nicht italienischen – Bevölkerung und ihrer Kultur wirkte.[27] In der Auslegung der Rolle der Kirche als Hüterin der Tradition oder als Hemmnis für die Einheit Italiens sind nun mehrere Richtungen vorhanden, und gerade während des Risorgimento hatte diese Auseinandersetzung einen unmittelbaren politischen Bezug. Der Hinweis auf die römische Geschichte spielte wohl eine Rolle bei der Schaffung des Mythos, aber sein Stellenwert war viel schwächer als das Thema der Funktion der Kirche. In beiden Fällen ging es um die Rekonstruktion einer möglichen gemeinsamen Identität der „Italiener". Eine „Heimsuchung der Erinnerung", wie Canetti treffend formuliert, war es noch nicht, denn es handelte sich um Fragen, die für die Identität eines künftigen Staates grundlegende Bedeutung besaßen. Abgesehen von der Fälschungsgefahr, die in jedem Versuch des Aufspürens gemeinsamer Traditionen liegt – die wahre „Heimsuchung der Erinnerung" begann erst mit der späten rhetorischen Mythologisierung eines wie auch immer gearteten „Primats" der Italiener.[28] Die Ursachen des traditionell schwachen Zusammenhalts der Gesellschaft, die Frage, warum Gruppen schwer zu Massen werden konnten und inwieweit die katholische Kirche jenseits des Kosmopolitismus in dieser Hinsicht bestimmend war, sind eher sporadisch analysiert worden.

In den Augen mancher der „besten Geister" Italiens – so Canetti – war nun das päpstliche Rom nicht nur kosmopolitisch, sondern auch ein Zeichen von Kontinuität in der Geschichte Italiens. Dabei möchte ich nochmals unterstreichen, wie das *eine Symbol* andere in den Hintergrund drängte, die tief in den „Italienern" verwurzelt waren, wie z.B. die verschiedenen Städte. Die Betonung der Vielfalt der Zentren einer real divergierenden italienischen Geschichte und Kultur – in anthropologischer Sicht – hätte damals den Gedanken des einheitlichen Staates zerbrechlicher gemacht. In diesem Sinne ist es auch zu verstehen, wieso der Föderalismusgedanke damals unterliegen mußte.

Rom, ab 1870/71 politisches Zentrum des neuen Staates, ist sicherlich ein Ort der Konfrontation, und das nicht ausschließlich auf symbolischer Ebene. Realer Machtverlust, wie z.B. durch die Einziehung der Kirchengüter, Verfall der Bedeutung der Hierokratie, fortschreitender Schwund der geistlichen und politischen Kontrolle über die Angehörigen des neuen Staates waren nur einige der Gründe für die feindselige Haltung der Kirche. Dabei ging es um Prozesse, die sich in anderen modernen laizistischen Staaten bereits vollzogen hatten. Der Boykott öffentlicher Schulen und die Ausnützung „der Ablehnung der Pflichtschule seitens der ländlichen Bevölkerung, vor allem im Süden"[29], zeigen z.B. den rückständigen Charakter der Opposition der Kirche gegen die Einbindung breiter Volksschichten in den neuen Staat. Eine solche Haltung ist durchaus als Hindernis auf dem Weg zur *Schaffung des Italieners* zu sehen.[30]

Die Wandlung der Wertigkeit des nationalen Massensymbols, die im letzten Viertel des vorigen Jahrhunderts beginnt, auch wenn sie im Keim wesentlich früher festgestellt werden kann, sollte aber nicht nur im Zusammenhang mit der Kirchenfrage betrachtet werden. Die konfliktuellen Beziehungen unter den europäischen Staaten haben die Wandlung des Symbols selbst gewiß beschleunigt. Der allmähliche Übergang zur rhetorischen Wiederbelebung des imperialen Rom[31] entsprach einer Phase der Evolution der „nationalen Idee zum Nationalismus"[32]. Das Aufkommen neuer Staaten in Europa (Italien und Deutschland) sowie die Entstehung eines neuen hierarchischen Staatensystems „mit einer stabilen, aber zugleich veränderbaren Hackordnung"[33] – so Wallerstein – hatten die Grundlagen für die Entwicklung „vom Nationalitätsprinzip zu den Vorherrschaftsbestrebungen"[34] gelegt. Das Zeichen der Wandlung der „Nation als geistiger Einheit", von der Renan 1882 sprach, „zur organischen Einheit auf der Grundlage mythologisierter Geschichte"[35] ist im neuen Verständnis des Massensymbols deutlich sichtbar. In einer Zeit, in welcher die Fähigkeit zur Eroberung ein wichtiges Kriterium war, um „ein Volk als Nation zu klassifizieren"[36], erscheint die Wandlung des Rom-Massensymbols als ein ärmlicheres Zeichen des Nationalismus innerhalb eines europäischen Phänomens, als ein rhetorischer Ersatz für reale Schwäche.

2.1 Die Idee des imperialen Rom – und hier beginnt an sich jene „*Heimsuchung der Erinnerung*", von der Canetti sprach – verband sich nun mit den Bestrebungen nach einer

Expansionspolitik, welche ihrerseits auch durch den neu erdichteten *Mythos der „großen proletarischen Nation"* legitimiert wurde. Der relative Bevölkerungsüberschuß und die Auswanderung, die im letzten Drittel des vorigen Jahrhunderts schon voll im Gange war, sollten zum Teil eine Rechtfertigung für die Kolonialkriege liefern. Die Errichtung von Kolonien als würdige Alternative zur Auswanderung wird zu einem oft wiederholten Argument: die italienische Nation, oder besser gesagt jene, die sich als solche betrachtete, sollte der Bevölkerung beweisen, daß sie imstande war, Perspektiven zu eröffnen. Anders ausgedrückt: die *Massen-Bewegung sollte nicht als Abfall von der großen Masse der Nation* empfunden werden. Halten wir uns die manchmal tief empfundenen Bedürfnisse nach einem Zusammenhalt des neuen Staates vor Augen, so wird verständlich, wie z.B. sachliche Kenner süditalienischer Zustände bald zu überzeugten Befürwortern einer Kolonialpolitik[37] wurden; zur Zeit des Krieges in Libyen (1911) entdeckten sogar Gegner einer solchen Politik darin positive Aspekte für die Kohäsion der Nation selbst.[38] Daß die direkt betroffenen Angehörigen der „großen Proletarierin" nicht sonderlich begeistert waren und daß sie „weder vom Krieg, noch von der neuen Kolonie etwas verstanden "[39], ist ein weiterer Beweis dafür, wie weit *die Bedürfnisse realer Massen und die Vorstellungen derer, die sie lenken möchten, auseinanderliegen können.* Die Nationalisierung der Massen, d.h. ihre organische Einbindung in die Nation, erfolgte in dieser Zeit (wo sie glückte) konkret und dauerhafter über andere Wege: durch die Schule, die sozialen Kämpfe und Reformen, durch die internen Wanderungen infolge der Wirtschaftsentwicklung.

Mythologisierte Geschichte des imperialen Rom als Argument bei der Vorbereitung des Kriegs in Libyen, Zitate antiker Autoren über die Reichtümer der künftigen Kolonie als Ersatz für „rationale" Beweisführung: eine Frage der Mentalität oder bloß grobe Propaganda? Beides, denn in den Augen der Nationalisten hatten die Kolonien vor allem den Wert eines Großmachtsymbols.[40]

Canetti siedelt die Lösung der Zwiespältigkeit des Rom-Symbols in der Periode des Faschismus an. Aber in Wirklichkeit waren die extremen Spannungen mit der Kirche bereits überwunden, und die Katholiken waren in politischer und sozialer Hinsicht schon zu einer beachtlichen Kraft geworden und gewissermaßen zu einem aktiven Teil der Nation. Bei manchen lauten nationalistischen Geistern (wie z.B. Papini) konnte sich sogar das Wunder der Verschmelzung *aller brauchbaren Symbole* der italienischen Geschichte vollziehen: Rom, Kirche, Renaissance waren die Italiener.[41]

Die *Degradierung des nationalen Massensymbols zur Kulisse* schritt nun fort: seine Zerbrechlichkeit ging Hand in Hand mit der Funktionalisierung des Mythos. Diese Wandlung hatte ihr Äquivalent in der konkreten Umgestaltung der Stadt und darin, wie sie mit neuen Zeichen einer anderen Macht ausgestattet wurde.

3. Die Hauptstadt Italiens wurde von Anfang an tiefen Veränderungen in ihrer städtebaulichen und sozialen Struktur ausgesetzt. Dabei ging es vordergründig nicht um Symbole, sondern um für den Aufbau einer modernen Verwaltung funktionale Eingriffe.[42] Der funktionale Aspekt ist aber von der Art der Änderungen selbst und vom zeichenhaften Charakter der neugeschaffenen Symbole nicht zu lösen. Das wird am Beispiel des Denkmals für Vittorio Emanuele II., des Vittoriano, verdeutlicht. Wie Bruno Zevi sehr treffend formuliert, hätte eine moderne und demokratische Nation ein solches Denkmal weder in jener Di-

mension noch in dem klassizistisch anmutenden Stil gebaut: „Eine solche Nation hätte das Geld dazu verwendet, um Sozialwohnungen, Schulen, Bibliotheken zu errichten, und um die Landwirtschaft und das Gesundheitswesen zu reformieren (...). Das Vittoriano vermittelt die Zerbrechlichkeit eines rückständigen Landes, welches vortäuscht, fortgeschritten zu sein, indem es ein schwülstiges, ... anmaßendes, bombastisches Gehabe annimmt".[43] Der Riesenbau wurde erst durch die Zerstörung der Hälfte des Kapitolshügels, die Zerlegung und Verschiebung von Bauten (Palazzetto Venezia), durch das Verschwinden von Straßen und historischen Denkmälern[44] ermöglicht. Der Umgang mit der historischen Schichtung der Stadt war ein klares Zeichen für den Hang zur leichtfertigen Verwüstung und zum Theaterhaften zugleich. Wie im Falle des Nationalismus und des Kolonialismus hat das faschistische Regime auch die Tendenzen in der rhetorischen Verwertung des Rom-Symbols übernommen und eklektisch weitergeführt.

Die Zerstörung ganzer Stadtteile Roms, die Zwangsaussiedlung *alter römischer Volksschichten* vom Stadtzentrum an die Peripherie, die Freilegung römischer Ruinen oder ihre Zuschüttung, die Verlegung von Kirchen, all das wurde rasch vollzogen. Ja manchmal, vor allem in der ersten Phase, so rasch, daß es die Ausgrabenden nicht einmal der Mühe wert fanden, das Ausgegrabene in Dokumenten festzuhalten. Der Kult der „Geschwindigkeit" futuristischer Prägung konnte sich hier deutlich äußern. Die geschichtlichen Ablagerungen aus den „Jahrhunderten des Verfalls", wie Mussolini schrieb,[45] wurden „weggelichtet", um eine Perspektive vom Palazzo Venezia bis zum Kolosseum freizulegen.[46] Die unmittelbare Assoziation zwischen altem Rom und Faschismus wurde durch die Ziehung einer geraden Linie hervorgerufen. Manche Stadtteile wurden wie Kulissen für ritualisierte Massentreffen gestaltet.

Die „Romanomanie" war die Äußerung einer Kultur, die den Rom-Mythos trivialisierte. Dabei war das Kostüm weder „echt" noch „alt", wie Canetti sagt: dieses Kostüm war eher jenem der Filme mit historisch-mythologischen Stories aus einer fiktiven Romgeschichte ähnlich, die schon vor dem Ersten Weltkrieg beachtliche Erfolge gefeiert hatten.[47] Zwischen dem authentischen Anliegen der Suche nach einer gemeinsamen Identität entlang der dünnen Linie der Vor-Geschichte und der Verwandlung des Massensymbols in Filmstreifen sowie der Trivialisierung der Archäologie zeichnet sich der progressive Verfall der Aura des Massensymbols ab.[48]

Trotz seiner Rückständigkeit im Vergleich zu anderen europäischen Staaten trug der italienische Kontext auf vielen Gebieten die typischen Merkmale einer modernen Gesellschaft. Die zunehmende Verbreitung der Massenkommunikationsmittel ermöglichte in Italien, wie auch anderswo, die Lockerung der Trennung zwischen öffentlichem und privatem Bereich, die Durchdringung der privaten Sphäre mit nationalen Symbolen. Das konnte zumindest dort geschehen, wo die Gesellschaft mehr entwickelt war. Die neue totalitäre Staatsform und die reaktionäre Eingliederung der Massen in die Nation waren freilich faschistisch. Der gewaltige Nationalisierungsschub des Ersten Weltkrieges wurde ausgenutzt und fortgesetzt. Genauso wie in den vorangegangenen Jahren hatte die Frage der Einordnung voneinander divergierender sozialer und politischer Identitäten in den Nationalstaat zentrale Bedeutung. Durch die ständische Organisation der Wirtschaft, die Schaffung von Sport- und Freizeiteinrichtungen, durch die Schule und den Ausbau des sozialen Netzes wurde der Versuch unternommen, eine engmaschige Verflechtung der verschiedenen Lebensbereiche zu realisieren. Die antifaschistischen Strömungen – und Schichten – verschiedenen Ursprungs waren diesem Prozeß genauso ausgesetzt wie die „bejahende Masse“. Wo hingegen die Gesellschaft an sich so rückständig war, daß sie in einer anderen zeitlichen und kulturellen Dimension lebte, drangen die Formen der Nationalisierung kaum unter die Oberfläche.[49] *Die regionalen Kulturen – die sozioökonomische Peripherie – standen vielfach in einer „regungslosen“ Beziehung zum nationalistischen Zwangsapparat.* Die Frage der *Zwangsitalianisierung* der neuen Minderheiten, wie z.B. in Südtirol, stellt sich hingegen in dieser Periode ganz anders dar: die Unterwerfungsmechanismen sind eher mit jenen der Kolonialisierung zu vergleichen.

4. Abschließend möchte ich neuerlich auf Canettis Darstellung zurückkommen und, von seinem Text ausgehend, die mögliche Beziehung der Masse zur Macht skizzieren. Als Canetti die Figur des Komödianten (oder der Holzpuppe) wachruft, erinnert er wohl an das Bild der „Italiener“ überhaupt, wie wir es von berühmten Reisenden vergangener Epochen kennen. In der Tat, diese Gestalt des Komödianten, die den traditionellen Hang zur Schauspielkunst zeigte, trat wie eine Figur aus Kostümfilmen auf, deren monumentale Hintergründe von ihr selbst geschaffen worden waren. Diese Selbstschöpfung fügte sich in die Spuren eines Symbols, das unmittelbaren politischen Zwecken unterworfen und somit degradiert worden war. Das massenweise Vorkommen dieser Spuren – um Walter Benjamin zu paraphrasieren – hatte gewissermaßen zu ihrer „umfassenden Liquidation eingeladen“[50]. Das „alte Kostüm“ war sicherlich viel zu weit, wie Canetti sagt: aber es war inzwischen auch eine beliebig reproduzierbare Hülle geworden.

Wie die Massen, die in ritualisierten Abständen dieses Rom füllten, die Art, wie sie das Massensymbol selbst empfanden, kann nicht mit Sicherheit beschrieben werden. Dieses Symbol, das wahrscheinlich sogar für seine Träger bloß eine Hülse war, hatte andere Symbole verdrängt und verschleiert. Die tiefen Verschiedenheiten der Nation waren nicht mit einem *undurchlässig einheitlichen Nationalgefühl* zu verbinden. Und am Ende dieser Zeit standen „Fluchtmassen“. Wie unglaubhaft das Rom-Symbol war und welch geringen Symbolwert es hatte, zeigte sich nämlich in den Tagen nach dem 8. September 1943, d.h. nach der Bekanntgabe des am 3. September geschlossenen Waffenstillstandes zwischen Italien und den Alliierten, als Königsfamilie und oberste Heeresleitung nach Pescara flohen, ohne die notwendigen militärischen Maßnahmen zu treffen. Wie man diese Flucht auch immer betrachten mag[51] – die Tatsache, daß der Papst die einzige Autorität der Stadt blieb und daß Rom vor allem als Zentrum des katholischen Christentums und wegen seiner archäologischen Schätze zur „offenen Stadt“ erklärt wurde, verrät die Verneinung seiner Italianität.

5. Aus Kriegstrauma, Bürgerkrieg und antifaschistischem Widerstand hätte an sich ein *nicht-nationalistisches* Zugehörigkeitsgefühl entstehen können. Eine „Nation der Bürger“[52], demokratisch also, war möglich. Diese Nation der Bürger hätte eine neue Dialektik zwischen Konsens zu einer politischen Gemeinschaft und Bezug zu geschichtlich und kulturell gemeinsamen Traditionen[53] auslösen können. Die „Anerkanntheit“ eines gemeinsamen Symbols – wie Canetti sagt – hätte sich dauerhaft mit der Akzeptanz verschiedener Kulturen und somit anderer Symbole verbinden können. Und zum Teil geschah das auch.

Auf die Frage, warum die Italiener – die heute wohl existieren – diese Gemeinsamkeiten zu wenig betonen oder manchmal sogar von ihnen Abstand nehmen, ist jedoch nicht leicht zu antworten. Der jetzige Verfallsprozeß der nationalen Institutionen erleichtert eine neue „Aggregation" von Massen durch unechte Symbole, deren Ab- und Ausgrenzungscharakter deutlich sichtbar ist. Ihre geschichtliche Fragwürdigkeit und die Mythologisierung der Geschichte nach dem erprobten Muster des Nationalismus bedeuten sicher nicht, daß sie ungefährlich sind.

Anmerkungen und bibliographische Hinweise

1 Elias Canetti, *Masse und Macht*, Frankfurt am Main 1980, S. 195

2 Ebd.

3 Ernest Renan, „Qu'est-ce qu'une nation?", in: *Discours et conférences*, Paris 1935, S. 307

4 Ebd. S. 187

5 Elias Canetti, *Masse und Macht*, S. 187

6 Ähnlich wie bei anderen nationalen Symbolen, weist dieser Text zwei wesentliche Merkmale auf: Generalisierung und Erzählung im Zeitraffer. Die metaphorischen Zeichen aus dem zoologischen Bereich – Heuschreckenschwarm und Geziefer –, die im Paradigma Canettis als Beispiele von Masse an sich (Schwarm, einem Ameisenhaufen ähnlich) oder als Glied „zweier doppelt verschränkter Massen" mehrfach vorkommen, haben vor allem die Funktion der Veranschaulichung innerhalb des Verallgemeinerungsverfahrens. Daß solche methaphorischen Zeichen in Zusammenhang mit der Entstehung von Feindbildern einen relevanten Platz einnehmen, ist naheliegend. Um eine irreführende Deutung solcher Zeichen zu vermeiden, können wir ihren Sinn nur durch die Erhellung der gegenseitigen Bezüge im Werk selbst erschließen. Die Verflechtung von *nationalen Massensymbolen* und *Massensymbolen* als „kollektive Einheiten, die nicht aus Menschen bestehen und dennoch als Massen empfunden werden ... [wie] das Korn, ... der Wald, ... der Sand, ... das Meer ..." (*Masse und Macht*, S. 81), ist ein Element der Sinngebung und verweist auf einen Symbolbegriff, der an einen Mythus gemahnt. Diese Hervorhebung scheint mir schon deshalb erforderlich, damit die Spezifizität der einzelnen Texte und ihrer Aussagen nicht verwischt wird.

7 Erich J. Hobsbawm, *Nationen und Nationalismus. Mythos und Realität seit 1780*, Frankfurt/Main 1992: „Nicht die Nationen sind es, die Staaten und Nationalismen hervorbringen, sondern umgekehrt.", S. 21

8 Giulio Bollati, „L'italiano", in: *Storia d'Italia Einaudi. I caratteri originali II*, 1972, S. 951–998

9 *Masse und Macht*, S. 195

10 Vgl. E. Banfield, *The Moral Basis of a Backward Society*, Glencoe 1958 (Ill.), (it. Übers. *Le basi morali di una società arretrata*, D. De Masi (Hg), Bologna, Il Mulino 1976, S. 10, zit. in: Paul Ginsbourg, 1989, S. X; zu diesem Thema vgl. Carlo Tullio-Altan, *La nostra Italia. Arretratezza socioculturale, clientelismo, transformismo e ribellismo dall' Unità ad oggi*, Milano 1986, insbes. Kap. 1, „Le premesse", S. 11–39

11 Gian Enrico Rusconi, *Se cessiamo di essere una nazione*, Bologna 1993, S. 8–9

12 Es soll aber hinzugefügt werden, daß die KPI das nationale und patriotische Element im antifaschistischen Widerstand und Bürgerkrieg sowie in späteren Perioden als Legitimierung ihrer eigenstängigen Politik stets betont hat.

13 Silvio Lanaro, *L'Italia nuova. Identità e sviluppo 1861–1988*, Torino 1988, S. 111

14 Jacob Burckhardt, *Die Kultur der Renaissance in Italien* (1860), Stuttgart 1958, S. 166 f.

[15] Ich denke hier vor allem an den Schluß des ersten Abschnitts von Burckhardts Werk, S. 118–119

[16] In der von Canetti angegebenen Literatur werden die Werke beider Autoren angeführt.

[17] Niccolò Machiavelli, *Discorsi*, Hg. A. Oxilia, Firenze 1926

[18] Ebd., S. 153

[19] Ebd.

[20] Antonio Gramsci, „Note sul Machiavelli, sulla politica e lo stato moderno", in : *Opere, Quaderni del carcere*, 4, Torino, Einaudi 1949, Zit. 7 1974, Anm. S. 5–6

[21] Im Lauf des Risorgimento, in einem Aufsatz über die Geschichte Sardiniens schreibt dieser Autor in bezug auf das 11. Jahrhundert: „Die Waffen ebneten den Weg für den Handel, und dieser belebte die alte Verbindung der Völker, die hauptsächlich von der römischen Kultur bewirkt worden war", in: Carlo Cattaneo, (1841), „Della Sardegna antica e moderna", in: *Milano e l'Europa, Opere scelte, Scritti 1839–1846*, Torino 1972, S. 101–159, zit. S. 191–193

[22] Vgl. Vilfredo Pareto, *Compendio di sociologia generale* (1920), Torino 1978, S. 470–473

[23] F. Gregorovius, *Wanderjahre*, vol. III (trad. it. Nelle Puglie, Firenze 1882), in: Ernesto Ragionieri, *Italia giudicata. Dall'unificazione alla crisi di fine secolo* (1861–1900), Bari, Laterza 1969, neue Auflage bei Einaudi 1976, Zit. Bd. I, S. 266–272

[24] Mommsen, zit. in: Federico Chabod, (1951), *Storia della politica estera italiana dal 1870 al 1896*, Bari, Laterza 1965, S. 221, 292, Anm. 26

[25] Gregorovius, zit. in: Federico Chabod, (1951), *Storia della politica estera italiana dal 1870 al 1896*, Bari, Laterza 1965, S. 221

[26] Vgl. Francesco Guicciardini, „Considerazioni intorno ai Discorsi di Machiavelli sopra la 'Prima Deca di Tito Livio'", in: *Opere*, Hg. V. De Capraris, Milano–Napoli 1961, S. 340–341

[27] Alessandro Manzoni, (1845) „Discorso sopra alcuni punti della storia longobardica in Italia", in: *Tutte le Opere*, Bd. IV, Saggi storici e politici, (Hg. Ghisalberti, Fausto), Milano, Mondadori 1963, S. 3–177, insbes. S. 168–169, mit Zit. Machiavellis.

[28] Etienne Balibar, „Die Nation-Form: Geschichte und Ideologie", in: Etienne Balibar et Immanuel Wallerstein, *Rasse-Klasse-Nation. Ambivalente Identitäten*, Hamburg, Berlin 1992. Wir können somit konstatieren, daß die Bildung des Nationalstaats eine lange „Vorgeschichte" hat. Diese unterscheidet sich allerdings erheblich vom nationalistischen Mythos eines linearen Schicksals. Zit. S. 108–109

[29] Vgl. P.D. Fischer, *Italien und die Italiener*, Berlin 1899, zit. in: *Ragionieri*, S. 124

[30] Der Gegensatz zwischen dem katholisch-kosmopolitischen Rom und Rom als Hauptstadt der Nation weist selbstverständlich viele Aspekte auf, und Canetti liefert in seinem Werk Ansätze zu aufschlußreichen Analysen auf verschiedenen Ebenen. Im Abschnitt „Katholizismus und Masse", S. 172–176, Kapitel über „Meute und Religion", finden wir z.B. Elemente, die ein Verständnis des Zwistes Kirche-Nation auf einer tieferen und allgemeineren Ebene ermöglichen. „Langsamkeit und Ruhe" als Merkmale des Katholizismus stehen an sich in Widerspruch zur „Geschwindigkeit", die Massenbewegungen oft kennzeichnet. Die Beschleunigung der Wandlung des nationalen Massensymbols konnte diesen Konflikt nur verschärfen. „... Was immer die Kirche zu zeigen hat, wird *langsam* gezeigt. Prozessionen sind ein eindruckvolles Beispiel dafür." (ebd., S. 175). Der Kult der Geschwindigkeit im frühen 20. Jahrhundert (Futurismus) zeigt eine Facette dieses strukturellen Konfliktes, welcher sich wiederum in der Art der Bewegung der Massen – oder wie sie ständig bewegt und mobilisiert wurden, äußert.

[31] Giulio Bollati, a.a.O, S. 998

[32] Franco Gaeta, „Dalla nazionalità al nazionalismo", in: *La cultura italiana tra '800 e '900 e le origini del nazionalismo*, Firenze 1981, S. 23

[33] Immanuel Wallerstein, „Die Konstruktion von Völkern: Rassismus, Nationalismus, Ethnizität", in: Etienne Balibar et Immanuel Wallerstein, a.a.O, S. 102

[34] Franco Gaeta, a.a.O., S. 38

[35] Ebd., S. 38; hiezu vgl. auch Ernest Renan, S. 306: „Une nation est une âme, un principe spirituel."

[36] Erich J. Hobsbawn, a.a.O., S. 51

[37] Vgl. Claudio G. Segrè, *L'Italia in Libia. Dall'età giolittiana a Gheddafi*, Milano 1978, S. 26

[38] Ebd., S. 36–40

[39] Ebd., S. 37; das Zitat bezieht sich auf die Haltung der Bauern Kalabriens.

[40] Dadurch wurden die Probleme der Überbevölkerung nicht gelöst. Vgl. ebd. S. 11, 13

[41] Vgl. Giovanni Papini, „Un programma nazionalista, discorso pronunciato nel 1904", in: Francesco Perfetti, *Il nazionalismo italiano dalle origini alla fusione col fascismo*, Bologna 1977 (S. 72–90), S. 87–89

[42] Im Vergleich zu 1870 hatte Rom am Beginn des Jahrhunderts die eigene Bevölkerung mehr als verdoppelt und einen Modernisierungsschub erfahren Vgl. Italo Insolera, *Roma moderna. Un secolo di storia urbanistica 1870–1970*, Torino 1962, S. 78

[43] Bruno Zevi, *Il linguaggio moderno dell'architettura. Guida al codice anticlassico*, Torino 1973, S. 24

[44] Vgl. Italo Insolera, a.a.O., S. 77

[45] Zit. nach Giorgio Ciucci, *Roma moderna. Un secolo di storia urbanistica 1870–1970*, Torino 1989, S. 89

[46] Vgl. Antonio Cederna, *Mussolini urbanista. Lo sventramento di Roma negli anni del consenso*, Bari 1979, S. 121–139

[47] Vgl. Gian Piero Brunetta, *Cent'anni di cinema italiano*, Bari 1991, S. 62–71

[48] Freilich waren solche Tendenzen im Umgang mit der Geschichte einer Stadt auch in anderen Ländern nicht neu. In diesem Sinne haben die Stadtplaner Roms viel mit Haussmann gemeinsam. Es muß weiters hinzugefügt werden, daß die Sucht nach Zurschaustellung von Ruinen sich mit modernisierenden Richtungen verbinden konnte. Die Kultur war nicht monolithisch verschlossen. Sowohl die städtebaulichen als auch die architektonischen Eingriffe in anderen wichtigen Zentren Italiens wie Turin, Mailand, Brescia, und in Rom selbst – Città Universitaria – zeigen eine durchaus differenzierte Auffassung von der modernen Stadt und der Architektur.

[49] Eine aufschlußreiche Beschreibung dieses Umstands bietet Carlo Levi in *Cristo si è fermato a Eboli*. Der Abstand zwischen Staat und Bevölkerung wird auch in dieser Zeit in keinem Bereich gemindert.

[50] Walter Benjamin, *Das Kunstwerk im Zeitalter seiner technischen Reproduzierbarkeit* (1936), Frankfurt/Main 1977, S. 14

[51] Chabod sieht z.B. dieses Ereignis nicht negativ: „Der italienische Staat – und das ist wichtig – bleibt weiterhin mit seiner legalen Regierung und seiner legalen Form, der Monarchie, auf italienischem Boden bestehen." Federico Chabod, *Storia della politica estera italiana dal 1870 al 1896*, Bari 1965, S. 83

[52] Vgl. Gian Enrico Rusconi, *Se cessiamo di essere una nazione*, Bologna 1993, S. 30

[53] Ebd., S. 31

Federico Chabod, *Die Entstehung des neuen Italien*, Reinbek bei Hamburg 1965 (Orig. *L'Italia contemporanea 1918–1948*. Lezioni alla Sorbona, Torino, Einaudi, 1961).

Romeo Rosario, *L'Italia unita e la prima guerra mondiale*, Bari, Laterza 1978

Corrado Vivanti, *Lacerazioni e contrasti, in Storia d'Italia Einaudi. I caratteri originali II.*, Torino 1972, S. 869–931

Die Vermehrungsmeute

Konrad Paul Liessmann

Zuerst zwei Vorbemerkungen: eine zum Titel des Referats, eine weitere zum hier vorgelegten Umgang mit Canetti.

Zum ersten: In dem folgenden Vortrag wird es – zumindest vordergründig – nicht um spezielle Nationen und ihre Symbole gehen, sondern um die Frage, inwiefern die Bildung der Nationen ein notwendiges Konzept für die Modernisierung von Gesellschaften darstellen kann; es wird sich zeigen, daß diese Frage nicht beantwortet werden kann, ohne sich in interessante Widersprüche zu verstricken. Das heißt aber auch, daß hier keine umfassende Theorie von Nationalität geboten werden kann, sondern nur ein Aspekt beleuchtet werden soll, der in der Frage nach den Massensymbolen vielleicht ausgeblendet werden mußte.

Bei meinen Ausführungen werde ich mich sehr explizit auf einige Partien aus Canettis „Masse und Macht" beziehen. Ich gestehe, daß ich, wann immer ich in diesem Buch lese, mit höchst ambivalenten Gefühlen reagiere: einer Mischung aus Faszination und Ärger. Faszinierend an Canetti finde ich, neben dem Materialreichtum seiner Studien, vor allem die Unverfrorenheit, mit der er seine durch ethnologische Prosa angereicherten archaischen Modelle auf die moderne Gesellschaft überträgt. Aber genau in diesem Verfahren liegt auch das Ärgerliche: Die Magie seiner Sprache, die selbst nicht frei ist vom Gestus des Archaischen, suggeriert Einsichten und Erkenntnisse auch dort, wo es sich vielleicht wirklich nur um atmosphärische Beschreibungen und nicht um analytische Verfahren handelt. Ich lasse mich aber, wie in einem Gedankenexperiment, auf Canettis Verfahren ein, um zu sehen, was herauskommt, wenn man seine Verfahren und Ansätze auf spezifische Probleme neuerer Gesellschaften anwendet. Möglich, daß das Resultat des Experiments wenig gefällt; daran wird aber Canetti nicht ganz unschuldig sein. Vorerst allerdings ist ohnehin weit hinter Canetti zurück- und damit vorzugreifen.

Im Jahre 1776 erschien ein Buch, das, obwohl es die *Nation* im Titel trägt und als ein epochales Werk gilt, selten zitiert wird, wenn von Nationen und vom Nationalismus die Rede ist: Adam Smith' *An Inquiry into the Nature and Causes of the Wealth of Nations.* Das Mißverhältnis scheint indes aufklärbar. *Der Wohlstand der Nationen*, so der gebräuchliche Titel des Werkes, gilt als die grundlegende Schrift einer dem Liberalismus verpflichteten Nationalökonomie, und es gehört zu den Geheimnissen unserer politischen Kultur, daß das Anstößige des Nationalismus in allen möglichen Verbindungen aufleuchten mag, nur nicht in der Verbindung mit der Ökonomie. Adam Smith' Buch beginnt mit folgenden Sätzen: „Die jährliche Arbeit eines Volkes ist die Quelle, aus der es ursprünglich mit allen notwendigen und angenehmen Dingen des Lebens versorgt wird, die es im Jahr über verbraucht. Sie bestehen entweder stets aus dem Ertrag dieser Arbeit oder aus dem, was damit von anderen Ländern gekauft wird. Ein Volk ist daher um so schlechter oder besser mit allen Gütern, die es braucht, versorgt, je mehr oder weniger Menschen sich in den Ertrag der Arbeit oder in das, was sie im Austausch dafür erhalten, teilen müssen."[1]

Trotz oder gerade wegen ihrer Schlichtheit definieren diese Sätze den modernen Begriff der Nation: als jenen Parameter, der die Produktion und Distribution von Gütern – Arbeit und Verteilung – zeitlich und räumlich in eine Ordnung bringt und damit überhaupt erst konstituiert. Das Volk, das als Adressat und Quelle allen Reichtums gedacht wird, ist so gesehen zweifellos keine primär ethnische Kategorie – aber eine Kategorie, die Grenzen setzt und sich abgrenzen muß. Der Aufwand für die Produktion muß in einem akzeptablen Verhältnis zur Verteilung stehen. Der Nationalstaat, was immer er sonst noch sein mag, fungiert als Rahmen, der nichts als dieses Verhältnis bestimmt. Die Nation ersetzt damit jene Bezugsrahmen, die in vormodernen Gesellschaften Produktion und Verteilung regelten: Familien, Clans, Sippen, Stämme.

Smith' Eingangsüberlegung enthält allerdings noch eine andere Pointe: Dieser Rahmen – das Volk, die Nation, der Staat – definiert nicht nur die Bedingungen der Produktion, sondern auch die der Distribution – aber ohne Rücksicht darauf, wie diese dann im Detail geregelt ist und in welchem Maße die einzelnen daran partizipieren. Mit anderen Worten: Man kann sich in einem Staat ungerecht behandelt fühlen – aber damit setzt man diesen Staat nicht außer Kraft, sondern voraus. Noch anders formuliert: Man kann arm sein, aber Mitglied einer reichen Nation, kann an diesem Reichtum teilhaben, ohne reich zu sein.

Man könnte es auch so formulieren: Menschen, die an einer räumlich und zeitlich definierten Ordnung der Produktion und Distribution von Gütern als Produzenten und Konsumenten teilnehmen, sind Mitglieder einer Nation, gleich welcher Herkunft, Hautfarbe, Religion oder welchen Geschlechts sie sein mögen. Da aber eine Nation in diesem Sinn durch eine räumliche Ordnung definiert ist, diese aber aus sich heraus nicht generiert werden kann – arbeiten und essen kann man überall –, fungieren diese Parameter und ihre historische Metaphorik als willkommene Konstitutionsmöglichkeiten. Deshalb ist es auch unsinnig, die Nation an *einem* Merkmal – Sprache, Kultur, Religion oder Geschichte – fixieren zu wollen. Es sind die Zufälle der Geschichte selbst, die aus unterschiedlichen Kombinationen dieser Merkmale Nationen gebären. Die Symbole der Nationen sind dann Zeichen der Ordnung, Identifikationsangebote, die auch eine emotionale Bindung von reinen Produktions- und Distributionsgemeinschaften ermöglichen. Sie lösen jene Familienwappen ab, die in früheren Zeiten signalisierten, unter welcher Herrschaft man stand, gleichgültig, welcher Sprache oder welcher Religion man angehörte. Der Nationalstaat ist nichts anderes als die Form, in der diese Ordnung zur politischen Realität wird. Elias Canetti geht weit hinter diese politische Realität zurück.

Die Probleme von Produktion und Distribution behandelt Canetti unter dem Stichwort der *Meute*. Das mag auf den ersten Blick verblüffend wirken, wie viele der methodischen Atavismen Canettis. Die Meute, wir erinnern uns, ist die „ältere Einheit", aus der erst in der Moderne die *Massen* entstehen. Die Meute, das ist die „Form gemeinsamer Erregung" bei „Horden von geringer Zahl, die in kleinen Rudeln von zehn oder zwanzig Mann umherwandern".[2] Die Meute wird von Canetti bewußt als Gegenbegriff zu allem, was sonst als Sippe, Stamm oder Clan bezeichnet wird, gesetzt. Während diese Kategorien etwas Statisches bezeichnen, ist die Meute durch ihre Dynamik gekennzeichnet: „Die Meute … ist eine Einheit der *Aktion*, und sie tritt *konkret* in Erscheinung."[3] Sie ist die Urform menschlich-kooperativen Verhaltens. Es sind gerade nicht die, die durch Geburt und Stamm zusammengefügt sind, die sich in einer Meute treffen, sondern Meuten sind immer, und das ist entscheidend, *funktionale* Einheiten. Menschen unterschiedlicher Herkunft rotten sich zusammen, um etwas zu tun. Sie haben eine gemeinsame Aufgabe. Die Frage ist, ob diese Konstruktion der Meute für eine Theorie der Nationen einen heuristischen Wert haben kann.

Die Meute tritt bei Canetti bekanntlich in vierfacher Gestalt auf: als *Jagdmeute*, als *Kriegsmeute*, als *Klagemeute* und als *Vermehrungsmeute*. Meuten bilden sich also, wenn eine Beute zu jagen, ein Feind zu bekämpfen, ein Toter zu beklagen ist, oder wenn man mehr und größer werden will, als man ist. Damit aber, so unsere These, sind auch jene historischen Zufälle konfiguriert, aus denen dann Nationen werden können. Das „folgen- und erfolgreichste Gebilde", das die Menschheit je hervorgebracht hat, war nach Canetti aber die *Vermehrungsmeute*[4]: „Sie ist von ungeheurer Bedeutung, weil sie die eigentliche Triebkraft zum Umsichgreifen des Menschen war. Sie hat ihm die Erde erobert, und sie hat zu immer reicheren Zivilisationen geführt. Ihre Wirksamkeit ist in ihrer vollen Tragweite nie erfaßt worden, denn der Begriff der Fortpflanzung hat die eigentlichen Vorgänge der Vermehrung verstellt und verdunkelt. Sie ist von allem Anfang an nur im Zusammenwirken mit Vorgängen der *Verwandlung* zu begreifen."[5]

Ausgehend von der zahlenmäßigen Begrenztheit der Meute unterstellt Canetti ihr eine Mechanik der Zunahme: „Es kann keinem Zweifel unterliegen, daß der Mensch, sobald er es einmal war, *mehr* sein wollte. Alle seine Glaubensformen, seine Mythen, Riten und Zeremonien sind von diesem Wunsche erfüllt."[6] Die Logik dieser Vermehrung – und dies macht ihre Bedeutsamkeit aus – impliziert eben nicht nur die Vermehrung der Menschen, sondern auch, daß die Welt selbst, sofern sie mit den Menschen in einem funktionalen Zusammenhang steht, mehr werde: „Denn an seine Vermehrung hat der Mensch ursprünglich nicht losgelöst von jener der anderen Geschöpfe gedacht. Seinen Wunsch nach ihr überträgt er auf alles, was ihn umgibt. So wie es ihn zur Vergrößerung seiner eigenen Horde treibt, durch eine reichliche Versorgung mit Kindern, so will er auch mehr Wild und Früchte, mehr Herden und Korn und was immer es ist, wovon er sich nährt. Damit er gedeihe und mehr werde, muß von allem da sein, dessen er zu seinem Leben bedarf."[7]

Canetti ordnet in diesem Zusammenhang das totemistische Ritual der *Verwandlung* der Logik der Vermehrung unter. Es hat den Sinn der Verdoppelung – Mensch *und* Tier – und damit nicht nur den indirekten Sinn, daß durch rituelle Beschwörung des Totemtieres dieses erscheinen möge, wie zum Beispiel in einem Büffeltanz, sondern auch, daß dadurch die Mitglieder der Meute sich vermehren: indem die Menschen zu Büffeln, diese zu Menschen und alle mehr werden: „Die Stärke dieses Zusammenhangs zwischen Verwandlung und Vermehrung kann also gar nicht überschätzt werden: sie gehen Hand in Hand. Sobald eine Verwandlung festgelegt und in ihrer exakten Gestalt als Tradition gepflegt wird, sichert sie die Vermehrung der *beiden* Geschöpfe, die in ihr untrennbar und eins geworden sind. Das eine dieser Geschöpfe ist immer der Mensch. In jedem Totem sichert er sich die Vermehrung eines *anderen* Tieres. Der Stamm, der aus vielen Totems besteht, hat sich die Vermehrung von ihnen allen angeeignet."[8]

Eine Pointe der Totems aber besteht darin, daß sich unter ihnen die *Massensymbole* schlechthin finden: Wolken, Regen, Wind, Gras, Feuer, das Meer, Sand und Sterne. In der Vermehrungsmeute und ihren Ritualen liegt die Masse angelegt und mit dieser die Nation – denn es ist eine Vermehrung, die die sexuelle Reproduktion übersteigt, auch wenn in dieser das Urbild aller Produktivität liegen mag. *Der Wohlstand der Nationen* ist so auch das bürgerliche Gegenbild zum *Reichtum der Familien*. Die Nation könnte auch beschrieben werden als eine Vermehrungsmeute unter den Bedingungen ihrer massenhaften Realisation. Die Nationen reproduzieren deshalb in kritischen Situationen nicht nur die Formen der Meute, sondern definieren sich auch über deren Symbole, denen der Aspekt der Vermehrung inhärent ist. Das aber läßt eine – vielleicht gewagte – Assoziation zu: wenn die sexuelle Reproduktion Urbild aller Vermehrung ist, dann ist die anonyme Mutter das symbolische Urbild jeder Vermehrungsmeute. Die immer wieder an Canetti beanstandete Beobachtung, daß seine Symbole der Nationen nur Zuschreibungen an Männer enthielten, könnte darin ihre Auflösung erfahren: weil die Idee der Nation als der Geborenen schlechthin, die nicht einer Familie entstammen, eine gigantische Mutter-Imago darstellt: deshalb bedürfen alle Nationen eines Geburtsmythos, weil sie keine wirkliche Genealogie, wie etwa die Adelshäuser, kennen. Das macht Ethnizität zu so einem verlockenden Konstruktionsangebot für Nationen: in ihr ist am ehesten das Bild aufrechtzuerhalten, daß man aus einem gemeinsamen Schoß gekrochen kam. Keine Nation kommt so auch ohne die Rhetorik der Brüderlichkeit und Schwesterlichkeit aus, findet immer irgendwo Geschwister, die vom fremden Joch erlöst werden sollen. Ein rabiat männlicher Nationalismus könnte so auch als Auflehnung gegen diese Mutter-Imago *und* als Vollstreckung seiner Intention gedeutet werden: eine wild gewordene Vermehrungsmeute, deren Kriege auch Fruchtbarkeitsrituale darstellen, noch in ihrer Inversion.

Canetti läßt keine Zweifel daran, daß die Vermehrungsmeute sich heute in der Hybris einer industriellen Wachstumsgesellschaft fortsetzt. Nur: statt Meuten tanzen heute riesige Massen um die Mutter-Imago der Vermehrung, der Produktions- und Produktivitätssteigerung: „Es sind ungeheure Massen geworden, die in allen Zentren der Zivilisation noch täglich wachsen. Wenn man aber bedenkt, daß von diesem Wachstum kein Ende abzusehen ist, daß immer mehr Menschen immer mehr Güter erzeugen, daß unter diesen Gütern auch lebende Tiere und Gewächse sind, daß sich die Methoden für die Erzeugung von lebenden und leblosen Gütern kaum mehr unterscheiden, so wird man zugeben müssen, daß die Vermehrungsmeute das folgen- und erfolgreichste Gebilde war, das die Menschheit je hervorgebracht hat. Die Zeremonien, die es auf Vermehrung abgesehen hatten, sind zu Maschinen und technischen Prozessen geworden. Jede Fabrik ist eine Einheit, die demselben Kulte dient. Das Neue liegt in der Beschleunigung des Vorgangs. Was früher eine Erzeugung und Steigerung von *Erwartung* war, auf Regen, auf Korn, auf die Annäherung von Tierherden, die man jagte, und das Heranwachsen solcher, die man gezähmt hielt, das ist heute zur unmittelbaren Erzeugung selbst geworden. Man drückt auf ein paar Knöpfe, man schaltet an einigen Hebeln, und was man will, in jeder Gestalt, kommt in wenigen Stunden oder noch schneller fertig heraus."[9]

Canettis phänomenologische Naivität ist freilich frappierend. Aber was sich dem ökonomisch und technisch unbedarften Auge als nahezu magische Vermehrungs- und Verwandlungsmaschinerie darstellt, ist in dem Sinn tatsächlich eine, als sich ihrer Magie offensichtlich niemand entziehen kann. Die Vermehrung als quantifizierbare Steigerung ist längst zum universalen Prinzip geworden, allen schöntönenden Appellen, die zur Bescheidung aufrufen möchten, zum Trotz. Daß das Einfrieren eines einmal erreichten Produktionsstandes als *Null-Wachstum* bezeichnet wird, läßt noch in diesem Euphemismus die Sprache der Vermehrungsmeute erkennen, die noch ihre mögliche oder notwendige Verminderung als Vermehrung rhetorisch feiern will. Das Wesen der Vermehrungsmeute sah Canetti übrigens am reinsten im modernen Industrieproletariat wiederhergestellt: „Proletarier sind, die sich rascher vermehren, und es werden ihrer auf zweierlei Weise mehr. Einmal haben sie mehr Kinder als andere Leute, durch ihre Nachkommenschaft allein haben sie schon etwas Massenhaftes. Ihre Zahl vermehrt sich aber auch auf andere Weise: indem immer mehr Menschen vom Land an den Stätten der Produktion zusammenströmen."[10] Das Proletariat erweist sich so nur als ein Moment einer Vermehrungsökonomie, das keinen Grund hat, den nationalen Rahmen derselben aus sich heraus zu sprengen.

Der moderne Mensch, so Canetti, entwickelt zu seinen Produktionsmaschinen, die Dinge wie Menschen zu vermehren scheinen, dasselbe Verhältnis wie der archaische zu seinen Totems. Die Fisch- und Insektenschwärme, die Tierherden, die das Modell der Vermehrung, der großen Zahl gegeben haben sollen, werden ersetzt durch die maschinelle Produktion: „Maschinen können mehr erzeugen, als sich irgendwer früher träumen ließ. Alle Vervielfältigung ist durch sie ins Ungeheuerliche gewachsen. Da es aber im allgemeinen um Gegenstände geht und weniger um Geschöpfe, steigert sich seine (des modernen Menschen) Hingabe an ihre Zahl, indem sich seine Bedürfnisse steigern. Immer mehr Dinge gibt es, für die er eine Verwendung weiß; indem er sie einübt, entstehen neue Bedürfnisse."[11] Statt der Tierherden trotten nun die unendlichen Herden der Automobile über die Landschaft, deren Vermehrung der ganze Stolz so mancher Nation zu sein scheint.

Die Möglichkeiten der Vermehrung schaffen allerdings ein Problem, das die soziale Welt der Zivilisationen prägt: die Frage der *Verteilung* und damit die nach der *Gerechtigkeit*: „Die Frage der *Gerechtigkeit* ist so alt wie die der *Verteilung*. Wo immer Menschen zusammen auf die Jagd gegangen sind, kam es nachher zu einer Verteilung. In der Meute waren sie eins gewesen, in der Verteilung mußten sie sich sondern. Es hat sich unter Menschen nie ein gemeinsamer Magen entwickelt, der es einer Vielzahl von ihnen ermöglicht hätte, als ein einziges Geschöpf zu essen. (...) Die *Isoliertheit* der Einverleibung ist eine Wurzel jenes schreckensvollen Gewächses der Macht."[12] Mehr noch als die Organisation der Produktion ist die Verteilung nach Canetti die Wurzel von Gesetz und Ordnung. Denn um eine Beute zu verteilen, braucht man einen Schlüssel, da es im Wesen der Vermehrungsmeute liegt, daß nicht jeder für sich produziert. Verteilt werden muß an diejenigen, die nicht unmittelbar der Jagd- oder Vermehrungsmeute angehören: Frauen, Kinder, Alte. In genealogisch organisierten Gemeinschaften entscheidet darüber die Familienstruktur. Für andere Gesellschaften ist die *Nation* auch ein symbolischer Code dafür, an wen verteilt werden kann oder verteilt werden muß. Das macht die Frage der nationalen Zugehörigkeit so brisant und entschlüsselt jede sogenannte nationale Frage letztlich als Verteilungsfrage. Die damit angesprochene Differenz zwischen kollektiver Jagd auf die Beute bzw. auf einer späteren Stufe den kollektiven Formen der Produktion und der notwendig damit nicht zusammenhängenden privatistischen Aneignung der erlegten und produzierten Güter ist nach Canetti aber auch Vorbedingung jener sozialen Spannungen, für deren Therapie sich der *Sozialismus* hielt, ohne zu ahnen, daß er nur ein Symptom derselben war: „Die überwältigende Mehrheit der Menschen ist mit der Erzeugung von Gütern jeder Art beschäftigt. Mit ihrer Verteilung ist etwas schiefgegangen. Das ist der Inhalt des Sozialismus, auf die simpelste Formel gebracht."[13]

Die Voraussetzung dafür, daß die Frage der Verteilung überhaupt diskutiert werden kann, ist aber die Produktion selbst – für den Sozialismus und seine Gegner: „Auf beiden Seiten des ideologischen Konflikts, der die Erde in zwei heute etwa gleichstarke Hälften gespalten hat, wird die Produktion in jeder Weise gefördert und geschürt. Ob man produziert, um zu verkaufen, oder produziert, um zu verteilen, der Prozeß dieser Produktion an sich wird nicht nur von keiner der beiden Seiten angetastet, er wird *verehrt*, und es ist nicht zu viel gesagt, wenn man behauptet, daß er in den Augen der meisten heute etwas Heiliges hat."[14] Das Problem ist also nicht Kapitalismus oder Sozialismus – dies war wohl immer schon eine falsche Alternative gewesen, weil es sich dabei nur um zwei Varianten der Produktionsgesellschaft gehandelt hatte –, sondern die Produktion selbst. Nur vordergründig setzte die Idee des Sozialismus der Vervielfältigung und Vermehrung die Frage der Verteilung als gleichberechtigt gegenüber. In Wirklichkeit, so ließe sich sagen, dominiert immer das Phantasma der Vermehrung, weil es tendenziell verspricht, die Frage der Verteilung überflüssig zu machen. Ist erst einmal genug da, hat sich alles erst einmal genug vermehrt, braucht nicht mehr verteilt werden, sondern jeder kann sich dann nehmen, was er will. Wenn alle „Springquellen des genossenschaftlichen Reichtums voller fließen – erst dann kann der bürgerliche Rechtshorizont ganz überschritten werden und die Gesellschaft auf ihre Fahne schreiben: Jeder nach seinen Fähigkeiten, jedem nach seinen Bedürfnissen", hatte Karl Marx geschrieben[15] und damit die *Vermehrung* als den Schlüssel für eine Gesellschaft erkannt, in der sich das Problem der Verteilungsgerechtigkeit erst gar nicht mehr stellen sollte. Daß die realsozialistische Gesellschaft, obwohl auf dieses Programm eingeschworen, dennoch nichts anderes als den Mangel verteilen konnte, mag man als eine Ironie der Weltgeschichte empfinden. Umgekehrt ist es plausibel, daß nach dem Zusammenbruch der sozialistischen Produktions- und Verteilungsformen als einziges Regulativ für diese Fragen der Rückgriff auf einen mystifizierten Nationalismus verblieb. Was anders hätte es sein können? Daß diese Neuorganisation mitunter Formen angenommen hat, in denen archaische Kriegsmeuten und Vermehrungsmeuten wieder auftreten können, ist eine andere Frage. Ein Nebenaspekt dieser Bestimmungen liegt aber auch darin, daß bei jeder Verteilungsordnung auch die haben, die nichts haben – zumindest den Anspruch auf Zuteilung, wenn sie dieser Ordnung angehören. Ist die Nation ein solches, symbolisch codiertes Ordnungsgefüge, dann ist das Nationalgefühl nichts anderes als der Ausdruck dieses Anspruchs. Mit ihm nimmt man teil, auch wenn man nichts bekommt. Unter bestimmten Bedingungen ist der Nationalismus nichts anderes als eine Option auf die Zukunft.

Die Vermehrung kennt bei Canetti allerdings eine Inversion, die sie für das Thema des Symposions interessant macht: die Inflation. Inflation ist die Vermehrung bei gleichzeitiger Entwertung. Es mag sogar in der Dialektik der Vermehrung selbst liegen, daß das Vermehrte sich damit entwertet – das gilt für Geldscheine wie für Menschenleben. Zwischen beiden Entwertungen besteht aber ein Zusammenhang: „Was aber geschieht nun in einer *Inflation*? Die Geldeinheit verliert ganz plötzlich ihre Persönlichkeit. Sie verwandelt sich in eine wachsende Masse von Einheiten; diese sind immer wertloser, je größer die Masse wird. Die Millionen, die man immer so gern gehabt hätte, hält man plötzlich in der Hand, aber es *sind* keine mehr, sie *heißen* nur so."[16] Die Lust am rapiden Wachstum, an der Vermehrung, ist ins Gegenteil gewendet: „Was früher eine Mark war, heißt jetzt 10 000, dann

100 000, dann eine Million. Die Gleichsetzung des einzelnen Menschen mit seiner Mark ist dadurch unterbunden. (...) Der Mensch, der ihr früher vertraut hat, kann nicht umhin, ihre Erniedrigung als seine eigene zu empfinden. (...) – durch die Inflation wird er selber, der Mann, *geringer*. Er selbst oder was er immer war, ist nichts, die Million, die er sich immer gewünscht hat, ist nichts. *Jeder* hat sie. Aber jeder ist nichts."[17] Die Vermehrungsmeute ist am Nullpunkt ihrer Existenz angelangt. Was sich rastlos vermehrt – die Geldscheine –, ist gleichzeitig die absolute Entmehrung: „Man kann die Inflation als einen Hexensabbat der Entwertung bezeichnen, in dem Menschen und Geldeinheit auf das sonderbarste ineinanderfließen."[18] Das bedeutet aber nicht nur, daß der einzelne entwertet ist, sondern auch die Masse muß sich entwertet fühlen, weil *die Million*, die magische Zahl der Moderne, entwertet ist: „Wenn die Millionen in die Höhe klettern, wird ein ganzes Volk, das aus Millionen besteht, zu nichts."[19] Diesem Prozeß ihrer Entwertung hatte die unter der Inflation leidende Masse, also die invertierte Vermehrungsmeute, nur eines entgegenzusetzen: den dynamischen Vorgang einer anderen *Erniedrigung*: „Es muß etwas so behandelt werden, daß es weniger und weniger gilt, wie die Geldeinheit während der Inflation, und dieser Prozeß muß sich fortsetzen, bis das Objekt in einem Zustand kompletter Wertlosigkeit angelangt ist. Dann kann man es wegwerfen wie Papier oder einstampfen lassen. Als Objekt für diese Tendenz fand Hitler während der deutschen Inflation die Juden. Sie waren dafür wie geschaffen ... In der Behandlung der Juden hat der Nationalsozialismus den Prozeß der Inflation auf das genaueste wiederholt."[20]

Nimmt man Canetti beim Wort, erweisen sich die Nationalökonomie und der unter ihren Bedingungen mögliche Prozeß der Inflation als Voraussetzungen für den Nationalismus in seiner extremsten Ausformung: nicht, weil es Nationen gäbe, in deren Konzept es läge, sich zu übersteigern und andere zu demütigen, sondern weil die Entwertung des Massensymbols schlechthin, des Geldes – das selbst nur als nationale Währung in Erscheinung tritt, auch wenn die Währungen konvertierbar sind –, die Entwertung eines anderen zur Folge hat. Die zufällige Ordnung des Warenverkehrs definiert damit jene Meuten, deren Vermehrung, weil sie in Entwertung umgeschlagen ist, zur Entwertung der noch nicht Entwerteten umschlägt. Es fragt sich allerdings, ob diese Dialektik von Masse und Entwertung nicht schon in der Struktur der Vermehrungsmeute schlechthin angelegt ist: die, weil sie sich vermehren will und vermehrt, zu einer Masse wird, in der sich letztlich, weil es so viele davon gibt, jeder ohnehin tendenziell entwertet fühlen muß. Die Symbole der Nationen geben den Massen auch jenes einheitliche Bezugssystem zurück, das sie benötigen, weil sie permanent von Entwertung bedroht sind. Der aggressive Nationalismus erweist sich unter dieser Perspektive als das Verhältnis von Vermehrung und Entwertung, das aber seine Wurzeln genau in jener egalitären Ökonomie hat, an der uns das Attribut *national* noch nie gestört hat.

Wollte man aus diesen Überlegungen Schlußfolgerungen für das Europa der Gegenwart ziehen, dann vielleicht folgende: Einmal wird es überall dort, wo gravierende Verteilungsprobleme auftauchen, einen Wandel im nationalen Zurechnungsverfahren geben – daß die Konstruktion nationaler Identitäten im ehemaligen Jugoslawien, in der ehemaligen CSFR, aber auch in Italien mit der Quittierung von Verteilungseinheiten zusammenhängt, scheint offenkundig; zum anderen sollte man von der Utopie eines *Europas der Nationen* Abschied nehmen – es könnte nie mehr sein als eine Regional-Uno. Entweder wird

Europa im vorhin erläuterten Sinn selbst *Nation*, oder es wird überhaupt nicht. Nationen aber, so zeigt die Geschichte, die nicht durch Zerfall entstehen, entstehen durch einen gemeinsamen Feind oder eine gemeinsame Aufgabe, eine Mission. Solange beides nicht in Sicht ist, wird die sogenannte Europäische Gemeinschaft ein bürokratischer Rahmen für den Kampf nationaler Interessen bleiben.

Anmerkungen

[1] Adam Smith, *Der Wohlstand der Nationen*, hg. v. H.C. Recktenwald, München 1978, S. 3
[2] Elias Canetti, *Masse und Macht*, Frankfurt am Main 1980, S. 101
[3] Ebd., S. 103
[4] Ebd., S. 212
[5] Ebd., S. 118
[6] Ebd., S. 119
[7] Ebd., S. 120
[8] Ebd., S. 121 f.
[9] Ebd., S. 212
[10] Ebd., S. 212 f.
[11] Ebd., S. 213
[12] Ebd., S. 211
[13] Ebd.
[14] Ebd., S. 211 f.
[15] MEW 19, S. 21
[16] *Masse und Macht*, S. 205
[17] Ebd., S. 205
[18] Ebd., S. 205 f.
[19] Ebd., S. 206
[20] Ebd., S. 207

Von Mauer, Schild, Schirm und Spalt

Klaus Theweleit

„Das Massensymbol der Deutschen war das *Heer.* Aber das Heer war mehr als das Heer: es war der *marschierende Wald.* In keinem modernen Lande der Welt ist das Waldgefühl so lebendig geblieben wie in Deutschland. Das Rigide und Parallele der aufrechtstehenden Bäume, ihre Dichte und ihre Zahl erfüllt das Herz des Deutschen mit tiefer und geheimnisvoller Freude. Er sucht den Wald, in dem seine Vorfahren gelebt haben, noch heute gern auf und fühlt sich eins mit Bäumen.

Ihre Sauberkeit und Abgegrenztheit gegeneinander, die Betonung der Vertikalen, unterscheidet diesen Wald von dem tropischen, wo Schlinggewächse in jeder Richtung durcheinanderwachsen. (...) Der einzelne Baum aber ist größer als der einzelne Mensch und wächst immer weiter ins Reckenhafte. Seine Standhaftigkeit hat viel von derselben Tugend des Kriegers. Die Rinden, die einem erst wie Panzer erscheinen möchten, gleichen im Walde, wo so viele Bäume derselben Art beisammen sind, mehr den Uniformen einer Heeresabteilung. Heer und Wald waren für den Deutschen, ohne daß er sich darüber im klaren war, auf jede Weise zusammengeflossen. Was anderen am Heere kahl und öde erscheinen mochte, hatte für den Deutschen das Leben und Leuchten des Waldes. Er fürchtete sich da nicht; er fühlte sich beschützt, einer von diesen allen. Das Schroffe und Gerade der Bäume nahm er sich selber zur Regel.

Der Knabe, den es aus der Enge zu Hause in den Wald hinaustrieb, um, wie er glaubte, zu träumen und allein zu sein, erlebte dort die Aufnahme ins Heer voraus. Im Wald standen schon die anderen bereit, die treu und wahr und aufrecht waren, wie er sein wollte, einer wie der andere, weil jeder *gerade* wächst, und doch ganz verschieden an Höhe und an Stärke. Man soll die Wirkung dieser frühen Waldromantik auf den Deutschen nicht unterschätzen. In hundert Liedern und Gedichten nahm er sie auf, und der Wald, der in ihnen vorkam, hieß oft ‚deutsch'.

Der Engländer sah sich gern *auf dem Meer,* der Deutsche sah sich gern *im Wald*; knapper ist, was sie in ihrem nationalen Gefühl trennte, schwerlich auszudrücken."[1]

Ob das 1993 noch „stimmt" oder nicht, ist eine zunächst zweitrangige Frage. Das Veralten von Texten hat weniger mit ihren Inhalten zu tun als mit ihrer medialen Materialität. Und als Medien sind Canettis Texte so etwas wie Gedankenbäder, belebende; man schwimmt in ihnen und wird selber Wasser, d.h. Gedanke; vielleicht würde Canetti selber heute nicht mehr „Wald" sagen; gültig aber bliebe, daß das „nationale Massensymbol" in *Affekten* lebt.

Es sind nur scheinbar widersprüchliche Gefühlskomplexe, die Canetti mit dem Eintritt des einzelnen Deutschen in den Gesamtkörper „Wald" verbunden sah: *Freude/Sich eins fühlen/Aufnahme erleben* auf der einen Seite und *Abgegrenztheit/Sauberkeit/Schutz* auf der anderen. Eine Verbindung aus Überschwenglichkeit und Schutzfunktion („Rindenpanzer") summieren sich zu „Kraft" und „Leben": der „in den Wald" eintretende Deutsche bestand in dieser Beschreibung zu gleichen Teilen aus einer Emotion und einer SS-Vorrichtung an der Person.

„Die Richtung, in die er die Augen des Menschen zieht, ist die seiner eigenen Veränderung: Der Wald wächst ständig nach oben weiter. Die Gleichheit der Stämme ist eine ungefähre, auch sie ist eigentlich eine Gleichheit der Richtung. Wer einmal im Walde ist, fühlt sich geborgen; er ist nicht an seiner Spitze, wo er weiterwächst, auch nicht am Orte seiner größten Dichte. Eben diese Dichte ist sein Schutz, und der Schutz ist oben. So ist der Wald zum Vorbild der *Andacht* geworden. Er zwingt den Menschen aufzuschauen, dankbar für seinen überlegenen Schutz. Das Hinaufschauen an vielen Stämmen wird zu einem Aufschauen überhaupt. Der Wald baut dem Kirchengefühl vor, dem Stehen vor Gott unter Säulen und Pfeilern. Sein gleichmäßigster und darum vollkommenster Ausdruck ist die Wölbung des Doms, alle Stämme in eine höchste und untrennbare Einheit verflochten."[2]

Zur Überschwenglichkeit des Einswerdens und zur gerichteten Klarheit des Selbstschutzes kommt als drittes ein Kirchengefühl: der Großkörper, in dem der einzelne Deutsche nationalsymbolisch ausgerichtet lebte, war eine Kathedrale demnach, ein Dom, *Großdeutschland*.

Eine Kathedrale, ein Dom sagen wir: der Himmel über Berlin beim Fall der Mauer, beim Absingen von Beethoven/Schiller, Freude, das Einheitsgefühl, das Kathedralische – alle Götterfunken im Übermaß vorhanden, davon später.

Der psychophysische Vorgang beim Beitritt des einzelnen zu einem nationalen Massensymbol ist Herstellung der Ganzheit der Person. Der Deutsche, sagt Canetti, kam zur Ganzheit durch Aufnahme in eine größere Ganzheit: das Heer. Der Deutsche war Soldat. Der Körper des Heeres wurde damit zum Überkörper jedes einzelnen Deutschen; Grenzen des Mannkörpers und Heereskörpers nach außen waren absolut identisch. Das ist der Grund dafür, daß „einzelne Deutsche", die aus jener Zeit übriggeblieben sind, heute immer noch so empfindlich reagieren, wenn jemand die Rede von der „absoluten Sauberkeit" des Naziheeres im 2. Weltkrieg in Frage stellt. Sie fühlen sich nicht nur, sie *sind* persönlich angegriffen; sie existieren nicht (immer noch nicht, auch jetzt noch nicht) als einzelne Personen, sondern fortdauernd als Teil dieser größeren Einheit: das Heer *muß* sauber bleiben, sauber geblieben sein, sonst läge ihr eigener Körper als abgetrennter Körperteil da, als fragmentierter Körper im Dreck.

Es gab demnach (in heutigen Leserzuschriften) weder Vergewaltigungen durch deutsche Soldatenkörper, die Armee hat nie einen Russen getötet außer im ehrlichen Kampf Wald gegen Steppe, sie hatte, in all den besetzten Gebieten, die unter militärischem Kommando standen, nie etwas mit Judendeportationen zu tun – was weiß denn *der Wald* von der Eisenbahn und von „der Wüste", nichts doch, bitte.

Die fortdauernde Wirksamkeit solcher „nationaler Massensymbole" in manchen Körpern ist daran gut ablesbar, und auch, als was sie wirken: als Körperpanzer nämlich, modelliert, in diesem Fall am Rindenpanzer des Baums.

Requiem auf einen Lebenden

Nun ist dem Wald in Deutschland seit den siebziger Jahren, im Umschalten der Deutschen von der Nazi- auf die begnadete Nachnazigeschichte, die auch ein Umschalten von einer politischen auf eine ökologische Geschichte war, viel Übles widerfahren, u.a., daß er starb. Nicht nur, daß die Verbindung von Wald/Heer nach dem Krieg durch die Alliierten zwangsgeschieden wurde: der Wald wurde auch sauer beregnet, braunkohlebestäubt, von Borkenkäfern ums Reckenhafte gebracht, mit Ozon aufgepumpt, abgas-durchweht, der Wald wurde krank, aus Sieg wurde Siechtum, kläglicher und herzzerreißender hat man selten ein nationales Massensymbol die Blätter kräuseln, die Macht abgeben und vor die Hunde gehen sehen. Wälder mögen zwar noch leben in der real existierenden Wirklichkeit, nicht so *der Wald* in der Wirklichkeit der nationalen Massensymbole. Aus dem Wald, der Schutz gegeben hatte, war ein zu schützender Patient geworden; das Heer, sollte es ihm nicht ähnlich ergehen, mußte also, besonders seitens der Soldaten selber, von seinem Sterben abgetrennt werden.

Als ich Anfang der 80er Jahre auf einer Amerika-Reise erstmals Gelegenheit hatte, mich von der nicht nur mythologischen Existenz dieses Kontinents zu überzeugen, waren sich alle tatsächlichen Amerikaner, soweit sie sich für Europa „interessierten", einig in puncto Wald: „When I was in Europe last year, when I was in Germany, everything was totally green." – großes Gelächter – „Deutschland besteht doch *nur* aus Wald", sagten sie, „abgesehen von den paar Cities ... und ihr redet vom ‚Waldsterben' (sie kannten das Wort auf deutsch). Wenn etwas stirbt, sind das bestimmte Monokulturen, besonders die von Nadelhölzern ... die sterben *immer* nach 80–100 Jahren ... das ist normal ... sieh mal nach, wann die Bäume gepflanzt worden sind..."

Für sie war der „sterbende Wald" ganz eindeutig eine deutsche nationale Massenphantasie.

Was sollte ich sagen? „Die Zeitungen bei uns schreiben, die Amerikaner interessieren sich nicht für Ökologie", sagte ich. Wieder Gelächter: „Mach mal deine Nase auf", sagten sie. Der fehlende Benzingeruch in den amerikanischen Großstädten entschied die Frage, wo mehr mit Symbolen und wo mit Katalysatoren Ökologie betrieben wurde, mit Leichtigkeit zu ihren Gunsten.

„Aufforsten also, waldmäßig umdenken, wenn die Monokulturen sterben. Aber ihr phantasiert lieber an eurem Volkskörper herum." Der Deutsche, auch als „Ökologe", wurde klar identifiziert als fortdauernder Waldmensch, Waldmensch, der es allerdings mit *dem Sterben* hatte. Und natürlich hatte „das Waldsterben" eine so große Rolle gerade in Deutschland gespielt, weil eben mehr starb als das Grün der Bäume bloß.

„Die Bäume haben endgültig abgeschnallt,
Papiertiger tigern als Recycling
durch den Wald..."

sah Anfang der 80er in einem Gedicht der inzwischen verstorbene Wolfgang Neuss. „Der Wald", stellte er fest, existiert vor allem noch als Papierlieferant, Zeitungspapierressource.

Nationale Massensymbole haben nicht nur eine Zusammenfügungs-, sie haben auch eine Reinigungskraft für die, die ihren Beitritt zu ihnen erklären. Die „Aufnahme", die sie erleben, ist die in einen großen, *sauberen* Leib. Allein die Formel vom *vergifteten* Wald zeigt an, daß dieser für die Reinigungsfunktion in der nationalen Massensymbolik nicht mehr in Frage kommen konnte. Die Diskussion um die Umweltverschmutzung in der BRD war entsprechend zusammengesetzt aus wirklichen Befürchtungen und Befunden, und der sprachlich-argumentatorischen Verwirrung, die den öffentlichen Raum kennzeichnet bei Unsicherheiten oder Wechseln der psychischen Großwetterlage von Nationen mit einer stark medialisierten Öffentlichkeit. Der Wald/der Müll/das Gift, besonders das in den

Lebensmitteln, sind zwar real existierende Probleme, aber sie übersetzen sich, in der Zeitung und im Fernsehen, auf dem Hintergrund des Wunsches des einzelnen Körpers nach erlösender Aufnahme ins Reinigende, beinah von allein in Begriffe der Zugehörigkeits- und Abgrenzungspolitik. Diese vollzieht sich in Deutschland nach wie vor als Sauberkeitspolitik.

Im „Waldsterben", im „Müll", in der „Umweltvergiftung" war also ein Anteil der *Fortsetzung* der Phantasien vom sauberen, abgegrenzten, aber eingefügten deutschen Leib; war ein Anteil *Suche* nach Erneuerung und Sicherheit in puncto nationales Massensymbol.

Der Körper ist das Schlachtfeld ...

Übereinstimmungsgefühle, Zugehörigkeitsgefühle, die sog. „Identitätsbildung" setzt immer an der Haut an. Identität im Säugling entsteht als Körpergefühl: nach dem Grad der Anziehung und Abstoßung durch den Körper oder durch die Körper, die ihn halten und nähren oder abhalten und nicht nähren. Wehren sie ihn ab, lassen sie ihn hungern, in Kälte verkümmern, in Geschrei, in diffusem Schmerz und diffuser Motorik, bilden sich keine oder nur rudimentäre Wahrnehmungen einer Selbst-Übereinstimmung heraus. Man muß von einem andern Körper aufgenommen, angenommen worden sein und belebt, um irgendwann einzelner, abgetrennter Körper werden zu können, der ohne Einverleibungshilfen und die damit verbundene Gewalt gegen andere auskommt. Jedes Kleinkind wird in Teilen seines Körpers von seiner Mutter und anderen lebengebenden Personen durch Berührungen, Zuwendungen, Fütterungen, warme Betten, schöne Töne, durch Sprache, milde Lüfte, umspielende Wasser oder durch Kuscheltiere belebt und zum Lebendigsein angeregt; es wird gleichzeitig durch Strafen, Verwerfungen, Kälte- und Hungerstrecken, Bedrohungen durch Geschwister, durch eisiges Schweigen und die vielen anderen Formen der Nichtachtung entlebendigt, an der Entfaltung seiner Energien gehindert, im Extremfall totgestellt, ganz getötet. Das heißt, es lebt gleichzeitig in einem empfindenden Körper und in einem anästhesierten.

„Identität" = ich stimme überein mit einem *anderen* Körper. Wenn die Fähigkeit zur weiteren Differenzierung von Körpern und Gegenständen beim Kind hinzukommt, die Fähigkeit zur emotionalen Bewertung der verschiedenen Körper, die Fähigkeit zur Nein-Position, wächst langsam ein Kern, der „Ich" genannt werden kann. Der menschliche Körper bewegt sich dabei in einem Rhythmus von Übereinstimmungs- und Abstoßungsgefühlen.

Wo die primäre Übereinstimmung mit anderen Körpern, wo die frühen Identitätskerne aus der Symbiose mit nährenden, schützenden, haltenden Körpern gefehlt haben, wird Identität, die aus einer eigenen, aus einer „selbst-gelebten" Geschichte kommt, schwer entstehen können. Der *sich selbst fremd bleibende Körper* ist dann angewiesen auf Identitätsformen, die außerhalb seiner existieren: auf gesellschaftliche, auf übergestülpte Identitäten, nach deren Formen und Normen er lernen kann, sich zu „verhalten".

Was Canetti „Massensymbole der Nationen" nennt, sind solche Überstülpungsangebote, Hilfsangebote für die massenhaft vorkommenden Einzelnen mit den „nicht zu Ende geborenen" Körpern.

Der Vorgang des „Aufnahme-Erlebens" hat auf diesem Hintergrund eine gefährliche

Rückseite: jeder Aufnahme („ich gehöre dazu") entspricht auf der anderen Seite eine Abspaltung („ich gehöre *nicht* dazu"; oder: „der da/die da gehören *nicht* dazu").

Nationale Massensymbole geben also auch Auskunft über den Grad der psychischen Abspaltungen, die in den einzelnen zu einer „Nation" gehörenden Körpern vorherrschen, über den Grad ihrer *Irrealitätsgefühle*, und das wiederum heißt: über den Grad ihres spezifischen Wahn- oder Nichtwahnsinns im Verhältnis zu dem nationalen Wahnsinnspegel, der sie umgibt.

Alle Nationen zeigen in ihrem Massenverhalten so etwas wie einen *Wahnsinnspegel*, dessen Sinken oder Ansteigen allen Menschen des Landes physisch wahrnehmbar ist, den einen als emotionale Aufladung, die sie zu bestimmten Handlungen herausfordert, den andern als eine ständige Gefahrenquelle, nach deren Einschätzung sie die eigene Nähe oder Distanz zu den Massenaktionen des Volkskörpers bestimmen (Emigration etwa als Folge von anhaltenden Hochständen des Wahnsinnspegels eines Volkes).

Spaltung: Daß Deutschland bis vor kurzem nicht einfach ein „geteiltes", sondern ein gespaltenes Land gewesen ist, daran werden sich einige von Ihnen noch erinnern; in Deutschland wird es gerade mit aller Macht vergessen oder *abgespalten*.

Spaltungen gehen nicht zuerst durch Länder, sie gehen zuerst durch Menschen, jeden einzelnen Menschen.

Durch jeden Körper läuft eine Spaltung zumindest an dieser Differenzierungslinie: schwankend im Grad der Belebtheit bzw. der Narkotisierung seiner einzelnen Glieder, seiner einzelnen Funktions- und Wahrnehmungsbereiche, seiner motorischen und emotionellen Fähigkeiten. Die Versuche unserer Körper, sich weiter zu beleben (oder zu entlebendigen), aus besetzten Gebieten freiere zu machen, aus empfindungsabwehrenden empfindende, aus solchen, die von Wiederholungs- und Arbeitszwängen kommandiert werden, solche, die sich in Verbindungen mit anderen Menschen der in sie eingegangenen Befehlsstacheln entledigen, sehe ich als Versuche einer 2., 3., 4. Geburt, Versuche des nicht zu Ende geborenen Körpers, sich weiter zu gebären, wirklicher zu werden, oder, als Funktionsteilchen gesellschaftlicher Maschinerien, gefühlloser, aber dadurch auch *wirklicher*.

In Deutschland zwischen 1870 und 1945 lag vor allem beim Militär die Aufgabe, die Körper der einzelnen Männer im Drill neu zu gebären. Sie bekamen eine muskuläre und verhaltenstechnische Identität übergestülpt, waren andere Deutsche und anders Deutsche, als sie vor dem Militär gewesen waren. Exakter als mit „das Heer/der Wald" kann man das Symbol, nach dem ihr Körper verlangte, nicht bestimmen.

Auf vergleichbare Weise griffen Fabriken in die Körper ein, Sportverbände, Jugendgruppen. Die Architektur baut mit an den Körpergrenzen: die Innenwände der Wohnungen, die Betten. Wer unter freiem Himmel auf weiten Ebenen aufwächst, dem wird der Himmel ein Stück Körpergrenze, dem Bergmenschen die Berge, dem Schreibtischmenschen die Zimmerdecke oder der Kegel, den der Lichtschein seiner Lampe wirft.

Die Körper hören nicht da auf, wo wir sie, mit dem Auge, aufhören sehen. Sie gehen über in andere Körper, sie bauen sich auf mit Hilfe von Stützkörpern, sie verwandeln sich in Teilkörper der verschiedenen Massen, in denen sie agieren. In einigen Zweigen der Psychoanalyse gibt es den Begriff der *Körperimago*: das ist die Körpervorstellung, die jeder einzelne Mensch von seinem Körper hat; sie kann die Körperteile anderer Menschen einschließen, ebensogut kann sie eigene Körperteile ausschließen; sie kann sich mit Stadtgrenzen, Landesgrenzen, mit Wäldern, Meeren, der Wüste, mit allem, was sich durch Grenzen begrenzt, verbinden, kurzschließen.

Der Topos „von der Stadt oder dem Staat als menschlichem Körper mit Haupt, Gliedern und Bauch, der seit der Antike die politische Theorie infiziert" (wie Karl Markus Michel formuliert), basiert auf der Existenz der Körperimago. Die Ethnologin Mary Douglas hat beschrieben, wie besonders bei Gesellschaften mit wenig ausdifferenzierter Infrastruktur, bei sog. primitiven Gesellschaften, der selbstverständliche Zwang besteht, die eigenen Körpergrenzen umstandslos mit Landesgrenzen gleichzusetzen. Verletzungen der Landesgrenzen werden als Verletzungen des eigenen Körpers empfunden und entsprechend beantwortet, mit Panik und dann kriegerisch.

Zerstückelter Körper

Deutschland nach dem 1. Weltkrieg muß in dieser Hinsicht eine sehr primitive Nation gewesen sein, jedenfalls in ihrer „völkisch" empfindenden Mehrheit. Die Übereinstimmung des einzelnen Körpers mit dem Körper Deutschlands in der völkischen Propaganda ist jedenfalls total. Es gibt kaum einen Text zur Lage „Deutschlands" aus dieser Zeit, keinen Bericht, keine Biographie, keinen Roman, kein politisches Pamphlet, die nicht das im Krieg besiegte Deutschland als zerstückelten Körper dargestellt hätten. Oberschlesien war *abgetrennt* worden, Nordschleswig, die Saar: *Glieder* des Großdeutschen Leibs in *Amputationen.* Der „Korridor" – ein Schnitt durchs deutsche Fleisch mit polnischem Messer, schmerzhafteste Verletzung; das Baltikum: ein Stück aus der Schulter gerissen dem deutschen Riesen; an den Hüften herumspielende Belgier, Franzosen zerreißen die Lenden, Polen tanzen auf seinem Rücken, die Schlächtermeister der Entente waren mit dem Hackmesser gekommen, schwarze Besatzer an Rhein und Mosel, angefüllt mit kannibalistischer Lust. Versailler Termiten, hemmungslos demokratisch, alle knabbernd und schmatzend am großen, weißen deutschen Leib, den feiger Dolchstoß von hinten (jüdische Wüstlinge und streikende Frauen der Heimatfront) niedergestreckt hatte, den Zerstückelungsgeiern zum Fraß.

Die Glieder sollten wieder ran, die Körperganzheit wiederhergestellt werden. Das ist die affektive Grundhaltung der völkischen Politik die 20er Jahre hindurch. Hitler wurde ihr bewußter Vollstrecker.

Die „Heim-ins-Reich"-Bewegungen, alle Abstimmungen in den „abgetrennten" Gebieten, alle Gebietsannexionen vollzogen sich als phantastisches Wieder-Heil-Machen des Körpers Deutschlands. Hitler, der Heiler, dem man „Heil Hitler" zurief, ein genauer Gruß. Größer und stärker erstand der Körper, als er vorher gewesen war, und weiter und weiter sollte er wachsen in Wiedergutmachung der geschehenen Zerstückelung: Österreich mußte „angeschlossen" werden, angenäht, und nun los auf den Osten, Böhmen, die Tschechoslowakei, Polen – Körper-Protektorate, beherrscht von „Schutz-Staffeln". Deutschland beginnt seinen schützenden Krieg; der Körper Großdeutschlands war nicht mehr zu stoppen in seinem heilbringenden Wachstum, der Wald setzte sich in Bewegung und ging los – immer größer, stärker, unverletzlicher wurde damit auch der einzelne „eigene" Körper, die „individuelle", großdeutsche soldatische Eiche, ein Fels von einem Körperballon.

Millionenfach ließ sich derart eine *Unverletzlichkeitsphantasie* in den 2. Weltkrieg jagen. So viele im Prinzip unverletzliche, aus Siegtum wieder zusammengesetzte Soldaten waren, seit Dschingis-Khans Indianern auf ihren Ponyraketen, nicht über die Erde getrampelt. (Einige, das mußte man später zugeben, hielten dem Anspruch nicht stand und verfielen der Korrektur ihres Irrtums durch MGs und Granaten, ein unangenehmes Kapitel, die Deutschen denken nicht gern daran, die Deutschen *dachten* nicht gern daran – solange sie die Verlierer waren –, sie hatten den siegenden Baum im Leib ...)

Zwei Körper, eine Seele

Die Art der Zerstückelung Deutschlands, die nach dem 2. Weltkrieg erfolgte in Bestrafung seines unersättlichen Herrenmenschenleibs, verlief ganz anders, dem deutschen Körperphantasma erheblich genehmer. Nicht mehr rundherum wurden Glieder abgeschnippelt, es wurden saubere, große Schnitte gemacht von Chirurgen anderen Formats. Sektoren, Zonen, schließlich blieben zwei große Gebilde, den großen politischen Blöcken zugeordnet. Das war erheblich aushaltbarer und entwicklungsträchtiger als die vielen kleinen „unsinnigen" Schnitte nach dem ersten Krieg.

Ich habe das vor ein paar Jahren in einer Fußnote im Band *Reagans Amerika* von Lloyd deMause, den ich mit J. Freund zusammen ins Deutsche übersetzt habe, festzuhalten versucht. Die Fußnote knüpfte sich an die Feststellung von deMause, daß die älteren, die rückständigeren Psychoklassen einer Gesellschaft die Opferung der Jugend ihres Landes, wie sie in Kriegen geschieht – in Canettis Worten: die Älteren verwandeln sich in Überlebende und ihre Jungen in Tote –, daß also die Psychoklasse „Überlebender" diese Opferung gern sieht und gebraucht zur Linderung der Schuldgefühle, die sie ihrer eigenen Ausschweifungen und Übertretungen wegen hegt. Der Text, geschrieben 1984, lautete:

„Genau aus diesem Grund sind besonders die Westdeutschen die psychologischen Sieger des 2. Weltkrieges (wie oft mit Staunen festgestellt wurde): sie hatten das größte Schlachtopferfest mit Erfolg hinter sich gebracht: die Juden weg, die Kommunisten weg, Arbeiterbewegung kaputt, sexueller Umbruch der zwanziger Jahre zunächst gestoppt, mit Kraft durch Freude voll in die Adenauerzeit, 20 Millionen getötete Russen im Rücken (die meisten davon nicht in Schlachten getötet, sondern als Zivilisten umgebracht, aber die Armee war, wie wir alle wissen, s a u b e r geblieben), und ganze Jahrgänge der eigenen Jugend lagen, den Göttern zum Gefallen, auf den Feldern und verfaulten – das Opfer im ersten Weltkrieg war in dieser Hinsicht völlig fehlgeschlagen: es hatte Sexualität, Kommunismus und jüdische Libertinage erst richtig entfesselt, statt sie zu beseitigen. Erst der 2. Weltkrieg war wirklich befriedigend und eröffnete Zukunftsperspektiven. Und daher, allein daher, war die psychische Kraft zum „Wiederaufbau" so reichlich vorhanden und konnte sich der Wiederaufbau von all dem Morden so ungerührt geben, weil es seine Voraussetzung war – das Opfer war erfolgreich gewesen und alles Böse „drüben", im anderen Staat. Ein saubereres Staatswesen als die BRD nach 1949 hatte es auf der ganzen Welt noch nicht gegeben. Die berühmten Waschmittel in der Für- und Widerrede um den neuen Staat vertraten etwas W i r k l i c h e s, das Totalreinigungsmittel Blut, das Blut der im 2. Weltkrieg Geopferten. Die weißen Tischtücher, mit denen die Tische gedeckt und die Geschichte zugedeckt wurde, sind aus diesem Blut gewonnen, und deshalb mußten die paar übriggebliebenen KPler der 50er Jahre wieder in den Gefängnissen verschwinden

oder in der Versenkung oder, unkenntlich gemacht, in der SPD-Spitze, weil sie der Blutfleck waren auf den gedeckten Tafeln, an denen die Leichen der Geopferten verspeist wurden im Ritual der „Freßwelle". Statistisch wäre zu beweisen: die Zahl der in Jahns Wienerwaldkette bis Mitte der Sechziger verspeisten gebratenen Hähnchen dürfte sich etwa mit der Zahl der im 2. Weltkrieg getöteten Menschen decken. Eine „Unfähigkeit" der Deutschen in ihrem Verhalten nach dem Krieg ausfindig zu machen (die Unfähigkeit zu „trauern"), ist wohl weniger angebracht, als ihre F ä h i g k e i t e n hervorzuheben, ihre sagenhafte Fähigkeit, die Feste zu feiern, wie sie fallen: Es war die in diesem Umfang erstmalige, ausgiebige Befriedigung ihrer Mord- und Opferungslust (alles unter dem Deckmantel der Notwendigkeit des heilenden Krieges), die es möglich machte, den Aufbau der Fünfziger derart fröhlich anzupacken und unbeirrt ins befreite Gebiet des hemmungslosen Spießerglücks zu steuern, und demselben Umstand verdanken z.B. die Sinti und Roma, daß man sie nicht in Ruhe läßt, daß man sie registriert und schikaniert, sie sind Übriggebliebene der KZs, Gespenster, aus den Listen der zu Opfernden entsprungen. Der Blutfleck hört nicht auf, irgendwo durchzuscheinen. Aber auch die wohltuende Wirkung des Opfers hält noch an. Im sicheren Ruf, die schlimmsten Mörder der Geschichte zu sein und einem der saubersten Staatswesen anzugehören, verhalten sich die Deutschen immer noch relativ beruhigt: ‚alles unter Kontrolle' bzw. ‚alles Roger', wie es die Schüler in der Schule sagen. Triumph der älteren Psychoklassen."

Das war 1984. Und gesprochen für die westdeutschen Bürger. Die Ostdeutschen hatte ich, als guter abgespaltener und abspaltender Westdeutscher, der die Ostler sowieso nicht liebte wegen ihres aller Welt erkenntlichen Un-Kommunismus, nicht im Blick und auch nichts mit ihnen im Sinn.

Inzwischen ist die Mauer auf, ist die scharfe Zweiteilung Deutschlands, was die Staatsform betrifft, aufgehoben. Wenn irgend etwas daran stimmte, was ich 1984 zur Funktion der Mauer schrieb, dann müßte der Wegfall der Mauer massive Verschiebungen im psychischen Sicherheitssystem der Deutschen zur Folge gehabt haben.

Eine solche Chance zur Überprüfung spekulativer Aussagen zur „Geschichte" erhält man nur selten; meistens stellt sich schlicht heraus, man hat sich geirrt, und die Geschichte hat, einmal mehr, mit einem getrieben, was sie üblicherweise treibt, ihren Schabernack nämlich; aber hier, scheint mir, lag ich nicht so falsch.

Ich denke inzwischen, eher stärker als vor 9 Jahren, daß die Mauer nicht nur so etwas wie ein Sicherheitspfropfen auf den psychischen Perversionen der Westdeutschen gewesen ist, sondern auf denen der Ostdeutschen auch; daß die Mauer nicht einfach eine ostdeutsche Gefängnismauer gewesen ist, sondern eine tiefgemeinsame ost-/westdeutsche Co-Produktion, notwendig für beide Seiten zur Abspaltung des jeweils tief Verdrängten; in einem ersten *Mauerbau,* im hektischen Mauern des „Wiederaufbaus" im Westen, wurde nicht Hitler, sondern die Verbindung der BRD-Bürger mit dem Nazismus ein- und weggemauert; die DDR konnte dem nichts Entsprechendes entgegensetzen; sie antwortete (gedrängt von der Sowjetunion) mit ihrer Mauer, mit *der* Mauer, die die Bürger des DDR-Staates davon abhielt, ins falsche Gemäuer überzulaufen. Von den Westdeutschen ist die Mauer im Lauf der folgenden Jahre geradezu geliebt worden (obwohl offiziell immer „angegriffen") als Garant des Phantasmas vom eigenen Gutsein, vom Bös-Sein der „Anderen" und als Garant des eigenen Erlöstseins von der Geschichte: Ich glaube, die Mauer wurde in den siebziger und achtziger Jahren zum neuen deutschen nationalen Symbol im Sinne Canettis; die Mauer beerbte den Wald; der Deutsche (beider Staaten) lief nicht mehr zusammen, um im Heer die Aufnahme in den gemeinsamen „Großen Körper“ zu erleben, er baute sich neu als gereinigter, durch die Mauer von der *Geschichte abgetrennter Körper*, Körper einer neuen Geschichtsepoche des Nichtkriegs, des Patts zwischen den Blöcken; des Patts, dessen sichtbarster Ausdruck die Mauer war.[3]

In der BRD verschwand die Geschichte hinter falschem Marmor, in der Welt der schönen Waren, im Körper der Kaufhauskathedralen.

Strukturell parallel nutzte die DDR die Mauer für *ihren* Schnitt mit der Hitlergeschichte. Als Staat des verordneten Antifaschismus hatte sie den Nazismus im Prinzip ähnlich auseinandersetzungslos erledigt wie die BRD; auch sie war in einer Art phantastischem Paradies gelandet; hier entband Amerika, dort die Sowjetunion von eigener Geschichte, erhielt der deutsche Einzelkörper seine Absolution durch Weltkriegssieger.

Der Wegfall des „Drüben“

Die Abspaltung des Geschehenen aus dem Eigenen ist die wirkliche Seele, das Herz beider Deutschlands gewesen. „Drüben“ galt von dieser wie von der anderen Seite der Mauer aus gesehen. Das Gute daran war, daß man selber *nicht* „Drüben“ war, d.h. im jeweils Bösen (Kommunismus/Kapitalismus); die Mauer garantierte die jeweils eigene Art von Erlösung.

„Bitte behalten sie das Schicksal des Wortes ‚Drüben‘ im Auge“ bat mich 1990, nach dem Mauerfall, eine jüdische Amerikanerin, eine der vielen Emigrantentöchter, die sich heute in amerikanischen Universitäten für deutsche Geschichte interessieren. Das Wort war ihr, aus der Ferne, als *das* deutsche Nachkriegswort erschienen: „Geh doch nach Drüben“, das war in der Tat der westdeutsche Zentralsatz beinah 40 Jahre lang; so wie „das Drüben“ die Zentralphantasie des Ostens gewesen ist, am Ende in der Gestalt: „wo die Westzitronen blühn, da-hien, da-hien, möcht ich ziehn“.

Eine Mauer also, mit zwei „Drüben“. Warum die Mauer fiel, will ich nicht ganz vernachlässigen, sondern kurz halten hier: sie fiel nicht oder nur zu einem geringen Teil durch das sog. Volk, das von sich sagt(e), daß es „das Volk“ sei; dieses Volk, unbewaffnet wie es war, war und ist zusammenschießbar; es siegt nur dann, wenn die Macht aus anderen Gründen bricht oder schon gebrochen ist, nicht aus denen einiger Montagsdemonstrationen. Die Mauer ist gefallen durch eine übermächtig gewordene Realitätsart, eine Realitätsart, die sich von Mauern nicht aufhalten läßt: sie ist gefallen durch Fernsehen, durch ausgestrahlte Bilder von Waren, durch ausgestrahlte Bilder von erfolgreich in „die Freiheit“ geflüchteten Ostmenschen, durch ausgesendete Rockmusiken und ausgestrahlte, gut angezogene, wohlgenährte Westmenschen, die ausgestellt so reden, als wären sie, auf dem Fernsehschirm, frei. *Elektronik* (mit allem, was daran hängt, und mit allen ihren Folgen für die industrielle Produktion wie für die Informationsproduktion) nahm die real existierende Mauer aus der Welt; das ist nicht unwichtig.[4] Hier geht es aber zunächst um die Frage nach der anderen Mauer, nach dem nationalen Massensymbol „Mauer“, und dieses verschwand nicht so schnell wie die Mauer aus Steinen (von der ein Stück sich aber jetzt, als Pars-pro-toto-Souvenir, in allen Berliner Haushalten befindet); es kann nicht so schnell verschwinden, weil die psychischen Verschiebungen anderen Gesetzen folgen als denen der Fernsehumwandlungen; in anderem *Tempo* als dem Sendetempo oder Mauerabrißtempo geschehen.

Wenn die Mauer Teil eines umfassenden Sicherheitssystems vor „der Geschichte“ gewesen ist – vor allen Sorten zugedeckelter Ängste, die die deutschen Gesellschaften mit sich herumtrugen: vor „Kommunismus“, „Kapitalismus“, vor der Anarchie, vor dem eigenen Anteil an der Ermordung der Juden, dann mußten diese Verborgenheiten nach Wegfall der Mauer offen zutage treten, in anderer Gestalt als der bisherigen, der abspaltenden und abgespaltenen. Genau das haben sie mit rapider Geschwindigkeit getan. Der sog. Rechtsruck in Deutschland erscheint mir als das Sichtbarwerden eines Gewaltpotentials, das die ganze Zeit da war, aber eben zugedeckt, erfolgreich gedeckelt mit Hilfe der „Brüder und Schwestern“ jeweils drüben; mit Hilfe der jeweiligen Sauberkeitsphantasie vom eigenen Staatsgebilde, im Westen mit der zusätzlichen Hilfe eines stetig wachsenden Bruttosozialprodukts.

Nationale Symbole, Massensymbole funktionieren in Friedenszeiten als Großcontainer für das Gift und den Wahnsinn ganzer Volksgebilde; die Westdeutschen deponierten ungeheure Mengen ihres Gifts unter der Mauer; dank des Vorhangs, des Eisernen, hielt ihr Wahnsinnspegel seinen relativ erträglichen Tiefstand.

Daß ähnlich von der DDR her gesprochen werden kann, ist für mich u.a. daraus ersichtlich, daß selbst der des Landes verwiesene Wolf Biermann unerschütterlich mehrere Jahre fortfuhr, das Lied von der „besseren Hälfte“ zu singen, aus der er verwiesen sei, der Mann mit dem „doppelt Weh“: die DDR als das „im Prinzip“ bessere Deutschland auch für einen der schärfsten Dissidenten (bis er den Satz schließlich in aller Form zurücknahm). Auch in der DDR war der Mauer-Container aufgestellt für die Großmengen abzuführenden nationalen Gifts: die Schuld für das Eingesperrtsein trug „der Kapitalismus“, man lebte hinter einer *vom Feind erzwungenen* Mauer. Man ging zur Stasi beichten: die Sünden des Nachbarn, der mit dem „Drüben“ sympathisierte. Für den „IM“, den „inoffiziellen Mitarbeiter“, hatte der Stasi-Führungsoffizier nicht selten eine therapeutische Funktion, schreibt Tilman Moser: Gift abführen, Stabilität erlangen, dem größeren Ganzen *beitreten.* Die Stasi-Akten – eine Mauer von der Länge der chinesischen. Die STASI als groß aufgehaltener Container des „Antifaschismus“ von unbegrenzter Fassungskraft: „Hitler – hier nicht!“ ... und *Arbeit* gibt es auch ... im Westen steigt die Arbeitslosigkeit ... und *links* sind dort die Studenten (auch wenn deren Linkssein in eine der DDR passendere Art von Linkssein umgelogen werden mußte). Das alles war nicht einfach nichts; es funktionierte sogar erstaunlich lange und sah für viele DDRler halbwegs annehmbar aus.

Nach dem Fall der Mauer, nach dem Wegfall des Großen Giftcontainers, erschien als erstes offen der Fremdenhaß (den die DDR offiziell verboten hatte und den die BRD kanalisiert hatte mit Hilfe ihres „Drüben“ und den Möglichkeiten eines ausgedehnten Tourismus); es erschienen weiter die häßlichen Rückstände unverarbeiteter Geschichte, der Antisemitismus, der Haß auf ungeliebte „Brudervölker“, ein wie vom Zaun gebrochen wirkender Rechtsradikalismus als Gegenpendel zum staatlich verordneten Antifaschismus; es erschien (auf der Westlerseite) der Hang zu gnadenlosem Richtertum (eine Folge der unverarbeiteten Geschichte des Volksgerichtshofs in der BRD), und es erschien (auf Ostlerseite) der Westweg zum Glück: der Run in die Kaufhäuser und Automärkte. All das Gedekkelte schlug aus und zurück – *The Empire strikes back* –, das Imperium des im Körper eingesperrten Bösen – auch hier nicht neu erzeugt: begraben unter der Mauer war es gewesen.

Rache und Wiedervereinigung

Als zynischer Westler, der ganz gut „ohne" die DDR auskam, bin ich der Mauer einesteils nachträglich dankbar für ihr Funktionieren als Sicherheitssystem über den übelsten Zügen der Deutschen; 40 Jahre lang konnte man hier, bedingt durch die Existenz *zweier* deutscher Staaten, so leben, als ob Frieden wäre. Daß damit Schluß sein würde, fürchtete ich im Moment der „Einheit"; ich habe sie (über den *Moment* des Wegfalls der Mauer, der ein freudiger war, hinaus) keine Sekunde gefeiert, sondern erlebt als Eröffnungsfest möglicher kommender Kriege mit deutscher Beteiligung, an deren Vorbereitung derzeit ja auch gearbeitet wird.

Die Einigung ist „geschehen", sie ist aber auch nicht geschehen: *wirtschaftlich* vor allem nicht, und da wird sie auch so schnell nicht geschehen; das liegt nur zum Teil daran, daß die Ostökonomie zu marode war für vernünftiges Sanieren und auch nur zum Teil an Treuhand-Mafiositäten. Der Grund liegt auch im westlichen uncäsarischen Verhalten, sofern man Cäsar ausnahmsweise als Vertreter des geschichtlichen Prinzips der politischen Milde, der *clementia,* durchgehen lassen will: der Westen rächt sich am Osten; er rächt sich u.a. für das schöne, weggenommene Abspaltgerät. Nicht umsonst liegt der Kommunismus jetzt *darnieder*, jeder Schullehrer *glaubt* heute an die Sätze, die er vierzig Jahre lang den Schülern über den Ostblock erzählt hat: es ist ja *bewiesen,* „der Sozialismus kann nicht klappen, weil er der Natur des Menschen entgegensteht". „Privatbesitz und freie Marktwirtschaft" sind mit fliegenden Fahnen von der Natur wie von der Geschichte als ökonomische Naturgesetze darwinistisch bestätigt worden. Die Menschen „im Osten", die so lange uneinsichtig querlagen, müssen „erstmal in die Knie; müssen erstmal einsehen, was für einen Scheiß sie da gebaut haben" (hinter ihrer Mauer); nicht damit sie was „begreifen", sondern damit der Westler etwas *hat* von seinem Sieg (schließlich war es hier vierzig Jahre harte Arbeit, auf die sehr wohl geahnten Segnungen eines möglichen Sozialismus einer *reichen* Gesellschaft zu verzichten). Der westliche Staatssicherheitstyp, verzichtgestählt – hier konnte man Stasi sein zur Not *ohne Denunziation* – der westliche Stasityp genießt also seine historische Stunde.[5]

Vereinigt haben sich die Deutschen ganz woanders: in ihrem nationalen Massensymbol. Die Mauer ist weg – es lebe die Mauer. Im Verlauf der letzten zwei Jahre ist es den Deutschen, den Deutschen beider Staaten, gelungen, die Mauer, die sie so sehr brauchen zur Fortexistenz ihrer Denk- und Wahrnehmungsweisen, neu zu bauen. Nicht „zwei, drei Vietnams schaffen", sondern zwei, drei Mauern: „Vietnamesen raus", das war die erste. In seiner sog. Ausländerpolitik ist das „Vereinigte Deutschland" daran gegangen, die Mauer, die bis 1989 mitten durch seinen Körper ging, neu aufzubauen, außen um Deutschland herum: die sog. „sicheren Drittländer" Polen, Tschechische Republik, Österreich finden sich wieder als vom Bundestag verordneter Mauergürtel um die deutsche Speckhüfte herum, Mauer nach Osten gegen das dort bekanntermaßen ansässige Steppenmenschen- und Kaukasiertum, das Balkanesische als verkörpertes Un-Deutsch-Prinzip. Es gibt wieder die sog. Zigeuner, und die gehören nach Rumänien, wie der Name Roma sagt und verlangt, es gibt wieder das Land, das „zu sterbien" hat aus den bekannten historischen Gründen[6]; zu leben haben im Gegenzug die Millionen Wolga- und Siebenbürgen„deutschen", Paß binnen einer Woche, garantiert reine Rechtswähler die meisten; auf die *richtige Seite der Mauer,* bitte; eine gute Einkaufspolitik zur Verstärkung des christ-demokratischen Nationalteams.

Mauer. Schild

Die Mauer, die die einzelnen Deutschen selbst an ihren neuen Landes- und Körpergrenzen errichten, ist von modernerem, technischerem Zuschnitt: es ist eine Mauer aus Elektronik. In ihrer handgreiflichsten Gestalt wird sie momentan erprobt in bayrischen und anderen deutschen Grenzurwäldern: eine elektronische Schranke in der Hand des Bundesgrenzschutzes gegen die illegale Einwanderung von Schwarzmaurern über „grüne Grenzen"; ob das funktionieren wird oder nicht: die vom Fernsehen bestätigte Vorstellung, daß ein solcher SDI-Schirm im Prinzip dafür sorgen kann, jeden unautorisierten Fremdfuß von deutschem Wohnraum und deutschem Pflaster fernzuhalten, reicht vollkommen aus, die Mauer im Kopf (wie sie in den Zeitungen jetzt gern heißt) neu zu errichten: die Mauer in ihrer elektronisch-nibelungischen Gestalt als *Schild. Schutzschildbürger,* die deutsche Fahne rings um den Leib gemauert, wie die Nationalkicker es zeigen auf ihrem Trikot: um den Körper laufende Mauer (notdürftig getarnt als gezackte Welle) aus weltabweisendem Schwarzrotgold.

Deutschland als „Einwanderungsland": hoffnungslose Formel; die Sozialdemokraten, des ewigen Verlierens müde (aber zu gewinnen trauen sie sich auch nicht), stehen voll bei den Mauerbauern: ihr Sprungbrett in eine Regierungsbeteiligung; dieser vor allem mußte Herr Engholm, selbst ein Mauerbauer, weichen; die SPD braucht ein Vakuum an der Spitze, sonst nimmt Herr Kohl sie nicht rein in den regierenden Mauerverein. Anders gesagt: auch die analytischen Köpfe der SPD haben „die Mauer" als Massensymbol der Deutschen ausgemacht; aber sie arbeiten, nach Maßgabe der Diktatur des Einschaltquotenwesens, nicht an deren Abschaffung, sondern, wie Politiker stets, an der Nutzbarmachung des Wahnsinns für sich selber. Sie rudern schwer, ihr Boot oben *auf der Mauerwelle* zu halten; erst in zweiter und dritter Linie arbeiten sie (manchmal) an der Senkung des Pegels oder an unwahnsinniger Nutzung der ihnen zur Verfügung stehenden *Frequenz.*

Mauer als *Schild:* dies Wort siedelt dicht an der Wahrheit, nämlich an der weiter mit aller Kraft und aller Macht *jenseits* der Mauern gehaltenen *Schuld.* Die Deutschen beider Staaten sind fest entschlossen, in geschichtlicher Unschuld fortzuleben, und sei es, sie tun es als wiederholende und damit unterstreichende Neunazis, auch das löscht Schuld: Hitler war ein Baseballklopper; ist das so schlimm? Und nun Mauer und Schild ums geschichtlich Eingemachte.

Die Unglaublichkeit eines Kanzlers, der knapp 40 Jahre nach dem Leitsatz der Nazis, „die Juden hätten zu büßen bis ins tausendste Glied", bis ans Ende aller Generationen also, schon für seine, die *erste Nachnazigeneration* die Gnade der Schuldlosigkeit einzufordern wagte, ist den Mauer-Deutschen eine selbstverständliche Glaublichkeit.

Die Abspaltung der Nazigeschichte aus dem Fühlen der Menschen ist der emotionale

Kern des Gebildes BRD gewesen; an der DDR wird der Vorgang der Geschichtsvernichtung jetzt mit aller Kraft wiederholt.

Jeder Ostler (jeder Ost-Artist), der einmal seinen Fuß ins Innere von Stasimauern setzte, ist bereits als Nazikollaborateur dingfest gemacht; dazu die Anti-Gauckler, die sagen: „Schwamm drüber, man muß verzeihen können"; *beide* Haltungen kehren die Geschichte dessen, was *war*, z.B. die Geschichte des tatsächlich vorhandenen Widerstandes gegen den DDR-Despotismus ebenso unter den Tisch, wie nach 1945 der tatsächliche Widerstand gegen die Nazis in der Selbstausstellung selbsternannter Widerstandskämpfer vom rechten Flügel der CDU verschwunden ist.

Das, was *war*, muß *abgespalten* werden. Der deutsche Leib hält es nicht aus in der Nähe noch so kleiner geschichtlicher Tatsachen; das liegt an der Schwere der Schuld, die er sehr wohl spürt. *Schild gegen die Schuld:* elektronische wie gesetzgeberische Mauer.

Die regierenden Christdemokraten würden diese Mauer gern aufrechterhalten und erneuern als *Mauer aus Blut:* die Kernsubstanz der Nazis, das geerbte deutsche Blut, soll auch weiterhin darüber entscheiden, welchem Körper das Recht, sich „deutsch" nennen zu dürfen, zugestanden werden kann und welchem nicht.

Beschirmung

Der *elektronische* Schild hat dabei nicht allein die Gestalt der Grenzlichtschranke; ich sehe ihn auch da leuchten, wo der Deutsche jeden Abend seine Augen hinwendet zur politischen Abendandacht: im Fernseh*schirm*. Erstmals in der sog. Berichterstattung vom Golfkrieg war in aller Deutlichkeit zu sehen, wie der Fernsehschirm als SDI-Schirm gegen Wirklichkeitswahrnehmung eingesetzt werden kann. Es war dort, mehr als sonst, *beweisbar;* das ist aber auch schon der ganze Unterschied zum alltäglichen Fernsehen: die kalkulierte Unwirklichkeit, die jeden Abend als Nachricht über die Schirme läuft, hat nicht nur den ständigen Effekt der abgrundtiefen Desinformation[7], sie arbeitet darüber hinaus an genau dem Effekt, den auch die fotografierenden Golfkriegsraketen von ihrem eigenen Einschlag herstellten: nämlich an der Übertragung einer Unverletzlichkeitsphantasie auf den Fernsehzuschauer; zweitens arbeitet *der Schirm* an dessen fester Überzeugung, daß die Welt jenseits seines Fernsehschildes – außer wenn er sommers reist – nicht existiert.

Hinterm Fernsehschild ist man selber unsichtbar, ist alle Schuld jenseits aller Mauern, ist alles Gold in der eigenen Stube, und ist der Deutsche also Alberich unter der Tarnkappe.[8]

Unsichtbar, verborgen hinter der Mauer; „den Schatz" nicht teilen wollen; mit dem eigenen Osten nicht, erst recht nicht mit „Fremden"; die Welt „abtastend" mit einem Senderstrahl. Die Deutschen haben sich, ein nicht ungefährliches Anzeichen, erneut in einem nibelungischen Massensymbol vereinigt.

Mauer/Abspaltung sagen: wir sind *anders* als alle anderen. In ihrem nationalen Massensymbol setzen sich die Deutschen erneut ab vom Rest der Welt, als „im Prinzip different"; sie sagen nicht „Herrenrasse" jetzt, sie begnügen sich mit „andere Rasse", *deutsch* eben – von anderem *Blut.*

Wolfgang Neuss unterlief 1985 eine ebenso profunde wie prophetische Formulierung beim Witzemachen über die hier und da öffentlich werdende Hoffnung auf Aufhebung der deutschen Teilung: er nannte das den Wunsch nach „Wiedervereinigung der Spalttablette". Die Spalttablette wiedervereinigen zu wollen: genau darin steckt der Wahnsinn. Man *kann* „das Spaltende" nicht wiedervereinigen, es *bleibt* Spalttablette, nur größer; Spalttablette hoch zwei: das ist Großdeutschland jetzt; Abspalttablette hinter der abspaltenden Mauer: „niemand sieht uns" – „wir sehen alles". Und was tut der Deutsche, wenn „ihn", abgespalten von allem, niemand sieht, er aber *alles sieht:* er beginnt, Verantwortung zu empfinden. Die göttliche Verantwortung für eine militärische Befriedung Bosniens etwa. Die deutsche Rede von der militärischen Verantwortung für das Schicksal „Rest-Jugoslawiens", Verantwortung, die „die Welt" von uns zu tragen erwartet, kann nur als Abspaltprodukt verstanden werden: nämlich Abspaltung von allem, was andere Nationen *tatsächlich* von Deutschland erwarten.

Abspaltungen: wir sind unsichtbar, uns gibt es gar nicht, wie es Hitler nicht gab (hinter der deutschen Wald- und Heermauer), und wenn es uns gibt, sind wir gut; „kein anderes Land läßt soviele Ausländer herein wie Deutschland" – ja, aber auch kein anderes schickt so viele wieder hinaus.

Wer anderswo verfolgt wird oder nicht, entscheidet eine deutsche Situationsbewertungsstelle: im Juni 1993 legen Bundesregierung und SPD gemeinsam eine Liste der Länder vor, in denen politische Verfolgung „nicht stattfindet". Hinter der Mauer sitzend, hinterm Schirm, alles im Auge habend, tasten die elektronisch gesteuerten Finger die Weltlagen ab. „Seine Finger haben in den Angelegenheiten anderer" ist das althergebrachte Lieblingsspiel nicht nur des deutschen Journalismus; jeder Leitartikel ein Vorschriftskatechismus für In- wie Auslandsbewohner: mit scharfer Geißel (anderswo) vergewaltigte Frauen beschützen, massakrierte Moslems; die müssen nicht herkommen, vielmehr muß man *hin* mit der deutschen Armee (der tarnkappengereinigten), das verlangt das Herz des fernsehenden, eingemauerten, unverletzlichen Einmischungsdeutschen. Wie in allen Massensymbolen der Nationen verbirgt sich auch in diesem eine in Handlungen umsetzbare Allmachtsphantasie.

Der *unsichtbarste* der Alberiche hinter seiner schon *immer* bestehenden Mauer, die SDI-erfahrene Bundeswehr, bekommt in diesem Vorgang langsam so etwas wie eine gesellschaftliche Wirklichkeit: man sieht in Deutschland ja nie Soldaten, abgesehen von den Betrunkenen in den Wochenendzügen, sie sitzen im *Spalt*, wie die Ostsoldaten „hinter der Mauer" saßen mit entsicherten Gewehren, Spaltspezialisten in Uniform, und womöglich Kopfschmerzspezialisten im sich neu spaltenden Europa.

Der militärische Abschirmdienst, Schritt für Schritt bereitgemacht zur militärischen Vorwärts-Abschirmung, komplettiert die deutsche Mauerphantasie.

Mit Segen von allerhöchster Stelle: im Juli 1993 findet sich in deutschen Zeitungen die Notiz, der Bundeskanzler plane nicht, sich an den Feierlichkeiten zum 50. Jahrestag der Landung der Alliierten in der Normandie zu beteiligen. Regierungssprecher Vogel läßt verlauten: Herr Kohl nimmt nicht an Feiern teil, die *die Niederlage* deutscher Soldaten begehen.[9] Ich dachte bisher, daß der Sieg über die Hitlertruppen im Juni 1944 (wenigstens offiziell) die Grundsteinlegung des jetzigen deutschen Staats war. Dem ist nicht (mehr) so.

Warnung: der Wald als Heer/das Heer als Wald – darin war auch die Unausweichlichkeit von Niederlagen mitgesagt, das Gefälltwerden nämlich. Wald als Heer hatte auch etwas Irreales, um nicht zu sagen Hirnverbranntes; das Heer/der Wald als Massensymbol der

Deutschen *sind* deutlich Ausdruck einer (waldeskühlen) Hirnverbranntheit gewesen. Diese Hirnverbranntheit ist nicht verschwunden, sie ist dabei, überzugehen ins nachfolgende Nationalsymbol, in die technifizierte Mauer: der elektronische Schirm krankt sehr an seiner (zum Tode verurteilten) Unverletzlichkeitsphantasie.

Ich zweifle jedenfalls ein bißchen, ob die Deutschen mit ihrer Phantasie, „wer fernsieht, stirbt nicht", historisch durchkommen werden. Irgend etwas wird kommen und sie *heimsuchen* hinter ihrem Fernseh-SDI.

Scham

Zum Schluß zwei Überlegungen zur Auflösung nationaler Massensymbole.

Eins: die Scham. Die mangelnde Scham der meisten Deutschen über das, was Nazideutschland in Europa und im Nahen Osten angerichtet hat, sichert ab, daß sie es nicht einmal zur Kenntnis nehmen in der allergeringsten Tatsachenform. Die Deutschen, sofern sie passen wollen unter solch ein Sammelwort (und die meisten wollen es)[10], wissen nicht, was das ist, Scham. Daß man sich *schämen* können soll für etwas, das man „nicht selbst" getan hat, das vielleicht die Eltern getan haben, Leute aus der Stadt, die man kennt, oder auch jemand, den man gar nicht kennt: Gruppen, Horden, Meuten von Leuten, die im Namen Deutschlands agierten oder jedenfalls mit Zustimmung großer Teile der Deutschen – diese Empfindung geht den Deutschen ab.

„Wieso denn?", „Wieso denn *schämen*"?

Ich habe im Lauf der Zeit gelernt, daß sie tatsächlich nicht wissen, was das ist, wie das gehen soll, „sich schämen". Sie sind nicht verstockt, nicht hinterhältig in dem Punkt. Sie weisen das klar von sich: „Wieso denn ich? Wie kann man. Ich war doch gar nicht ..." Die Empfindung „Scham" ist ihnen einfach nicht zugänglich; etwas sehr Schönes, was ihnen damit fehlt, aber sie wissen es nicht.

Ich habe anderswo geschrieben, nur wer sich schämen kann wegen der Dinge, die er getan hat, wegen Dingen, die in seiner Nähe getan wurden, wegen Dingen, die „Menschen" getan haben, bekommt Zugang zur eigenen Geschichte, zur eigenen Körpergeschichte, zur eigenen politischen Geschichte, bekommt Zugang zur Geschichte auch der anderen. Wer dies Gefühl der Scham nicht kennt (es handelt sich um eine Auflösung des Körpers, eine Selbstverschmelzung – der Körper vergeht in einem heißen Flimmern und baut sich neu und „gereinigt" wieder zusammen), wer diese halluzinatorische Anerkennung der Schönheit des Daseins der Anderen, vor deren Schönheit man sich schämt, nicht kennt, bleibt von der Wahrnehmung der Daseinsweise anderer Menschen so gut wie hoffnungslos ausgeschlossen.

Indem die meisten Deutschen sich heute erklärterweise nicht schämen für das, was im Namen „des Deutschen" bis 1945 geschehen ist, zeigen sie, daß sie von dieser Geschichte so wenig etwas wissen wollen wie von dem, was ihre eigene, jetzige Geschichte wäre. „Vegetables", Gemüse, nannte Bernward Vesper diese standhaften Verweigerer der eigenen Menschwerdung an allen Fronten.

Die jetzigen Deutschen denken in einer Mehrheit, der schamlose Satz „Ich habe nichts gegen Türken" sei das Nonplusultra der Weltoffenheit und Toleranz. Sie *wissen* nicht, daß das ein rassistischer Satz ist, weil sie es nicht fühlen können. Jeder empfindende Mensch schämt sich, wenn er so einen Satz hört. Die ihn sagen, wissen nicht, warum dieser sich schämt. „Ich hab doch gesagt, daß ich nichts gegen Türken habe, reicht das nicht? Ich hab auch nichts gegen Frauen, auch nichts gegen Kommunisten."

Mensch, hör auf. Mensch hört nicht auf. Mensch bemerkt weder seinen Rassismus noch die Schamlosigkeit, die sich vor einem aufbaut und sagt: „Ich find dich eigentlich ganz toll, Mensch." Das liegt an fehlenden, vernünftigen Grenzen (Haut statt Mauern) zwischen ihnen. Die allersimpelsten Formen von Zurückhaltung, mit dem politischen Begriff: von Nichteinmischung in das Leben derer, die um einen herum sind, sind in Deutschland nach wie vor nicht verläßlich gegeben. Eltern, Lehrer, Freunde, Geliebte, Kinder, Nachbarn usw. haben derart wenig Hemmungen vor dem umstandslosen Eingriff, vor dem Übergriff ins andere Leben: mit Vorschrift, Beschränkung, Meinungsäußerung, Ratschlag, es schlägt nur so um sich. Die Leute sind nicht gut auseinandergewachsen. Sie hängen zusammen im Familien-, im Geschwister-, im Freundschafts- und dann im Liebesknäuel; im Vereins-, im Stammtisch-, im Wohnungsknäuel, so daß sie ihre eigene Ausdehnung so wenig kennen wie die Stelle, wo eine andere Person anfängt; sie spüren das nicht als etwas Reales, sie leben zu großen Teilen in einem Gefühl andauernder Irrealität. „Mauer" ist demgegenüber ihre Unterscheidungshilfe. Die Übergriffe, die von „hinter der Mauer hervor" geschehen, sind eine Art Versicherung von der Existenz der Anderen, aber eine sehr schlechte Versicherung, eine barbarische. Die Angehörigen dieses Volkes, das einer „alten Kultur" anzugehören sich beschlossenerweise rühmt, sind psychophysiologisch auf einem ziemlich unentwickelten Stand. Ehe sie den Rest der Welt mit irgend etwas „Deutschem" beglücken könnten, müßten sie zuerst einmal geworden sein, was sie nicht sind, Einzelne; einzelne, von den anderen abgetrennte Individuen, ohne Vermischungsnebel im Blick. Das aber haben die wenigsten vor. Das wird auch von keiner öffentlichen Institution oder Instanz, die in Deutschland momentan Gewicht hat, verlangt.

Einigkeit und Recht und ...

Zwei: das Recht. Komprimiert zeigt sich das Verhältnis Deutschlands zur Geschichte in der nicht entstandenen Empfindlichkeit der Deutschen gegenüber der Schrecklichkeit des Rechthabens und Rechtbehaltens. Nicht bloß, daß in der Rechtsprechung, im institutionellen Körper der beamteten Justiz, kaum eine Reinigung vom Nazi-Deutschtum stattgefunden hat nach 1945. In jedem einzelnen Körper ist sie ebenso eher ausgeblieben. Sonst wäre eine ungeheure Empfindlichkeit gegenüber dem Vorgang des Rechthabens, dem Zustand des Im-Recht-Seins, der ja eine Mauer zwischen Lebenswürdigen und zum Tode Verurteilten zieht, entstanden. Mit der Geste des Im-Recht-Seins ist 1939 sowohl Polen überfallen worden wie danach das weitere Europa, insbesondere der Bolschewismus, die Sowjetunion. Mit dem Gestus des absoluten Im-Recht-Seins ist der Versuch der Ausrottung der Juden durchgeführt worden. Dazu gab es nicht bloß Gesetze und Durchführungsverordnungen, den „Zwang" zur sog. Pflichterfüllung, sondern einen ausgedehnten Kanon ziviler, alltäglicher, rechthabender Argumentationsweisen zur ethisch/moralischen Untermauerung der Rechtmäßigkeit der eigenen Handlungen und Ansichten: eine Komplizenschaft des Im-Recht-Seins unter den Deutschen. Die Unrechtshandlungen des 2. Weltkriegs geschahen nicht nur im Namen staatlich-gesetzlichen Rechts, sondern abgestützt von so etwas wie einem „persönlichen", bei vielen übereinstimmenden Rechtskanon: „subjektiv" taten wir recht, waren wir uns keines Unrechts bewußt, etc.

Gut, wenn das so war, hätte ein ungeheures Mißtrauen gegenüber dem Rechthaben, gegenüber der Existenzform des Im-Recht-Seins selber entstehen müssen, nämlich wenn das Im-Recht-Sein die allerschlimmsten Unrechtshandlungen und Verbrechen nicht aus-, sondern einschließt.

Was aber ist der Fall: in jedem Familienstreit, in jeder politischen, in jeder wissenschaftlichen Diskussion, im Sport, im Beziehungskrieg und ungehindert gegenüber den Kindern feiert die Position des Rechthabenden ihre unverminderten Triumphe, wird mit Beweis und Gegenbeweis, mit Argument und Gegenargument Krieg geführt, getrickst, geschummelt, geschoben, wird die Liebe eingeklagt, an der Lage der Dinge gedreht, bis sie „passen", bis man sich, unausweichlich, in der Position des Rechts befindet, in dieser allerschäbigsten Gaunerposition, denn was ist leichter in der Kausalwelt, als Gründe ins Feld zu führen: Gründe für dies, Gründe für jenes, Beweise, sog. Tatsachen, das kam ja mit der Muttermilch, daß das ein reines Machtspiel ist. Die „Tatsachen" sind hoffnungslos ins Hintertreffen geraten, wenn man ans „Reale" will; es gibt sie immer weniger; es gibt sie eigentlich nur als Stoff für die beliebig flexible Manipulierbarkeit der Begründungen, der Statistiken, der Beleuchtungsanordnung. Was Tatsache *ist*, sagt dann letztlich ein Amt, ein Unternehmen, eine Institution oder wer oder was gerade die Macht dazu hat. Notfalls sagt es (mit letztem Wort) das Militär, und andauernd sagen es die verschiedenen Sorten Richter – wer will sich denn auf so etwas berufen, wenn es um ein menschliches Verhältnis, um das Verhältnis zu den Toten oder die Wahrheit einer Beziehung geht. Die Antwort lautet leider: jeder, so gut wie jeder. Jeder private wie gesellschaftliche Diskurs, auch die linken Diskurse, auch der grün-ökologische, berufen sich, beziehen sich auf einen Rechtsdiskurs. Sie bemerken bis heute nicht, daß das ein rechter Diskurs ist bzw. ein unrechter.

In Termini des Drogenmißbrauchs, die bei bestimmter Verwendung von nationalen Massensymbolen allein angebracht sind: die Deutschen hatten eine Überdosis Nationalismus, preußischen Nationalismus, kaiserlichen Chauvinismus, nazistisches Übermenschendeutschtum, sie hatten die Weltmeisterschaft in deutschem Fleiß, deutschem Gehorsam, ein paar Europameisterschaften in deutschem Tourismus, die Goldmedaillen in deutsch-ökonomischer Überlegenheit, die Goldmedaillen in deutscher Arbeitsamkeit; und die gesicherte Vorstellung, das Ganze sei einer Belohnung „des Deutschen" durch „die Geschichte" in jedem Falle wert. Aber nötig hätten die Deutschen eine Entziehung, mehrere Entziehungen, und eine jahrzehntelange, darauf folgende Enthaltsamkeit.

Diese Enthaltsamkeit hat es bei vielen auch gegeben; die Ereignisse der letzten zwei Jahre hat sie zum großen Teil wieder beseitigt.

Die mauerköpfigste Position in Deutschland ist im Moment die totale Wegblendung der grundlegend verschiedenen Startpunkte der beiden Deutschlands nach dem 2. Weltkrieg/nach 1949: die finanzielle, ökonomische und politische Unterstützung des Westteils durch die Amerikaner und die Nichtunterstützung, d.h. die Durchführung von Teilen des Morgenthauplans nicht an der BRD, sondern an der DDR durch die Sowjetunion. Die Westdeutschen behaupten jetzt steif und fest, die erwiesene ökonomische Überlegenheit der BRD über die DDR sei ein Produkt ihrer eigenen Arbeitsamkeit. Sie nehmen die erhaltene Hilfe nicht zur Kenntnis, brauchen sich also auch nicht (bei nichts und niemandem) zu bedanken. Sie haben alles *allein* gemacht, *allein* hinter ihrer Mauer (und hätten doch ohne Zustimmung der Alliierten, die sie leider bekommen haben, auch 1990 nichts vereinigen können). Allein hinter ihrer Mauer, auf der sie jetzt stehen und schwer Verantwortung tragen. Dringend, ganz dringend bräuchten sie jemand, der sie ihnen abnimmt. Auch ein Drei-Zentner-Kohl kann sie nicht tragen.

Doppelmauer

Einwand aus der Diskussion: Kann ein öffentlich negativ besetztes Gebilde wie „die Mauer" überhaupt als ein nationales Massensymbol in Frage kommen?

Ich würde sagen, nein; wenn da nicht die Spaltung der Mauer selber wäre: in sichtbare Mauer („Todesstreifen", Todesschützen), negativ besetzt; und *unsichtbare* Mauer (Mauer als *Schild*, magischer Abspaltungszauber), positiv besetzt. Die Verwerfung der Mauer durch die offizielle Politik erscheint sogar als die Voraussetzung für ihr Funktionieren als heimlicher Giftcontainer; ihr *offener* Gebrauch als Abspalthilfe hätte die Deutschen als „schamlos" erscheinen lassen und damit genau die Empfindung ins Spiel gebracht, zu deren Ausschluß die Mauer verwendet wurde.

Auch der phantastisch-elektronische SDI-Schirm hat diese doppelte Codierung. Als Schranke zur bloßen Abhaltung anderer Menschen ist er peinlich; als funktionierendes elektronisches *Ortungsgerät*, das die Waldwege ingenieursmäßig in den Griff bekommt, aber großartig.

Die Mehrfachcodierung des „deutschen Wesens" ist u.a. eine Spezialität der Nazis gewesen; sie war in den 30er Jahren das Eingangstor z.B. für die beschirmenden Ingenieure in den Nazismus: mit „Blut und Boden" hätte man sie nicht locken können; das war die Formel für den normalen, den untechnischen Rassisten; für den technischen Herrenmenschen gab es die Vergötterung technischer Errungenschaften, gab es „das deutsche Erfindungsgenie" als Speerspitze in der Welt des technisch „Machbaren" (das genaue Gegenstück der Blut-und-Boden-Rede). Daß „die Maschine" öffentlich negativ besetzt war und das deutsche „Gemüt" positiv, behinderte nicht die genaue Umkehrung dieser Bewertung in den Zuständigkeitsbereichen des deutschen Ingenieursaristokratismus.

„Getrennt marschieren, vereint schlagen": dies ist nicht umsonst die seit 1870 gültige Formel deutscher militärischer Strategien. Spalten/wieder verbinden; doppelt codieren; verstecken/öffentlich machen.

John Pattillo-Hess' Vermutung, daß sich hinter dem Mauerschild ein Überleben des Heers als Massensymbol andeuten könnte, ist keinesfalls von der Hand zu weisen; die Deutschen hätten dann „den Wald sterben" lassen, um das Heer zu erhalten; die momentan äußerst erschreckende, breite Zustimmung in der deutschen Bevölkerung zu einem *Auftauchen* des Heers aus seiner historischen Versenkung ist (mehr schon als) ein Indiz für das Zutreffende dieser Vermutung. „Die deutsche Armee soll *normal* sein wie andere Armeen auch", geht die Rede: wiedergeboren ins Sichtbare, elektronisiert, durch sauberen Schnitt vom Wald getrennt. Die Deutschen wären endlich *modern* geworden: aus dem Schutz des Waldes unter den Schutz der technischen Schirme – Kathedralen anderer Art. Über den Parteitagen der Nazis standen sie schon als *Lichtdome,* Mauern aus Licht gegen das Böse der Welt wie des Alls in all seiner Finsternis.

Flugzeuge ließen sich allerdings nicht abhalten durchs Staatsschauspiel optischer Omnipotenz. Der *unsichtbare* Schirm heute verspricht, besser zu funktionieren. Der Kernsatz des Soldatischen nach dem 1. Weltkrieg: „Solange wir verloren haben, ist der Krieg nicht vorbei", hat nach 1990 eine neue Basis bekommen im Durchbruch durch den ostischen Beton.[11] Alberich ist hervorgekommen aus seinem gemauerten Wurzelversteck; er braucht sich nicht zu verstecken; die „Nation" spielt Tarnkappenspiele.

„Man stirbt nur zweimal", tröstete Liessmann auf einem Buchtitel sich selbst, uns und den doppelt verstorbenen Karl Marx (1880/1989). Marx kann nun irgendwie „ruhn" als Normaleinwohner der lebendigen Bibliothekswelten. *Bayreuth aber macht weiter:* Wagners zweites Sterben steht, soweit ich sehe, noch ziemlich aus.

Anmerkungen

1 Elias Canetti, *Masse und Macht*, Frankfurt am Main 1980, S. 190 f.

2 Ebd. S. 92 f.

3 Vorläufer in dieser Funktion: die *Siegfriedlinie* des ersten und der *Atlantikwall* des 2. Weltkrieges, der das Meer selber und das dahinterliegende „Amerika" magisch wegbetonieren sollte. Die abspaltende Mauer auch in einem weiteren Zentralsatz der 50er Jahre: der (oder die) „gehört an die Wand gestellt". Alles, was „mit dem Russen" sympathisierte, fiel unter diesen kategorischen Imperativ.

4 Und wird jetzt unterstrichen durch die rasante Bestückung von Ost-Balkonen und Fassaden, Hausdächern und Vorgärten durch Satellitenschüsseln.

5 Prügel speziell für die ostdeutschen Frauen vom Bundesverfassungsgericht im Abtreibungsurteil.

6 Der einzige deutsche Politiker, der öffentlich die Haltung der deutschen Medien gegenüber Serbien als strukturelle Fortsetzung des Antisemitismus beklagte, war dieser Tage Peter Glotz.

7 „Desinformationskampagnen" der „Stasiabteilung X": darüber lächelt der Fernsehmann.

8 Selbst der Antennenwald verschwand, im Kabel, der Glasfiber-Midgardschlange.

9 *Welt am Sonntag*, 4. 7. 1993

10 Wie jeder halbwegs vernünftige Mensch spätestens in seiner Jugend den Wunsch ablegt, zu irgendeiner „Nation" gehören zu wollen.

11 Mehrere Symposiumsteilnehmer aus den „postkommunistischen" Ländern wollten das in diesem Vortrag für die Deutschen Zutreffende auf die entstehende „Festung Europa" angewandt wissen. Gut möglich, daß die Post-Mauer-Deutschen in diesem Punkt tatsächlich eine europäische Avantgarde sind.

Die Autoren

Hanna Burger, geb. 1946 in Berlin. Studium der Geschichte und Philosophie an der Universität Wien, Dr. phil. Verschiedene Publikationen über die Nationalitätenproblematik in der Habsburger Monarchie.

Peter Demetz, geb. 1922 in Prag. Er studierte 1945–48 an der Karlsuniversität und wanderte über Deutschland in die Vereinigten Staaten aus, wo er sein Studium an der Columbia University und an der Yale University fortsetzte. Demetz ist Sterling Professor Emeritus of German and Comparative Literature an der Yale University. Seit 1986 ist er Mitglied der Jury des Ingeborg Bachmann-Preises.

Dardan Gashi, geb. 1969 in Prishtina, Kosovo. Studium der Politikwissenschaft und Publizistik. Mitarbeiter bei der Internationalen Helsinki Föderation für Menschenrechte. Derzeit Journalist bei „Zeri", „Standard" und „Austria Presse Agentur". Zahlreiche Publikationen.

Alberto Godenzi, geb. 1952. Studierte Psychologie, Soziologie und Wirtschaftsgeschichte in Zürich, Dr. phil. 1992 war er „research fellow" an der University of New Hampshire und habilitierte sich an der Universität Zürich für den Fachbereich Sozialpsychologie. Publikationen u.a.: „Bieder, brutal", 1989; „Gewalt im sozialen Nahraum", 1993.

Jon Juaristi, geb. 1951 in Bilbao. Studium der Philologie und Romanistik in Sevilla. Dr. phil., o.Univ.-Prof. an der Universidad del País Vasco. Dichter und Essayist. Publikationen u.a.: „El linaje de Atidor. La invención de la Tradición Vasca", 1987; „Vestigios de Babel. Para una arqueología de los nacionalismos españoles", 1993.

Konrad Paul Liessmann, geb. 1953 in Villach. Studium der Philosophie in Wien, Dr. phil. Dozent für Philosophie an der Universität Wien, Essayist und Kritiker. Publikationen u.a.: „Ohne Mitleid. Zum Begriff der Distanz als ästhetische Kategorie", 1991; „Karl Marx. Man stirbt nur zweimal", 1992.

Dagmar C. G. Lorenz. Studium der Germanistik und Anglistik in Cincinnati und Göttingen. Dr. phil, o.Univ.-Prof. für Deutsche Literatur und Mitglied des Direktoriums des Melton Center for Jewish Studies an der Ohio State University, Columbus. Publikationen u.a.: „Franz Grillparzer. Dichter des sozialen Konflikts", 1986; „Verfolgung bis zum Massenmord. Diskurse zum Holocaust in deutscher Sprache", 1992.

Luigi Materazzi, geb. in Chiusi (Siena) 1943. Studium an der Fakultät für Fremdsprachen und Literatur der Universität Pisa, Hauptfach Germanistik, Dr. phil. Von 1977 bis 1979 Lehrbeauftragter am Institut für Romanistik der Universität Graz. Seit 1979 Lektor am Institut für Romanistik der Universität Wien.

Zarko Puhovski, geb. 1944 in Zagreb. Studium der Physik, Philosophie und Politischen Wissenschaften in Zagreb und Frankfurt. Dr. phil., o.Univ.-Prof. an der Universität Zagreb. Zahlreiche Publikationen, darunter über Kritische Theorie, Liberalismus, Philosophie der Kultur etc. Einer der Gründer der jugoslawischen alternativen Bewegung 1988.

Dusan Reljić, geb 1956 in Belgrad. Studium der Publizistik und Politikwissenschaft in Wien, Dr. phil. Reporter und Auslandskorrespondent der jugoslawischen Presseagentur „Tanjug", derzeit Redakteur des Belgrader Nachrichtenmagazins „Vreme".

Marta Simecková, geb. 1962 in Bratislava. An der Comenius Universität studierte sie Russisch und Deutsch. Dissertierte als Übersetzerin und Dolmetscherin über: „Martin Luther in der präfaschistischen und faschistischen Darstellung". Derzeit stellvertretende Chefredakteurin des Archa Verlags und freie Publizistin.

Sybe Terwee, geb. in Amsterdam. Studium der Philosophie und Psychologie an der Universität Amsterdam. Dr. phil. 1991 Gastprofessor an der Rudgers University, New Jersey. Seit 1984 Professor am Departement of Psychology, Leiden University. Publikationen u.a.: „Hermeneutics in Psychology and Psychoanalysis", 1990.

Klaus Theweleit, geb. 1942 in Ebenrode. Studium der Germanistik, Anglistik und Musikwissenschaften in Kiel und Freiburg. Dr. phil. Lebt als freier Schriftsteller in Freiburg. Publikationen u.a.: „Männer Fantasien",1977; „Buch der Könige", 1988.

Die Herausgeber

John Pattillo-Hess, geb. 1943 in Santiago de Chile. Studium der Philosophie in Santiago und Wien, Dr. phil.

Mario R. Smole, geb. 1954 in Villach. Studium der Informatik in Wien. Seit 1987 Mitarbeiter des Canetti-Symposions.